# 数字化商业生态圈

## 新商业时代的数字化共富新路径探索

陆永伟◎著

中国商业出版社

图书在版编目（CIP）数据

数字化商业生态圈 ：新商业时代的数字化共富新路径探索 / 陆永伟著. -- 北京 ：中国商业出版社，2023.7

ISBN 978-7-5208-2486-6

Ⅰ. ①数… Ⅱ. ①陆… Ⅲ. ①数字技术－应用－企业管理－商业模式－研究 Ⅳ. ①F272.7

中国国家版本馆CIP数据核字（2023）第087155号

责任编辑：黄世嘉

中国商业出版社出版发行
（www.zgsycb.com　100053　北京广安门内报国寺1号）
总编室：010-63180647　　编辑室：010-63033100
发行部：010-83120835/8286
新华书店经销
文畅阁印刷有限公司印刷
*
710毫米×1000毫米　16开　17.5印张　281千字
2023年7月第1版　2023年7月第1次印刷
定价：78.00元
* * * *
（如有印装质量问题可更换）

自 序

PREFACE

# 未来是数字化商业生态圈的天下

自第四次工业革命①以来，从美国硅谷的创新生态圈到蔓延至全球的数字经济生态圈，从万物互联到万物互融，我们比以往任何时候都更加重视未来数字化商业竞争的新模式——生态圈之间的竞争。

尤其近年来，芯片已经逐步渗透到人类生活的各个方面，小到手机、大到飞机，芯片的广泛应用前景不言而喻。既然芯片是未来数字化发展的关键一环，该领域自然也就成了兵家必争之地。在全球化的竞争中，美国早已将我国视为最强有力的竞争对手，为了维护自己在世界上的霸主地位，其曾在多个领域对我国进行围追堵截，在芯片领域更是一“芯”搅动全球市场。从2018年开始，全球多个国家的芯片产业都遭到了美国不同程度的打压，而中美之间的芯片大战更是到了白热化阶段。2022年8月9日，美国政府签署的《2022年芯片与科学法案》长达1000多页，更是被美国媒体和政界称为“美国赢得21世纪经济竞争的利器”“数十年来政府对产业政策最重大的干预”。究其根本，近几年，美国始终试图将来自全球的劲敌扼杀在摇篮中，而如今中国在各领域日益强大的事实表明，美国的企图正在悄然落空。很显然，美国出台这一政策就是要鼓励那些强大的芯片企业重新回到美国，以壮大其芯片制造业。

① 第四次工业革命一般是指工业4.0。所谓工业4.0（Industry 4.0），是基于工业发展的不同阶段作出的划分。按照共识，工业1.0是指蒸汽机时代，工业2.0是指电气化时代，工业3.0是指信息化时代，工业4.0则是指利用信息化技术促进产业变革的时代，也就是智能化时代。

然而，“古者事事醇素，今则莫不雕饰”。万物乾坤，时移世易。

在千军万马之攻势下，我们开启了以华为等企业为代表的积极自主研发之路。也正是在外界的巨大压力下，我们不断在芯片领域取得重大突破，2021年年初华为海思、紫光展锐等90余家企业申请共同组建半导体联盟，预示着芯片大战即将迎来重大转折。

但实现“技术脱美”只是第一步，芯片产业也只不过是千行百业的一个缩影。当全球芯片市场供给不足，当越来越多的行业需求开始亮起红灯……中国的产业该何去何从？中国企业该如何找准定位？中国未来的商业市场该建立起一个怎样的生态圈？我们应如何布局招商投资？

在中国互联网行业蓬勃发展的时期，我们所擅长的“自主创新”“弯道超车”不能完全适用于未来的竞争新形态，正如日本人做芯片跟韩国人做出来的就不一样。每个国家、每个城市甚至每个地方在发展同一个产业时的重点都不一样。可以说，每个地方都是在找到自己的特色和擅长的领域后，再专注去做，然后才可能做到全球最好。同样，中国也需要慢慢去寻找，找出自己的特色来。可以肯定的是，在未来5～10年里，数字经济将成为世界经济增长的新动能，各个行业、企业的数字化转型正在加速到来，而数字化商业生态圈就是企业参与竞争最有力的武器。在这样的前提下，一个崭新的商业生态系统的建立，也日益成为未来竞争的焦点。

说到商业生态系统，众所周知，地球上最大的生态系统是生物圈，商业生态系统的概念最早便是从生物生态系统的概念引申而来的。长期以来，由于人们已经形成了一种商场如战场的观念，在这个没有硝烟的战场上，各个行业、各个企业甚至企业内部各个部门、销售与顾客之间都存在一系列冲突。1996年，美国学者詹姆士·穆尔（James F.Moore）出版了《竞争的衰亡》一书，提出了“商业生态系统”的全新概念，打破了传统的竞争战略思维，主张“共同进化”。他指出：“一个商业生态系统，就像生物生态系统一样，从一个随机的元素集合逐渐过渡到一个更有组织的社区。商业生态系统是由资本、客户兴趣和创新所产生的人才的原始旋涡凝聚而成的，就像成功的物种源自阳光、水和土壤养分等自然资源一样。从表面上看，商业生态系统之间的竞争是一场争夺市场份额的战斗。但在表面之下，这些新的竞争是关于谁将领导未来的斗争……为了将系统的方法扩展到战略，我建议不要将公司视为单一行业的成员，而应将其视为跨多个行业的商业生态系统的一部分。”①

带着这样的使命，作为一名产业数字化招商运营生态系统平台导师，我和我的“梦之队”——杭州龙之子科技有限公司、阿农网络科技有限公司发起成立的龙之子产业数字化服务联盟、阿农乡村产业振兴服务联盟，始终致力于产业数字化服务：为政府、产业协会提供产业招商运营投资落地的系统解决方案，赋能于产业转型升级。尤其是要更好地为我的家乡杭州市的企业服务与赋能，并与杭州市的企业一起更好地为全国各地的产业数字化、园区数字化与企业数字化打造本地化产业数字化综合运营服务平台，构建本地化产业数字化生态圈，赋能本地化产业转型升级！

20多年的职场经历，13年的创业经历，带给我丰富的数字化运营经验和产业链资源，也有越来越多的企业家朋友向我咨询关于数字化转型的各种问题。通过这本书，我将多年来的工作实践与创业实践经验，包括在提供“产业数字化”服务过程中遇到的问题、案例，以及为政府、地产商、园区业主与产业协会、企业提供的产业招商运营投资落地系统解决方案一一呈现，并通过企业数字化、园区数字化、产业数字化三大板块开启数字化共同富裕共同体的探索。

在数字化经济时代，企业、园区与产业招商运营服务体系构建是大势所趋。然而，关于数字化商业生态圈的阐述逻辑，我却思考了很久，甚至几次推翻创作，重新构思，最终才确定了整个“数字化商业生态圈”的基本逻辑如图1所示。

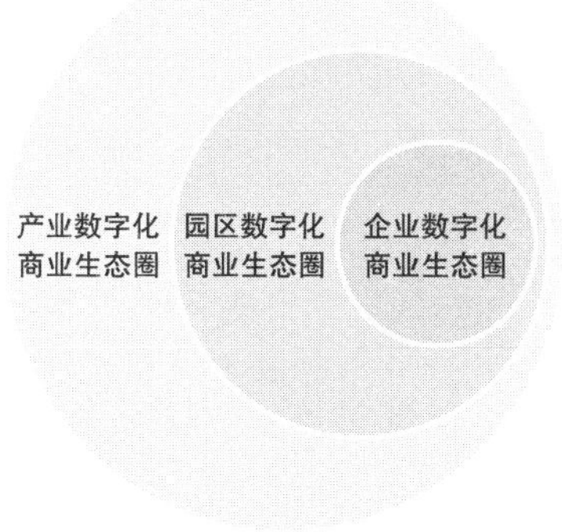


图1 数字化商业生态圈

① 作者介绍及理论主张参考维基百科。

如图2所示，企业和园区最终都是为产业服务的，具体而言，都是为产业招商引资以及构建产业带生态圈服务的。而我们之所以要按照企业数字化、园区数字化、产业数字化的逻辑顺序来讲述这个大生态圈，则是为了以点带面：企业是细胞，N个企业构成了园区这个载体，N个园区辐射到当地的产业，带动了产业的发展；作为政府则重点需要做好当地的产业定位，引导产业数字化转型升级，使其向高质量发展迈进。这个过程中的转型策略与路径，都离不开产业带定位、园区定位以及企业定位。有了定位就相当于航船找到了前进的方向，才能对症下药去打造适合企业、园区和产业发展的运营团队与招商服务平台，进而通过高效的运营，联合当地政府、企业资源，打通全产业链资源，最后在不断地升级转型、创新迭代中，孵化产业链，从管理到运营，最终实现共同富裕，全产业链协同发展！

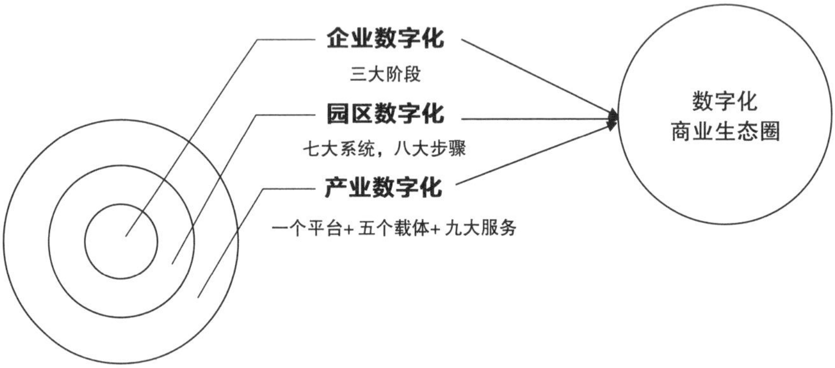


图2　数字化商业生态圈

总之，基于上述逻辑，我们才能更好地提供产业招商运营系统解决方案，搭建当地产业数字化平台，为园区提供园区数字化平台、企业数字化平台；构建当地数字化产业生态圈，赋能当地产业转型升级，推动当地产业数字化生态经济建设高质量发展。

至于如何展开企业、园区与产业数字化招商运营，构建商业生态圈系统解决方案，我们则要遵循如图3所示的基本模型，我将其概括为“三大核心工作”“三大步骤”与“七大系统”。可以说，无论是企业、园区还是产业数字化商业生态圈的构建，都可以依照这个模型来展开。

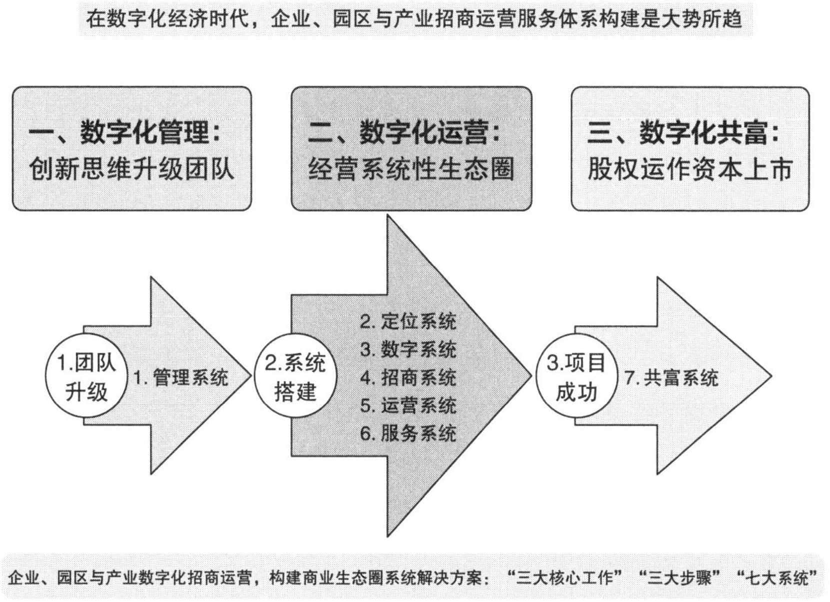


图3　商业生态圈系统解决方案

值得一提的是，该模型不是一成不变的，我们在应用时要根据自身的实际情况来动态调整。此外，由于篇幅有限，我们无法将各类企业、园区甚至每个产业一一列举。因此，在企业、园区和产业三大数字化板块的呈现上略有侧重和不同，但整体都是围绕该模型展开。例如，在企业数字化板块，我着重写了运营团队的搭建。无论是园区还是产业，最终都要靠人这一主体来运营，对于企业来说人理应是重中之重。再如，在园区数字化板块，在"七大体系"中，我将定位调整到了管理的前面，因为对于园区而言，定位是第一要务，定位精准了，接着再去搭建运营团队，这与企业管理还是略有区别的。而在产业数字化板块，我则选取了多年来我服务最多的一个领域，同时也是近几年我国在大力发展的一个重点产业——乡村产业，以此为例，为大家详细阐述了产业数字化运营的七大系统。最后，则选取了几大关乎民生的重点行业，初探未来企业的增长点以及未来产业数字化生态的更多可能性。我想说的是，无论是本书中呈现的模型也好，还是我提及的创新打法也罢，都希望大家在将其应用于实践的时候能够举一反三，这样才能如鱼得水。

在创作过程中，我集中走访了很多甲方用户、战略合作伙伴，调研并搜集相关经典案例，同时得到了杭州市经信局、中国国际贸易促进委员会杭州市分会、杭州市市场营销协会、杭州市国际商会、杭州市国际商会共同富裕委员会、浙江省民营投资企业联合会、浙江钱塘江金融研修院等单位领导的大力支持。在案例走访调研过程中，非常感谢光华赋能、麦滴资管云、财通直播文化产业园等公司的支持。

在走访调研过程中，我深刻意识到，在数字化的新商业时代里，竞争环境更加激烈，企业生存与发展更加不易。无论我们是创业者，还是创业导师、培训师，对于未来企业的发展，我们除了做好本职工作，除了做好经营与管理以外，更需要通过重量级企业资源支撑、政府政策支持和资本的力量赋能，这样才能使其更好地发展。我希望借本书的绵薄之力，让更多企业未来一起“共生，共创，共享，共赢”！我们期待，在未来的事业道路上，我们能够更好地为构建产业生态系统、推动产业转型升级而作出应有的贡献和价值，一起开创更伟大的事业！在数字化的进程中，与行业的引领者共同构建强大的数字化商业生态圈，让更多企业在取得群体竞争优势后获得更多的行业话语权，并通过参与数字化的生态共建赢得更多的市场机遇。

当然，生态圈的建立过程庞大而复杂，罗马也不是一天建成的，正如我们人类很难凭借一己之力去改变整个大环境一样。然而，心简单，世界就简单，幸福才会生长。未来一切的数字化，其终极目标也不过是为了更好地服务于人类。

踵事增华，踔厉奋发。

真正的数字化不只是一个口号、一项技术、一次大会，更是我们通向美好未来的一把钥匙。无论是2023年抑或并不遥远的未来，全球经济的不确定因素和变数只会越来越多，这些都会对国内经济的发展带来深远的影响。但是正如2022年8月4日在北京举行的2022数字生态大会的主题那样——“破浪”！唯有汇聚数字商业生态圈的智慧与力量，直面挑战、破浪前行，才能共谋发展，打通共富之路。

大门已经敞开，我们要做的，就是不掉队。愿我们所付出的汗水都有收获，所付出的努力都不被辜负，愿我们生活里的小欢喜和盛世下的数字化未来撞个满怀，愿我们都能活在新世界，赢在新生态！

目 录
CONTENTS

# PART 1

# 融生态者，懂市场

如果说万物互联是人类世界向网络世界迁徙的关键节点，那么万物互融则是未来数字世界进化后开花结果的必然。

010101010101010101010101010101010101010101010101010101010

010101010101010101010101010101010101010101010101010101010

01010101010101010101010101010101010

第 1 章

CHAPTER 1

# 数字化商业生态圈引领未来

0101010101010101010101010101010101010101010101010101010101010101010101010101

数字技术是当前推动人类发展进程的重要引擎，而数字经济更是成为中国把握新一轮产业升级和科技变革新机遇的核心战略。追求以数字化技术为基础、以人为本和以绿色可持续发展为目标的高质量发展模式是中国当下关于“数字化”最深刻的转型。而用数字化推进产业升级、乡村振兴、碳中和等政策的推出即是这一重大命题的佐证。

作为引领未来中国经济高质量发展的新经济形态，数字化商业生态圈不仅面向传统经济体的转型，将数字技术、人工智能、生命科学技术、互联网技术等渗透到各行各业，同时也通过数字服务、社交网络构成新的体系，不断开发新的消费场景，捕捉用户需求，为个体生活方式提供更多可能性，其核心特征是打破行业之间的边界，通过跨界协同重塑边界。新时代的数字化，就是要求我们从认知和底层逻辑上作出改变，面对全新的变化，跟上时代的节拍，找到个人和企业的发展机遇。

## 时代机遇：在数字化的舞台，向世界发出中国声音

二〇二一年十月十八日，习近平总书记在十九届中央政治局第三十四次集体学习时强调指出，要“不断做强做优做大我国数字经济”。

> 长期以来，我一直重视发展数字技术、数字经济。二〇〇〇年我在福建工作期间就提出建设“数字福建”，二〇〇三年在浙江工作期间又提出建设“数字浙江”。党的十八大以来，我多次强调要发展数字经济。二〇一六年在十八届中央政治局第三十六次集体学习时强调要做大做强数字经济、拓展经济发展新空间；同年在二十国集团领导人杭州峰会上首次提出发展数字经济的倡议，得到各国领导人和企业家的普遍认同；二〇一七年在十九届中央政治局第二次集体学习时强调要加快建设数字中国，构建以数据为关键要素的数字经济，推动实体经济和数字经济融合发展；二〇一八年在中央经济工作会议上强调要加快5G、人工智能、工业互联网等新型基础设施建设；二〇二一年在致世界互联网大会乌镇峰会的贺信中指出，要激发数字经济活力，增强数字政府效能，优化数字社会环境，构建数字合作格局，筑牢数字安全屏障，让数字文明造福各国人民。

习近平总书记在党的二十大报告中指出，要大力“支持中小微企业发展”“支持专精特新企业发展”“促进数字经济和实体经济深度融合”。由此可见，促进数字经济和实体经济深度融合，要加快推进数字产业化和产业数字化，赋能传统产业转型升级！

综上所述，我们不难看出，数字经济的发展事关国家发展大局。近年来，

我国互联网、人工智能、云计算、大数据、区块链等技术创新飞速发展，日渐融入社会经济发展的各个领域。各国竞相出台鼓励发展数字经济的政策，其发展速度之迅猛、辐射范围之广泛、影响程度之深远前所未有。随着数字经济成为改变全球竞争格局、重塑全球经济结构的关键力量，中国也正在用自己的实际行动在数字经济的舞台，向世界发出中国声音。

## ◎ 数字化升级转型成为国家重大发展战略

如今，数字技术正颠覆并重塑经济社会运行的传统模式，数字经济正在改变着我们的生活，人类大踏步迈进数字化时代。当时代的浪潮扑面而来，传统产业也面临大转型，围绕数字化的相互作用，逐渐构成了一个日益复杂的新生态，成为激发我国高质量发展新动能的重要抓手。中国逐渐成为全球数字经济创新的重要发源地，一系列政策的落地迅速推进数字化成为国家级发展战略。

**表1-1　我国数字经济发展相关政策**

| 我国数字经济发展现状及政策解读 | | |
|---|---|---|
| 相关重要政策 | 颁发部门 | 具体内容概述 |
| 《中国制造2025》 | 中华人民共和国国务院（简称国务院） | 2015年5月19日，国务院发布了《中国制造2025》并提出“到2025年中国数字化研发设计工具普及率要达到84%” |
| 《“十四五”智能制造发展规划（征求意见稿）》 | 中华人民共和国工业和信息化部（简称工信部） | 2021年4月14日，工信部发布了《“十四五”智能制造发展规划（征求意见稿）》并明确要求“到2025年规模以上制造业企业智能制造能力成熟度达2级及以上的企业超过50%” |
| 《“十四五”数字经济发展规划》 | 中华人民共和国国务院（简称国务院） | 2022年1月12日，国务院发布了《“十四五”数字经济发展规划》，这是“十四五”时期推动我国数字经济高质量发展的最重要的行动纲领，从顶层设计上明确了我国数字经济发展的总体思路、发展目标、重点任务和重大举措等 |
| 《关于开展财政支持中小企业数字化转型试点工作的通知》 | 中华人民共和国工业和信息化部、中华人民共和国财政部（简称工信部、财政部） | 2022年8月17日，工信部、财政部联合发布了《关于开展财政支持中小企业数字化转型试点工作的通知》，提出将打造4000～6000家“小灯塔”企业作为数字化转型样本，加快中小企业实现数字化转型 |

在“数字中国”的时代背景下，根据中国信通院数据：从2016年至2021年，我国数字经济的规模从22.6万亿元增至45.5万亿元，增长1.01倍，总量稳居世界第二，占GDP的比重达39.8%。

在数字经济迅速发展的同时，我们也看到，与那些世界数字经济大国、强国相比，我国的数字经济还存在“大而不强、快而不优”等发展难题，许多置身其中的企业日子也越来越不好过。如果不去破解转型过程中的“阿喀琉斯之踵”[①]，看似无懈可击的战略也有可能令企业的转型戛然而止。

危与机就像一枚硬币的两面。奥地利股市之父、投资大师吉姆·罗杰斯[②]曾在《牛人》[③]访谈节目中说过：“危机是汉语中最精妙的词汇，危机由危和机两个部分构成，意味着危险与机会永远是一枚硬币的两面，如影随形、相辅相成。”既然无法摆脱，就只有面对。正如稻盛和夫[④]所说：“越是难熬，越要自己撑过去。萧条是成长的机会。”只不过，当转型关键期的内忧外患真正到来时，没有人能置身事外。站在数字化的历史舞台中央，我们既要从机遇中看清危难，也要于危局中孕育新机。

**一、从国内需求分析，发展数字化是赋能中国产业转型升级的需要，同时也是实现中国GDP稳步增长的需要**

早在2003年，习近平总书记就提出了要建设“数字浙江”。作为一名地地道道的浙江杭州人，可以说，我深切感受到并见证了浙江在近几年成为产业数字化与共同富裕示范区域的全过程。在浙江这块数字化的沃土上，诞生了如华睿投资、中国互联网第一股网盛生意宝、数字化运营商菜根发展、银美科技、财通直播文化产业园、东谷直播产业园、浙大网新睿研、得体科技、麦滴资管云等众多领先企业，这些企业的数字化发展路径我将在后面章节详细解读。然而，近几年，由于全球经济环境不确定因素增加，我国的传统产业、企业发展开始遇到瓶颈。

---

① 阿喀琉斯之踵（Achilles' Heel），原指阿喀琉斯的脚后跟，因此处是其身体唯一一处没有浸泡到冥河水的地方，也成为他唯一的弱点。阿喀琉斯后来在特洛伊战争中被毒箭射中脚踝而丧命。现引申为致命的弱点、要害。

② 吉姆·罗杰斯，1942年10月19日出生于美国，现代华尔街的风云人物，量子基金创始人，被誉为最富远见的国际投资家，是美国证券界最成功的实践家之一。

③ 《牛人》是国内第一档为中国探险达人量身定制的网络电视谈话节目。

④ 稻盛和夫，日本著名实业家、企业家，京瓷创始人，被誉为“经营之神”，曾创办了两家世界500强企业，于2022年8月24日去世，享年90岁。

今天，我们处在产业互联网的时代，而数字科技的发展正在成为互联网行业向纵深发展的一个大趋势。颜艳春①在《产业互联网时代》一书中提到如下观点。

> 产业互联网不是一朵浪花，而是一个时代的洪流。下一个万亿级企业，一定在产业互联网。
>
> 互联网上半场——消费互联网的时代已经落幕，我们现在进入到互联网的下半场——产业互联网时代。

2015年10月以来，我不断与来自全国各地地产商、园区业主与产业协会及企业家朋友进行交流。其中，在杭州乡村振兴实践地anongbaba阿农巴巴临安项目地、财通直播文化产业园，我们接待了上百个考察游学团队。我发现，从消费互联网到产业互联网，来自全国各地的产业和企业，在高质量发展过程中，普遍遇到了不同程度的困惑与痛点。例如，产业发展趋同化和产业园区开发建设同质化，使得产业园区开发建设、招商、运营进入全面竞争态势，产业园区精准招商和数字化运营已成为产业园区开发建设商、运营商当下面临的核心问题，产业转型升级是大势所趋。如何将消费互联网+产业互联网+工业互联网有机整合起来，实现从短期开发的时代向长期运营时代，从产品提供到服务提供，从产销模式到运营模式的整体商业模式转变，如何走出一条创新的路径，创造一个巨无霸的产业互联网，是我们在数字时代里的新命题。

**二、从国际需求分析，发展数字化是世界产业转型升级和世界产业高质量发展的需要**

全世界产业是一张不可分割的网络，需要产业数字化布局。在中国数字经济迅速发展的同时，世界各国也渴望用中国钥匙，打开经济前行的新路。

当前，全球治理体系面临前所未有的挑战。一方面，霸权主义、单边主义、保护主义抬头，地缘冲突加剧，发展鸿沟扩大，信任赤字增加，逆全球化思潮上升，多边治理体系受到冲击；另一方面，新情况、新问题、新技术

---

① 颜艳春：盛景嘉成合伙人兼盛景新经济+X研究院院长，山丘联康创始人兼董事长，eFuture富基创始人，中国流通三十人论坛（G30）成员。

对完善全球治理体系提出新要求。以信息技术为代表的新一轮科技革命和产业变革，要求建立和完善相应的国际规则；全球气候变化问题凸显，绿色低碳转型国际合作提上日程。当百年变局和世纪疫情相互交织，地缘冲突加剧，经济全球化遭遇回头浪，全球治理体系面临严峻挑战。世界向何处去，成为各国有识之士的世纪之问。在深刻、复杂变化的形势下，全球发展再次走到十字路口。

而就在这个十字路口，山水形胜的人间天堂，人文炽盛的刻着“互联网基因”的江南古城——杭州再次成为世界的焦点。“一带一路”，从中国杭州启程，发展到全国，进军到全球，世界经济将从这里再出发。展望未来，数字经济创新将会迎来一个全新的时代！

《数字中国发展报告（2022年）》提及，2023年是全面贯彻落实党的二十大精神的开局之年，也是全面推进《数字中国建设整体布局规划》实施的起步之年。要加快建设数字中国，为全面建设社会主义现代化国家提供有力支撑。

面对技术与数字化的未来，如何具体推动数字经济发展，如何打造数字基础设施、“建设数字中国”已经被明确纳入“十四五”重大战略的一部分。蓝图已绘就，我们必须直面最现实的问题：数字技术如何助力企业面对全新的考验？当现有的业务格局被打破，企业如何利用数字技术打造全新的业务模型？未来数字化生态圈的发展方向又有哪些？产业如何升级转型？企业如何把握蕴藏其中的产业发展机遇，乘势而上？

在崭新的数字经济时代里，危机如同试金石一样，把万千产业的百态、企业的“阿喀琉斯之踵”、每个人的品质与能力都暴露得清清楚楚，人群之中的每张面目似曾相识——钻石终究会绽放出与黄铜不一样的璀璨光芒。

## 逻辑重塑：构建数字化商业生态圈

钻石因稀而贵，在打磨完一块钻石之前，我们总会遇到各种各样的“黑天鹅”来捣乱。

提起黑天鹅，你会想到什么?

是雾气弥漫的河流之上，一只黑得发亮的天鹅缓缓划过，还是娜塔丽·波特曼的黑白两面，抑或是绝美的舞姿?

在今天的商业时代，黑天鹅事件指非常难以预测，且不寻常的事件，通常会引起市场连锁负面反应甚至颠覆，而在不同的场景中，黑天鹅呈现的含义也不尽相同。从2020年至2022年的短短三年间，由于不确定因素大增，我们对企业生死一线的感受，前所未有地真实。然而，过去不会再回来，这并非季节的更迭，而是时代的前行。所有身处其中的人，都需要找到新的活法——重塑新的商业逻辑。

## ◎ 构建数字化商业生态圈势在必行

我国“十四五”规划纲要首次提出了“数字生态”的概念，构建数字化商业生态圈势在必行。那么，究竟什么是数字化商业生态圈?

在本书的开篇，我就讲到了商业生态系统，下面不妨再通俗地解释一下。

首先，所谓商业生态圈，就是一个大圈子，在这个大圈子里，服务方（商家）可以找到用户（消费者），反之，用户（消费者）也可以找到服务方（商家）；服务方（商家）可以找到上游供应链，还可以找到金融服务、营销服务、增值服务等，用户（消费者）还可以找到各种个性化的定制产品和服务。

总之，如果这个大生态建设得好，可能就会出现两个不同行业的企业或个人，不约而同地产生连接，有彼此被服务的机会。那么，就会有越来越多的企业和个人在这样的商业生态圈中发展得越来越好，找到服务和被服务的机会，利用这个生态不断强化自己，壮大发展，相互之间的黏性就会更大。但这个生态圈子如何建立的问题始终是我们要突破的难点。数字化让生态圈的建设与发展，更近科学合理。

当前，全球范围内数字经济蓬勃发展，我国也正在加快推进数字中国建设。我们经常能看到用数字经济占GDP的比重、数字经济的增加值等数据指标来评估数字经济的发展。其实，从某种程度而言，这种评估并不全面，就算不考虑社会意义，单从经济价值的视角评估数字经济，也要包括多重且复杂的因素。在今天这个数字时代，数据的内涵正在经历颠覆性的改变，可被用于分析和价值创造的图、文、音视频等各种非结构化的数据井喷；数据应用场景拓展到了社会、经济等各个领域，数字经济、数字社会各个领域，单一评估其中任何一个维度都不客观。

因此，我们今天所说的数字化商业生态圈的构建，应当是在数字时代下，政府、企业和个人等社会经济主体通过数字化、信息化和智能化等技术，进行沟通、互动、连接与交易等活动，形成围绕数据流动循环、相互作用的社会经济新生态系统。可以说，打造理想的数字化商业生态圈，是推动中国数字经济与实体经济深度融合的必由之路。近两年，当我们面对被疫情催生的新消费需求与新服务内容，商业空间与商业逻辑亟待突破与重塑！此时此刻我们面对的，既是风险，也是机遇；既是过去，也是未来。关键是，你能否带领企业躲过黑天鹅，在新的生态圈里打赢恢复战，你能否抓住商业浪潮，实现数字化升级。

放眼全国产业百强区，前有标兵，后有追兵，我的家乡杭州再次给出了答案。

我们经常说，在经济全球化的浪潮中，没有与世隔绝的孤岛。现代产业体系也一样，皆是互联网、大数据、数字技术与实体产业万物互融的产物。如果说互联网是产业发展的基础和核心力量，那么产业的数字化转型则是现代产业通向未来的必由之路。在全球经济不确定因素增加、产业链与供应链遭受冲击、新一轮城市排位战等综合因素的影响下，杭州市富阳区加码数字化赋能，打造高质量产业体系，在数字化改革方面持续发力。

在数字化商业生态圈中，任何地区、任何行业、任何企业乃至每个个体都必须进行数字化转型，宏观上就表现为数字政府、数字经济、数字社会等不同的数字生态。具体实施的路径则表现为，在数字经济时代，构建产业数字化生态圈，即通过构建企业数字化、园区数字化、产业数字化三大数字化商业生态圈，打造属于自己企业所在产业的本地化产业招商运营服务体系，搭建一个社会协同的产业数字化运营与服务的平台，赋能当地产业转型升级，用产业互联网去改造和升级当地产业链，实现内外双循环，推动当地产业数字化生态经济建设高质量发展。

至于具体的构建路径，我将在后面的篇章详细讲述。

不同企业所处的商业生态圈是不同的，那么每个企业的发展战略自然也不同，但可以肯定的是，无论是自己构建生态圈还是融入他人构建的生态圈，都必须要认识生态圈的规则、掌握一些发展要领，最起码要懂得基础的理论和方法论，这样才能将自己身边靠谱而琐碎的人、事、物“装进”小而美的生态圈系统中，注入机制，产生价值“变现”，将其发展成小而美的事业共同体。当然，最重要的前提还是先把自己的事做好，进而洞见更广阔的未来！

## 洞见未来：融入新基因，探索数字化共富共同体

变革与发展从来都不是一蹴而就的。只有通过融入新基因，才能从根本上使得传统企业与传统产业彻底改变。

通过上一节内容逻辑的重塑我们得知，数字化便是企业的新基因密码。在大数据、云计算、物联网、人工智能等技术的推动下，“数字”推动技术快速渗透、产业深度集聚，不仅成为产业转型升级的强大驱动力，也开拓了技术创新、服务创新、业态创新活跃的新领域。而在数字生态下，每一家企业、每一个个体都通过数字技术紧密地联系在一起，这意味着政府、企业与个人将越来越多地以“数字主体”的身份进行沟通和互动。

尽管构建数字生态听起来是一个充满技术含量的话题，但抛开数字技术，无疑先要打造适应人类的发展生态，营造良好的生活和投资环境的商业新生态。换言之，构建健全的数字化商业生态圈，不能凭空想象，而是需要各级政府，包括企业、个人等所有主体共同参与及培育。

### ◎ 同心合力，冲出迷雾走向光明

面对时代的变化，未来所有人的命运都息息相关，所有人都是命运共同体。

习近平主席在博鳌亚洲论坛2022年年会开幕式上的主旨演讲中指出：“冲出迷雾走向光明，最强大的力量是同心合力，最有效的方法是和衷共济”“人类是休戚与共的命运共同体，各国要顺应和平、发展、合作、共赢的时代潮流，向着构建人类命运共同体的正确方向，携手迎接挑战、合作开

创未来”。习近平主席的重要论述，有力回应了国际社会对人类前途命运的关心，彰显了我们党对世界大势的准确把握，指明了世界未来发展的方向，同时，也深深地启发了我对于未来数字化商业生态圈的理解。

仔细想想，人类命运共同体实则体现了中国古代圣贤的“利他”思维——“上善若水，水善利万物而不争”，没有人能够脱离他人而独立驰骋于时代的疆场，一个胸怀天下的人必定不会被时代所抛弃，能够融入“人类命运共同体”的必定是那些善于“利他”的人。可见，老子所推崇的理念其实就包含了我们今天所说的“利他”精神。在中国传统文化中，贤人的境界是“自利利他，胸怀天下”。而当今的世界是融合发展的，未来，中国更需要我们这一代人走好脚下的路，为祖国的数字化建设添砖加瓦。因此，后“利己”的“爱人”仁者，更是未来所需要的“兼相爱，交相利”的互利共赢的合作者。未来，从“小我”中脱离，关注人类的“大我”，才是真正的“利他”之道。也正是这一思路，让我开启了对数字化共富共同体的探索。

通过多年来的创业经历以及咨询服务甲方经验总结，我渐渐明白了，趋行于人世的轨道，览遍群山的卓尔不群，方能领悟山川之美，以及古来共谈的奥秘。这几年，也不断有人问我，未来数字生态会怎样变化？在我看来，这要随着我国的数字化进程而变化，概括地说，未来的数字生态大致有三个发展方向。

### 未来数字化生态的三个发展方向

方向一：平台化

所谓平台化发展，就像是一个行业联盟，能够为参与生态的企业提供更多的服务和资源系统，如此一来，就可以成为一个大家信任的优质资源集散地。我们不仅在平台中寻求简单的合作，而且拓展出生态伙伴间更深度的合作。

方向二：专业化

当生态中出现深耕于某个行业的企业，在企业周边就会逐渐形成聚集效应，这种发展态势会给生态带来更多鲜明的特点和优势，从而能够持续地为生态中的其他成员提供资源整合，使其朝着专业化的方向精进发展。

方向三：开放化

开放化，又可称之为合作化，即拥有更加开放性的能力和更加广阔的视野。在多个细分领域，吸纳更优秀的企业加入生态圈，同时提升自身的行业价值，通过主动分享、复制成果等形式，更好地整合生态资源，实现可持续的高质量发展，为中国数字化转型作出贡献。

值得一提的是，未来的生态合作一定不仅只停留在业务和技术层面，而是会辐射到团队开发、管理层面等，因此，所有的参与者更需要做到互信、开放、包容，以及相互合一、万物互融。

当然，数字化商业生态圈的建立是一项需要长期迭代的复杂工程，我们对数字化商业生态圈的研究和实践路径的探索，也不过是该研究的初期成果，只是一个开始，在实践的过程中，必然还存在一些局限与问题。

未来，我和我的团队将进一步在服务实践中不断地完善理论体系、丰富数据来源、发展智能计算、落实案例实践，从中探索规律，努力为建设数字经济尽一份力，为地方政府、为企业与产业园区开展数字化转型提供重要参考。

更重要的是，无论数字经济发展到什么程度，未来的数字商业会演变成何种形态，我们都要在数字化共富共同体的探索之路上，以利他为善良之初，方为植根于内心的修养，胸怀天下的超然之士。

010101010101010101010101010101010101010101010101010101010

01010101010101010101010101010101010101010

第　2　章

CHAPTER 2

# 数字化商业生态圈的“中国试验场”

1010101010101010101010101010101010101010101010101

我们总是在焦虑和不安中期待不一样的未来，然而，却鲜有人能够说清楚未来究竟和我们想的有多么不一样，以及当我们在谈论未来的时候，我们究竟在谈论什么。

当数字技术助力各行各业的商业生态系统逐步构建与运营；

当我国商务部等多个部门相继出台“关于数字化生态圈建设”的若干意见；

当千行百业中的传统企业在折戟沉沙后开始数字化转型，引爆新一轮财富新机遇……

一个崭新的数字化商业生态圈雏形初现，它究竟是危还是机，是好还是坏?

实践是检验真理的唯一标准。

无论是小米、华为、腾讯这样的头部企业，还是跃跃欲试的中小企业，中国数字经济产业的示范样本企业，都以其商业生态的建设能力、价值的创造力、快速响应市场的能力及创新力，让我们感受到了中国数字经济发展的速度。

在很多人还没有反应过来应该以怎样的姿态拥抱它时，那些走在风口浪尖的先行者已经先人一步，成为“中国试验场”中的追光者，迎来了数字化商业生态圈的春天。

# 构建数字化商业生态圈，大佬们正在做的事

过去，人们似乎总喜欢用各种利益相关要素来建立关系，定义共同体，这种利益共同体其实是商业生态系统的前身。今天我们所说的数字化商业生态圈，其实指的是在生态圈中的商业活动的各利益相关者，通过共同建立一个价值平台，通过价值交换来实现生态价值的最大化，这个过程重在“共同进化”。

与大自然生态相比，传统企业可能就像商业生态系统中的某一元素，例如某一种植物或动物，抑或是一条河流。近年来，百度、腾讯、阿里、小米等头部企业都在大张旗鼓地搭建各自的商业生态。商业竞争也已经由产品生产过渡到销售环节，再到产业链和整个生态系统之间的竞争。一个完整的商业生态圈的竞争，应该包括消费者、供应商、合作者以及其他竞争者，这就好比水池因为鳗鱼的存在而激活了其中的鱼群。正所谓一鲸落，万物生，万物共生互融，才是一个真正意义上的商业生态圈。只不过，从竞争的过程来看，相爱相杀的意味多一些罢了。

众所周知，百度、阿里巴巴和腾讯（以下简称BAT）等大厂的成功我们无法复制，但至少可以成为追随者融入他们所构建的生态圈中，学习成功者的宝贵经验。

因此，为了便于进一步理解商业生态圈的基本逻辑，我们先来说说BAT三巨头的商业生态。

## ◎ BAT的数字化商业生态圈布局

如今的BAT正加速技术围城扩建，生态扩容，腾讯要做“亚马逊森林”，阿里关心大到全球化、小到水电煤的一切，而以“冰山”自喻的百度

正蓄力搭建“水下世界”。

## 一、百度的“冰山”生态圈

如果说腾讯掌控了社交流量密码，而阿里用电商破局，那么以百度大脑为基础的人工智能则将定义百度的未来。正如李彦宏所宣示的那样：“驱动冰山的水下部分向人工智能进军是必然之举。”

对于“冰山理论”我们都不陌生：一座漂浮在水面上的冰山，其实只是整个冰山的七分之一。很多人对于百度的理解，就好像一个远远看去的冰山。实际上，纵观百度的业务布局，无论是高速增长的云计算业务，还是处于变现期的自动驾驶业务，他们都有着超高的发展潜力。

而现阶段，在百度的“冰山”生态中，海面上是手机百度和百度地图两大入口，冰山中部是核心业务百度搜索，海底则是O2O（线上线下连接）的3600行（投资超1亿美元），如图2-1所示。

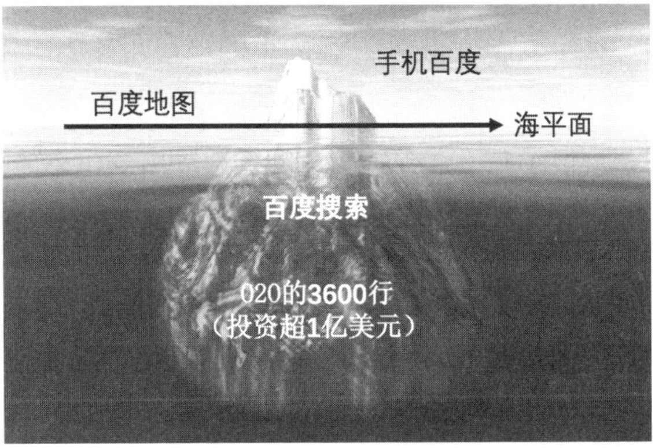


图2-1 百度的“冰山”生态示意图

可以说，处在“冰山”中部的百度的搜索入口，拥有中国最完善的用户画像体系，无论精准性和匹配度都不输腾讯和阿里，因此，百度更加偏爱人工智能。早在几年前，百度旗下产品线就深度开发过AR技术应用场景，后来又开发了AR互动游戏。

2022年7月21日上午，百度联合央视新闻举办了“百度世界2022”大会，大会以“AI深耕，万物生长”为主题，展示了百度所取得的AI技术进展以及未来几年的发展规划。在未来，百度的AI生态随时都有爆发的可能，它就像是一个“潘多拉魔盒”，能够释放数万亿的市场。

当然，罗马帝国不是一天建成的，百度的AI帝国也同样如此。只是，似乎很多人低估了冰山下的百度仍有BAT的体量、足够的现金流和利润，与时间赛跑，用科技的力量改变复杂的世界，把生态圈建设得更好，这是百度的长期使命，同时也是其核心竞争力。

**二、阿里巴巴的“电商闭环”生态圈**

作为国内互联网商业成功的代表之一，阿里巴巴用数据诠释了平台型经济体在商业领域的巨大成功，其平台化的商业模式不断演进的过程也是互联网商业的进步过程，在这个过程中，平台化的模式可以看作是被“共享的技术”。正如美国经济学家布莱恩·阿瑟在《技术的本质》一书中写到的：“一项技术的许多组成部分被其他技术共享，因此随着这些成分在主技术之外的其他应用上有所改进，大量进步就这样自动产生了。”

其实，早在2015年时，阿里就曾对外界表示，其要发展成为世界上第一个平台销售过万亿美元的公司。如图2-2所示，我们看到，在阿里数字经济体的生态效应下，这个目标成了现实。在阿里的电商闭环生态体系中，其扮演的角色形同商业社会的“水电煤”，打通了云端及各条战线，最终落地金融支付和数据变现，形成了独一无二的、闭环的移动电商生态体系。

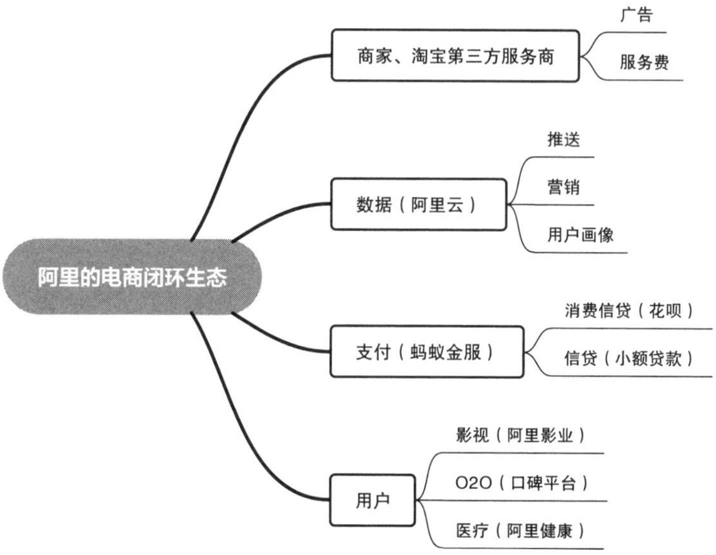


图2-2 阿里的电商闭环生态

### 三、腾讯的“亚马逊森林”生态圈

放眼国内的商业生态系统，以多元化、跨行业的健康生态系统充分服务、渗透、链接于用户、组织和企业，并使自身实现跃迁式成长的，腾讯应该是其中一个典型的代表企业。

如图2-3所示，在“森林”中央是以微信和QQ大社交平台输血的投资领地，是腾讯自己的线上内容，通过这些内容最终实现连接一切“树木”。

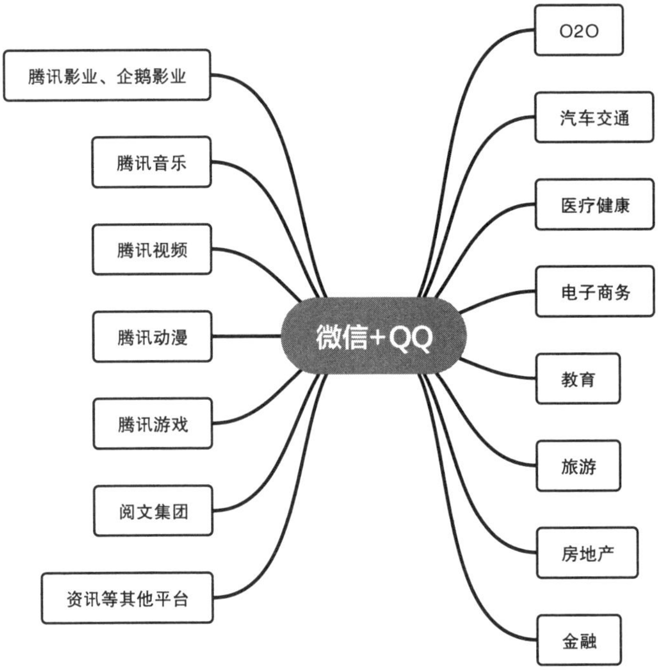


图2-3 腾讯的“亚马逊森林”生态示意图

腾讯从最初的QQ开始进行多元化扩张，到2011年的微信问世，其战略也从多元化升级为“连接一切”，同时砍掉不具备领先优势和细小琐碎的业务，渐渐明确了以社交为连接的入口，建立了“泛娱乐+生活”的数字化生态系统，并通过平台战略吸引了更多伙伴合作共赢。

腾讯系的基础是社交，以社交为基础构建了To C（用户）的生态，这样的业务体系链接的群体更为庞大。我们深入腾讯生态进行剖析就会发现，腾讯生态中的各个因素既相互独立，也互相影响。例如，以微信为基础，可以为美团、京东这样的公司获取流量而赋能。但无论是社交业务、游戏业务还是电商业务等，都能够自我造血。因此，其中的关键是掌握了C端庞大的用户规模，这大大增强了其拓展边界的能力。

在2022年9月1日举行的2022世界人工智能大会产业发展论坛上，腾讯公司董事会主席兼首席执行官马化腾指出："腾讯更多从'数实融合'角度来看全真互联网，而不是纯虚拟的。"

在实践中，腾讯正与有实力的企业合作，结合视觉动捕、虚实互动、实时云渲染、AR/VR交互等游戏技术，为企业建立工厂级孪生服务，最终打造全息3D裸眼效果的"全真互联数字工厂"；而在航空产业，腾讯还与航空公司达成合作，基于游戏引擎能力和其他数字技术，共同研发国产全动飞行模拟机视景软件系统，以数字化助力国产全动飞行模拟机研制等。总之，我们看到，腾讯通过一系列数字化实践，透过其前沿科技和数字技术成为在更多领域实现创新应用的标志性范例。未来，腾讯将以数实融合为目标，基于游戏、社交、内容、生态和技术优势，与更多企业展开合作，共同推动我国产业升级和数字经济发展。

中国企业一步步地实现了从产品竞争到服务标准竞争再到数字化商业生态圈竞争的转变，这是我们对数字化竞争的视角不断拓宽、本质不断深化的过程，更是趋于万物互融、走向更大规模合作的过程。与此同时，我们也感受到未来竞争的激烈，不禁为后来者担忧。当生态圈的构建、治理、创造与分享成为我们未来迈向数字化不可缺失的一环，当未来的竞争成为商业生态圈之间的竞争，那么，能像BAT这般做到业务覆盖范围极其广泛的企业能有几家？如果单靠BAT这几家企业来做，恐怕我们离走出国门就又远了一步，也是无论如何都做不好的。尤其对于那些个人创业者和创新、创业型企业等，如果让他们自己一切从头做起，而没有可靠的生态系统、平台战略为依托，也不可能做好。如何构建数字化商业生态圈是战略、战术打法问题，将是我们每个人面临的新课题。

## 小米：构建新科技生态，更好地为人服务

泰戈尔在《飞鸟集》中说："闪射理想之光吧，心灵之星！把光流注

入，未来的暮霭之中。”在中国的这块试验田里，当数字化商业生态圈的迷雾尚未完全拨开之前，小米就是这样一束光的存在。

2022年8月11日，雷军年度演讲“永远相信美好的事情即将发生”如约而至，同时，小米迎来它的十二周年。在近三小时的发布会上，创始人雷军以“穿越人生低谷的感悟”为主题，讲述了他在创业过程中多次经历的挫折与迷茫。

此外，雷军还宣布了小米正在构建的全新科技生态的全新理念——围绕人的生活和工作，更好地为人服务，紧密连接人和万物。具体来说，就是从智能手机出发，到可穿戴设备、智能家居，再到智能制造、智能电动汽车以及仿生机器人，小米的科技触角正不断延展到更多的科技场景，并提供丰富的智能终端和服务，这就是小米科技生态的核心理念。

我们对小米的故事并不陌生。透过雷军在发展数字化商业生态圈战略的布局可以看出，他对大方向的把握及思考无疑是具有穿透性和前瞻性的，他预见了未来企业在数字化时代应该以什么样的模式擘画蓝图。

## ◎ 小米的商业生态圈

纵观小米的发展史，可以将其简单概括为快速崛起期（2010—2014年）、低谷调整期（2015—2016年）、重新崛起期（2017年至今）三个阶段。

在第一个阶段，2010年前后，雷军开始二次创业，与有着一起喝小米粥情谊的创始团队共同熬了一碗小米粥，将公司命名为“小米”，并凭借性价比极高的智能手机占领了市场，获得几千万的粉丝和上亿用户的拥戴。在小米的第一个十年发展中，智能手机贡献了小米80%以上的收入，成为小米的主营业务。

到了第二个阶段，雷军开始清醒地意识到公司的不足和短板，认识到单一的手机产品不足以支撑小米在宏观愿景和战略上的永续发展。于是，雷军开始布局小米生态链。2013年，小米站上物联网的风口，通过“投资+孵化”的方式，打开生活消费类智能硬件市场。仅仅在2014年一年时间里，小米就投资了27家生态链公司。关于雷军对生态链的想法，我们从《小米生态链战地笔记》[①]一书中可见一斑，其中的“竹林效应”更是成为商业人

① 《小米生态链战地笔记》是由小米生态链谷仓学院于2017年出版的图书，小米今天的生态链，就是用投资的方式来寻找我们的竹笋，然后把整个生态链公司变成一片竹林。

士的新守则。

时至今日，“竹林”已成。大众耳熟能详的品牌有“绿米”（智能家居）、“紫米”（手机配件&日用）、“华米”（手环等可穿戴设备）、“石头科技”（清洁机器人）、“智米”（空气净化器&家电）、“青米”（智能插线板）、“商米”（智慧零售结算）等。截至2021年年底，小米集团的生态链企业已经超过300家。其中，有大把兄弟公司已声名鹊起，更有甚者，已实现“脱胎”，独立上市。

回过头看小米的物联网战略，其最核心的思想恰恰体现了雷军在年度演讲中所说的——围绕人的生活和工作，更好地为人服务，紧密连接人和万物。如今，小米通过性价比高的产品、超5亿用户为中心的服务和高效率的营销渠道，将越来越多的“米粉”与小米紧紧相连，一条清晰可见、充满活力的小米科技生态链正在逐步构建，如图2-4所示。

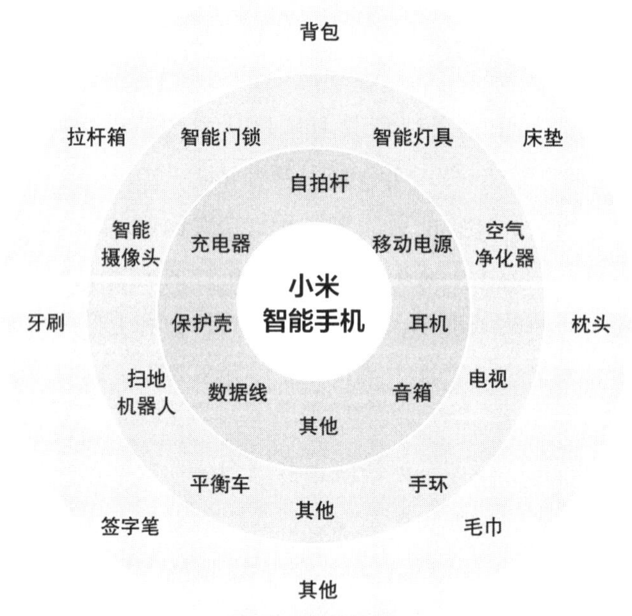


图2-4　不断延伸的小米生态圈

## ◎ 雷军的生态思维

生态这一概念实则来自生物学，具体是指一个由不同类型生物及其所处环境通过相互支持与制约而形成的动态平衡的统一整体。[①]

在地球上，无论是一个池塘还是一片草原、一座森林，都可以构成一个典型的生态，商业亦如此。近几年，虽然各个行业都涌现出了大量的商业公司，但放眼整个产业，可以说没有任何一家公司能够完全独立掌握产品研发所需的整个链条技术，这使得企业之间的合作成为必然选择。尤其对于中小企业而言，在未来的数字化商业生态战中，最好的选择是依靠他人的力量一起出圈。

在互联网行业有一个说法是：“十亿美金做公司，百亿美金做平台，千亿美金做生态”。依照这条行业规则，应用级公司的估值通常在10亿美元规模，而像奇虎、360等平台级企业，估值则会在100亿美元规模，而如BAT生态系统企业，其估值则会达到千亿美元规模。

早在2013年，雷军就曾表示：“小米的目标是成为一家百亿美元公司，否则你做一家又一家10亿美金的公司价值有多大？一次又一次复制自己没有价值。”或许，那时的雷军自己也没有想到，小米能成长为一家目标千亿美元的公司。

小米在成立之初的发展主要依靠“三驾马车”——“硬件+软件+服务”的模式，不难发现，雷军就是为了避免小米发展成为一家单纯的硬件公司或者移动应用公司，才努力将其定义为平台型企业，看似遥不可及的苹果公司与三星电子成为小米此时的对标目标。

阿里巴巴在投资众多企业并成功上市后，迅速成长为一家市值超千亿美元的企业，腾讯也凭借微信开始布局生态系统。放眼国际，苹果、谷歌纷纷在2014年开始布局智能家居。而出货量快速增长的小米也顺势而为，顺理成章地开始布局小米科技生态圈。

2014年，小米先后投资的企业有：金山旗下游戏研发工作室西山居、凡客诚品、华策影视集团、优酷土豆、爱奇艺、美的、界面、猎豹移动、九安医疗、积木盒子、丽维家、凯立德等，涉及电商、手游、智能家居、医疗、视频网站、影视制作、新媒体、移动安全、互联网金融、车联网、移动教育、移动家政、移动地图、智能家电等众多领域。根据《2022年小米产业链

① 概念参考自维基百科。

研究报告》中智慧芽[①]的数据统计，小米集团在AI领域的专利数量位居全球互联网企业第一阵营。

从数字技术的角度来看，目前小米的技术图景也已延伸到各个领域。

从这一层面看，雷军早已将对标目标更换为BAT等生态型巨头企业，也正是这样的理念，让小米的估值攀升至2494.09亿港元（截至2023年6月23日12：00）。

雷军也不止一次在公开场合表示，阿里巴巴等巨头企业的上市带给他的启发就是："做一个超级大的市场，找超级靠谱的人，以及永远花不完的钱。"

"一个超级大市场"——"投资100家硬件企业""打造50家类小米公司"，投资各个领域里的优质企业，用MIUI+电商平台撑起"一个超级大市场"。

"找超级靠谱的人"——雷军无论是搭建小米创业团队还是自己做天使投资，都曾表示只找熟人，或许他所说的"找超级靠谱的人"正是源于此。

"花不完的钱"——小米一次次创造高估值融资神话，但雷军控股的比例并未被稀释太多，加上一部分的银行贷款，这就是雷军所说的要有"花不完的钱"，只有这样才能去做更多的事。这是打造小米生态圈自然而然形成的意想不到的最大价值的回报。

从这个角度而言，雷军的确是在尝试复制BAT巨头的商业生态故事。不同的是，小米正在构建的科技生态链，是更为接近商业生态闭环的数字化系统。如果小米的商业生态圈能最终形成通路，必将进一步深刻影响互联网公司的未来和大量初创型企业的发展命运。

在自然界的生态系统中，竞争与共赢是永恒的主题。对小米而言，在未来更大的商业生态圈战略下的竞争，考验的不单是企业单打独斗的能力，而是合作共赢、抱团共建生态的组织能力。否则，对于处于产业链上的每个企业而言，要么织成一张无人能敌、无坚不摧的大网，要么与网中四面八方的点互融，在更加惨烈的巨头博弈中，站好队，共同发展。

① 智慧芽(PatSnap)成立于2007年10月，是一家科技创新情报SaaS服务商，聚焦科技创新情报和知识产权信息化服务两大板块。

也就是说，数字技术的总体发展趋势是加速的，而各个领域的底层技术的总量必然越来越大，更新迭代的速度只会越来越快。这一态势决定了如移动互联网这种对技术要求较高的行业中，必然会大量涌现出新的企业和发展模式，未来我们想要凭借一己之力覆盖所有新兴领域几乎是不可能完成的事。当生态型企业越来越多，合作是必然之选。通俗点说就是，人类单打独斗打不过了，本能反应就是去拉人帮忙，以前竞争靠“单挑”，未来的竞争是生态圈的竞争。正如小米的竹林效应——用投资的方式来寻找我们的竹笋，然后把整个生态链公司变成一片竹林，最后像雷军说的那样，紧密连接人与万物。

所以，为什么要构建新科技生态？为什么要更好地服务于人？为什么要提早进行生态布局？

《小米生态链战地笔记》中给了我们最好的答案：“没有人可以准确判断未来的一切。在这种状态下，生态布局的好处在于，通过生态的自我更新、淘汰、进化，自然形成未来的良好局面。”俄罗斯著名生理学家、诺贝尔奖得主巴甫洛夫曾说:“科学的未来只能属于勤奋而谦虚的年轻一代。”前提是，我们必须先成为未来世界里最勇敢的探索者。

## 华为：打造“平台＋服务”模式，共建数字化智慧生态

在众多探索者中，除了小米走在生态链战地的前端，被用户誉为“国产之光”的华为也在产业数字化的浪潮中开启了不可限量的市场机遇。而华为所塑造的生态圈，就是类似于我们前面讲的生物圈。比如，你想要开一家超市，首先就要找到场地，要有产品、有供货商、有人气、有流量，这样才能确保商圈的完整性。

简单地说，华为就是基于这样的例子在塑造自己的生态圈。首先，华为提供手机、电脑、芯片等多种硬件终端，然后，联合其他软件、数据等公司开发软件系统，最后，将研发出的产品交付给各个行业的用户。当用户的智慧生活触手可及，华为的生态链就形成了商业闭环，同时实现了生态圈中构成要素的自主可控。

华为先人一步走在了时代的前列，但他时刻不忘自己的使命，通过打造“平台+服务”模式，带领更多企业共建数字化智慧生态，与更多有为的企业家共同窥见冰山下的市场机遇。

## ◎ 打开数字化“冰山”下的市场机遇

如果用一个词来形容华为打造智慧生态圈的过程，那一定是埋头苦干。

2011年，华为开始将发展的重心转移到数字化产业生态圈的打造，从调整公司组织架构到开设企业业务、消费者业务和运营商业务三大运营中心。与此同时，华为在几乎所有人都试图成为“集成者”的时候，反其道而行之，采取了“被集成”的商业模式。

### 华为的“被集成”模式

在服务对象上——由华为的合作方提供服务，华为不参与决策，给予伙伴充分的自由和发挥自身优势的成长空间。

在解决方案上——华为不做自己不擅长的，而是聚焦于把自己的产品和解决方案做到极致，以提升竞争力。

打造生态圈的终极目的就在于系统中的分支能够发挥优势，保持生态的优化与平衡，这一模式为华为打造“平台+服务”模式奠定了基础。

2012年，华为进一步制定了未来渠道的架构和政策，此后，华为始终致力于人才生态建设、投融资生态发展、解决方案生态发展，打造和谐共生、开放共赢的新生态。

十年过去，历史的车轮在汹涌的市场浪潮中滚滚向前。在浪花拍打过的海水里，冰山的移动显得格外宏伟、庄严。只不过，多数人只能看见露在水面上的大概七分之一的部分，也就是我们常说的“冰山一角”，而产业数字化的市场正如“冰山一角”，远非市场的全貌。

随着中国数字经济的飞速发展，2022年年初，我国国务院发布了《“十四五”数字经济发展规划》，预计到2025年，我国数字经济占GDP的比重将高达50%，同时明确提出“要加快数字化发展，建设数字中国”。这预示着产业数字化将成为中国未来经济发展的突破口。

在巨大的推力面前，华为于2022年6月15日召开了一年一度的“华为伙伴暨开发者大会”，华为BG总裁丁耘在会议上说：“我国产业数字化还有很大的增长空间，做大蛋糕比做大份额更重要，华为也希望和伙伴们一起携手去拓展这个蓝海市场。”

在万物互联全面加速的时代，各行业内外要素的深刻变革驱动着企业数字化转型。目前，华为持续构建运动健康、智慧出行、智能家居、影音娱乐、智慧办公等日常生活的场景应用，在教育、医疗、办公、金融等各个领域实现着从万物互联到万物互融的智慧链接。

**表2-1 华为推出各个场景的智能化和数字化服务**

| 华为着力打造的四大数字化场景应用，真正实现让数字生活触手可及 | |
|---|---|
| 智慧家庭 | 为了让居家生活更有温度，华为推出全屋智能系统性解决方案，通过场景化、系统化运作，赋能地产业和家居业变革，让“家”充满智慧 |
| 智慧社区 | 华为打造智能家居的同时，打造与人、手机、智能家居相关的智能终端，开启智慧社区新纪元 |
| 智慧教育 | 华为还将优秀的数字化教育教学终端产品引入课堂，开启了“智慧教育”的新起点 |
| 智慧园区 | 华为在信息安全、园区服务、商用产品等方面，融合人、机、事、物，形成智能化、数字化的生产和办公方式，在“智慧园区”方面打造可持续发展的智慧空间 |

此外，华为还在六大技术生态方面全面升级，继续围绕自主研发这条路线，全力推进数字化生态圈的生态构建。

全面升级的华为六大技术生态

- 鲲鹏计算生态
- 昇腾AI生态
- 鸿蒙OS生态
- HMS Core生态
- 华为MDC自动驾驶生态
- 华为云生态

至此，华为构建的生态圈逐渐成了促使企业长久发展的数字化战斗力。而未来的产业数字化应该是一个开放的生态系统，在这个系统中，如果只有华为这样的一家或个别几家企业独大，那么这样的生态恐怕难以维系平衡。

在我国，中小企业既是市场的主体，也是保障百姓就业的主力军。在我国数字化转型的过程中，大部分的中小企业受困于资金、技术、人才等一系列问题，面临着不敢转、不会转的数字化转型困境。

在2022年的“华为伙伴暨开发者大会”上，华为的企业代表公开表示，华为正在思考如何协同我国中小企业的开发者和合作伙伴，共建企业数字生态，共同构筑企业面向未来的高质量核心竞争力。为此，华为公司提出了“平台+服务”模式。企业转型不仅要有技术支撑，更要有强大的数字平台的支持，“集众智、聚众力，打造真正的能力型伙伴关系，共同跨越技术与行业之间的断裂带”，是华为这一模式助力企业实现数字化转型的最新使命。

喊出口号的人必定是速度最快的践行者，否则一切都是空谈。2022年8月28日，华为联合全国近3万家企业，共同发起了中国首个基于数字赋能的“828 B2B企业节”，旨在为更多的中小企业搭建数字转型平台，实实在在地帮助中小企业降本增效。

在我的故乡浙江，华为与浙江省工商联就未来的数字化改革议题签订了一系列战略合作协议，通过搭建更多数字化的平台，推动浙江民营企业数字化转型，共建共同富裕的示范区。

奋发有为，时不我待。

数字经济发展浪潮奔涌，一切就像是意料之中。在充满不确定性的时代里，华为并没有慌乱，而是始终在数字领域不断探索，并凭借自己的优势力量，基于强大的数字化平台，加上百花齐放的服务，持续与合作伙伴一起，聚焦新赛道，面向新未来。或许，这就是一家民族企业的担当，虽然前路仍充满挑战，但借用华为的那句名言：回头看，崎岖坎坷；向前看，永不言弃！①

① 2020年5月16日，华为在面对美国的全面封锁时，通过心声社区发文，这是其中的一句话，充分体现了华为人精神。

# 小红书：探索多元平台生态，赋能品牌迭代式增长

在过去几年里，小红书扮演的角色更多的是女性用户的“种草平台”，而今天，外界对小红书的评价则大多是“种草界的百度”，一语道破了小红书以“种草”为核心的商业价值以及不断拓宽平台生态的战略。以体育内容生态为例，体育爱好者多为男性用户，要知道，在小红书问世之初，男性在小红书用户的占比并不多，而在2021年里，其运动健身内容增长300%，体育赛事笔记内容更是增长超过1140%，这些数字都说明小红书在不断拓宽自己的生态圈。

2021年12月22日，小红书在上海举办了“2022小红书商业生态大会”，提出了打造平台经济的商业愿景，助力企业生长同时赋能更多品牌迭代式增长，而一个健康的、可持续发展的平台必定是由平台、用户和商家共生共创而来。

## ◎ 小红书的五大商业价值

根据2022小红书商业生态大会上发布的数据，如今小红书作为年轻人生活方式的社区和消费决策的入口，在其活跃用户中，有72%是“90后”，其中50%的用户来自一二线城市，男性用户比例也攀升至30%。随着这些用户自发分享更多品类的内容，小红书可以从平台经济的商业视角探寻更加多元化的生活方式，帮助企业深刻洞察市场，为好产品提供健康生长的土壤。

那么，作为好产品成长的平台，小红书能为品牌提供的差异化的商业价值具体体现在哪里呢？

表2-2 小红书的五大商业价值

| 小红书能为品牌提供的差异化商业价值① | | |
|---|---|---|
| 用户生态 | 年轻潮流的用户 | 月活2亿 |
| | | 4300多万分享者 |
| | | 72% “90后” |
| | | 一二线城市 |
| 内容生态 | 真诚精致的博主 | 覆盖25个以上的品类 |
| | | 其中60%的品类增长率高达200% |
| 博主生态 | 高质量的有用的内容 | 达人增长222% |
| | | 结构均衡、多元分布 |
| 数据价值 | 汇集了年轻人的消费数据 | 消费数据差异化 |
| | | 需求挖掘精细化 |
| 场域价值 | 浏览搜索闭环 | 70% 用户直接浏览 |
| | | 30% 用户直接搜索 |

当一个平台构建起了适合它的正向商业生态，就会逐步吸引品牌方的加入，但要想真正满足用户对美好生活的向往，还要帮品牌找到成长的内驱力。在这方面，小红书有一套“IDEA营销方法论”，以帮助品牌构建产品市场策略。

小红书“IDEA营销方法论”

I——Insight，洞察需求

D——Define，定义产品

E——Expand，抢占赛道

A——Advocate，拥护品牌

除了我们所熟知的MCN机构、网红孵化、电商直播等业务，基于这样的平台价值和有效的策略，近年来，小红书不断探索年轻化、多元化生活的聚集地，利用平台经济助力新业态。

例如，初次面试如何准备、毕业后去什么地方旅行、如何为另一半挑选

① 具体分析数据来源于2022小红书商业生态大会官方公开发布的信息。

到心仪的礼物、怎样给自己做一桌美食……这些都是你能够在小红书平台上看到的用户分享的日常，也正是这些生活化的日常串起了美好生活的点滴。与此同时，如百雀羚、大白兔这样的传统老牌产品也正通过平台对品牌业务进行升级换新。甚至在用户新生活方式和平台的拉动下，大批线下业态也发展起来。比如，2021年的露营热就是从小红书平台蔓延开来，火爆全网。截至2022小红书商业生态大会前夕，平台上关于露营的笔记已经高达45万篇，相关用户数也已经超过22万。

小红书就像一面镜子，开启了用户对于新生活方式的向往，越来越多的“90后”“95后”等年轻人纷纷投身到了返乡创业的浪潮中。他们基于自己对互联网平台的深度认知，积极投身到线下，成为数字化时代里，推动小店业态转型升级的新生力量。

一个“钱景”极佳的赛道，往往也面临着极大的非议和考验。克劳锐指数研究院[①]发布的《2022中国内容机构（MCN）行业发展研究白皮书》指出，今天许多行业里的MCN机构、创作者数量增多，正面临免费流量获取难度提升，达人、账号孵化难度增大，平台算法迭代太快等诸多现实问题。未来，平台经济需要一个更加清朗的网络环境，用法律手段保护用户的合法权利，打击违规行为，这样才能持续获得用户的信任与支持。从这个角度而言，小红书不仅要将生态当作平台发展的核心竞争力去打造，不断提升用户体验、满足用户的需求，让用户利益最大化，更应将其当成社会责任去践行，为品牌方提供更科学、更标准、更适合品牌发展的路径。

未来，随着移动互联网流量的红利见顶，以流量驱动品牌增长的时代也终将成为过去式。无论是品牌成长还是平台发展，都要与用户共生共创价值。只有这样小红书才能在平台天然属性的基础上，更懂品牌的优势，更懂用户渴望的生活方式，真正满足用户对美好生活的向往。

① 克劳锐，中国新媒体大数据权威平台。

# 美的：于变局中开启“全链路数字化”新局

1968年，美的集团成立于中国广东，是我国制造企业的典型代表之一，其在冰箱、洗衣机、空调等领域的销量名列前茅。

然而，这样的标签让很多用户对美的的认知产生了偏差。大部分人对美的的印象还停留在这是一家“传统家电制造企业”。其实，随着数字经济的不断发展，美的创始人何享健早在十几年前就洞察到了传统产业开始进入数字化时代的大趋势。为此，美的也抓住了时代的机遇，积极转型，进行数字化布局。

十年磨一剑，今天的美的早已拥有全价值链及柔性化智能制造能力，成为一家名副其实的以智能化、数字化驱动的科技企业。从加点制造到机器人研发，再到智能化供应，美的用行动抓住了每个数字化转型节点上的发展契机，在实现从中国制造到中国智造的转型路上稳步前进。

## ◎ 企业数字化转型的标准样本——美的全链路数字化

今天，传统的制造业面对来自互联网时代的消费侧与供应侧的双重压力，靠人工大规模生产、靠线下渠道销售的方式，显然已经动力不足。尤其是传统家电制造业靠库存拼销售，靠与经销商的价格博弈赚取差价的时代已逐渐成为过去式。如今是以用户为中心，线上线下协同发展的时代。当外部市场环境不确定性增加时，不顺应时代的潮流自我迭代，就难以生存。十几年前，美的创始人何享健正是基于对传统行业的理解，以数字化转型为根基，不断探路，寻求适合美的转型的数字化方法，用数字化驱动自身，迎头赶上了时代的浪花。

作为行业里率先试水转型的企业，美的的数字化大门从2012年正式开启，其投入超百亿元，开启了全链路数字化转型。回过头看当时的背景，那时的互联网经济远没有现在这么发达，美的的线下业务十分火爆，可以说，作为世界500强企业之一，美的根本不用担心自己在国内市场遥遥领先的行业地位受到威胁。就是在这样前景一片光明的环境下，何享健坚持一定要转型的决定。对此前并没有太多互联网经验的美的来说，这样的转型无异于一场华丽的冒险。说它华丽，一是因为它原本就在市场上拥有光鲜亮丽的外表；二来转型从来都不是决策者动动嘴皮子功夫就能实现的，转型过程中要成倍地消耗人力、物力、财力，烧的不只是脑，更是真金白银。关键是，你付出了，投入了，短时间内却未必有立竿见影的成效。

十年雨打风吹去，经过了时间的洗礼，今天的美的已成为企业数字化转型的标准样本。在2021年5月，美的的智数总裁金江在北京召开的“中国制造业——2021年美云智数城市巡展·北京站”论坛上，总结概括出美的数字化转型经历了五个重要阶段：

美的数字化转型的五个阶段

第一阶段——数字化1.0（2013—2015年）

这一阶段是美的的数字化1.0阶段，其典型特征是软件驱动业务。

第二阶段——互联网+（2015—2016年）

这一阶段的特征是以移动互联网、大数据、智能制造驱动企业效率提升。

第三阶段——数字化2.0（2016—2017年）

美的开始全面进入数字化2.0时代，由数据驱动C2M[①]客户定制服务。

第四阶段——工业互联网（2018—2019年）

主要以IoT[②]驱动来打通业务的价值链，全面迈向工业互联网时代。

第五阶段——数字美的，全球经营（2019年至今）

美的开始全面数字化、智能化的转型，用数字驱动全链路价值链的运营。

① C2M是英文Customer-to-Manufacturer（用户直连制造）的缩写，该模式剔除了中间商的层层加价，消费者直接对接工厂，工厂成本低，顾客购买的产品价格更加低廉，实现了顾客利益最大化。

② IoT，英文全称Internet of Things，中文译为物联网。

有如此完整、清晰的转型战略和方案，不得不说，美的当时毅然转型数字化的决心是坚定的，其领导者对传统制造业的认知是清醒的。用今天的语言来形容就是，美的发展的格局一下子打开了！

五个阶段的大方向确定之后，接着便是紧锣密鼓的布局。十年耕耘后，美的满载着胜利的喜悦，不仅在智能家电业务上业绩喜人，在智慧楼宇、智慧物流等领域也占领了一席之地，尤其在人机互联网、数字化平台的构建上逐渐形成了互联生态的雏形。

2022年10月28日，美的集团发布了其2022年三季度财报。报告数据显示，美的集团前三季度实现营收2703.67亿元，同比增长3.45%，归属上市公司股东净利润244.69亿元，同比增长4.33%。除此之外，美的对于数字化创新业务的投入也不断攀升。而亮眼的销售数据无疑为今后的数字化升级改造提供了充足的现金流基础。

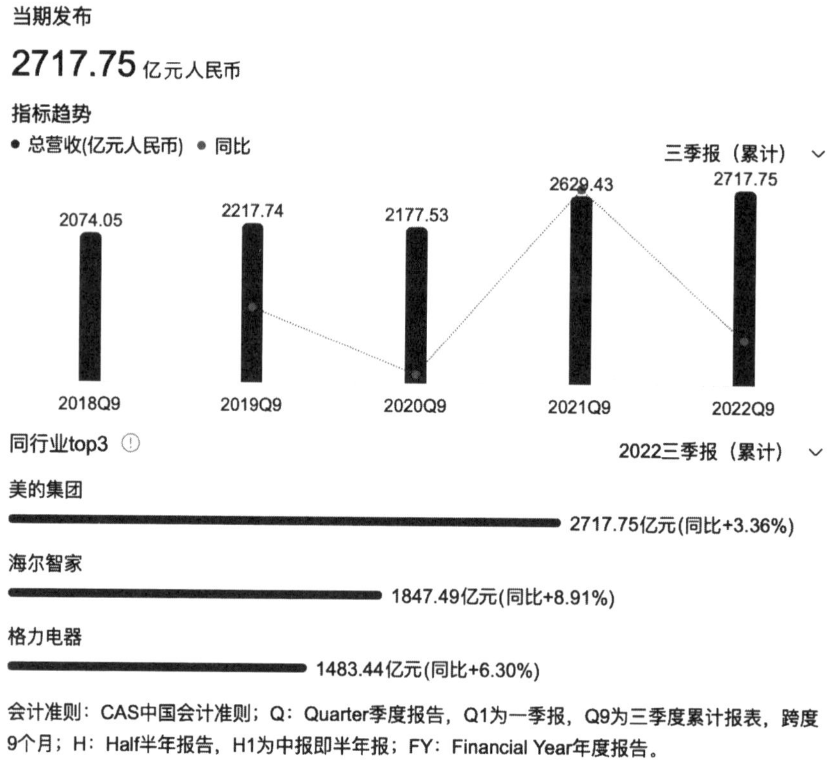


图2-5　美的集团收益情况（2022年最新数据）

当人决定踏上转型之路的那一刻起，就像是登上了一艘特修斯之船①，在这趟转型之旅中，你为了使船能够保持正常持续的航行，就必须沿路翻新维修甚至更换掉那些坏掉的船板，直到你换了足够多的船板时，你的船就不再是原来的那条船了。但实际上，在这个漫长的过程中，你更换掉的不只是一块船板，而是你的观念和认知。

我们有理由相信，在不远的未来，美的的数字化版图就像是一个神奇的魔方，书写着它更加远阔壮美的蓝图。

2022年6月9日，美的召开了“数字美的2025”战略新闻发布会，并公开表示，未来美的将携手上亿用户、家庭与企业，共同打造美的数字大脑，让企业的业务灵活、高效运转，同时为个人链接更多场景。

**表2–3 美的数字大脑在各个方面的应用**

| 美的数字大脑的应用场景 | |
|---|---|
| 家庭数字化 | 推出家庭服务机器人、机器人导购等应用于各个场景的数字机器人，更好地服务于人 |
| 产业数字化 | 美的的产业数字化主要包括数字化底座、制造、建筑、工业、物流等领域 |
| 智能制造 | 推出美的云智能用于独立自主研发，是自由度极高、拥有完整知识产权的数字化解决方案 |
| 智能建筑 | 推出数字建筑运营平台i building，通过数据管理中心，降本增效 |
| 智能物流 | 通过物联网、人工智能、大数据等技术，确保销售的每个环节在出现问题时能够得到高效解决 |

其实，无论是已经走在转型前列的商业巨鳄，还是整装待发、跃跃欲试的中小微企业，一个企业之所以强大，往往不是因为它做“大”了才“强”，而是因为它始终拥有“强”者的思维，才能在变幻莫测的环境中变得越来越高“大”。再强再大的企业，也要时刻立足根本，既要掌握核心技术，也要不满足于现状，在安逸的时候就自我革新、寻求突破。否则，即便是世界500强企业，若是只靠积累的财富生存而不思进取，迟早也都有坐吃山空或被后来者吞噬的一天。希望我们的国家，拥有越来越多像美的以及前面讲到的这些品牌一样的企业，在数字化商业生态圈引领未来的路上奋起直追。

① 特修斯之船（又译为忒修斯之船）亦被称为忒修斯悖论，是一种有关身份更替的悖论。这是一道哲学命题，如假定某物体的构成要素被置换后，它依旧是原来的物体吗？

# PART 2

# 得生态者，赢天下

龙盘虎踞负青天，天下之大、环境之变，你或许能输得起，你或许能等得起，但唯有得胜者才有机会开疆拓土。在未来的数字化商业生态圈中，赢的是你自己，做到才是得到。

01010101010101010101010101010101010101010101010101010

010101010101010101010101010101010101010101010101

# 第 3 章
# CHAPTER 3
# 未来是生态型企业的天下

0101010101010101010101010101010101010101010101010101010101

数字化商业时代到来，全球生态型企业规模迅猛增长，特别是像谷歌、微软、苹果、亚马逊等这些知名的生态型组织，更是登上了全球市值的前十。相对而言，通用电气、IBM 等传统企业已经慢慢地退出了工业 2.0 霸主的地位，到了工业 3.0 时代，取而代之的是生态型企业。毋庸置疑，未来将是生态型企业的天下。

然而，很多传统企业在通过数字化转型向生态型组织过渡的过程中，存在的最大问题不是技术问题，而是如何以价值为导向并结合全新的数字化管理实践，将新兴技术与管理完美结合。

未来，企业想要进行数字化转型，需要的不只是组织、技术、人才，更需要整个企业管理系统的变革，这项工程之庞大程度不容小觑。由于不同规模、不同行业的企业特性不尽相同，所以企业数字化转型可谓是千企千面，各有各的痛点、难点。我们要破解这些难题，帮助企业建立起竞争的壁垒，构建企业数字化商业生态圈！

## 实现企业数字化，发展“生态战略”是关键

20世纪是以工业生产为主打的年代，企业之间比拼的是产品，即谁拥有产品专利的话语权，谁就是最伟大的企业。到了21世纪，随着信息技术的不断升级，当工业、制造与服务、软件与硬件和各种信息技术深度跨界融合，企业也在加速转型，致力于打造生态体系。传统以产品为主体的竞争时代显然已经变成过眼云烟，生态体系竞争成了商业竞争的制高点。可以说，这个时代最伟大的企业是生态型企业，发展生态战略是企业进行数字化转型最关键的步骤，也是任何一家企业在发展到一定阶段后绕不开的问题。

### ◎ 顶尖企业做生态——未来是生态型企业的天下

数字化时代，用户所有的资源都可以被企业信息化整合，市场、产品和服务的空间距离正在被逐渐地缩小，甚至变为了零，原有的竞争逻辑和区域垄断也在被一点点瓦解、击破。

没错，企业之间的竞争正在发生巨大的变革，从最初的“产品为王”演变成了“品牌为大”，发展到今天的生态体系称霸天下。企业关注的目光不再只停留在产品、品牌和服务标准上，而是更多地放在商业生态系统的构建、产业链的打造与运营能力及孵育能力上。正所谓，三流企业做产品，二流企业做品牌，一流企业做标准，顶尖企业做生态。

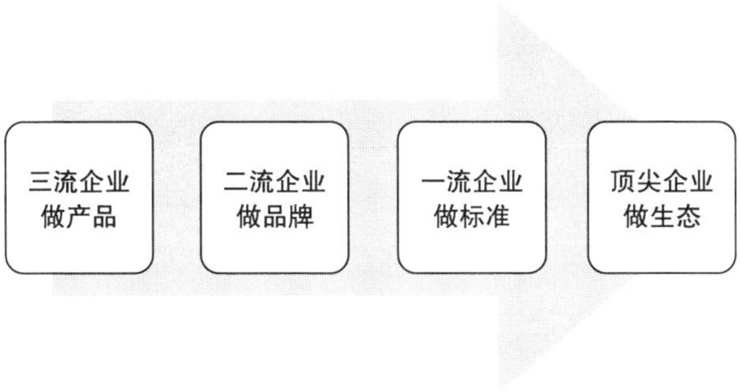


图3-1 不同的企业做不同的事

企业之所以如此热衷于构建生态体系，是因为在信息技术飞快迭代的当下，无论是产品还是技术都有可能被抄袭或复制，唯有生态体系像铁桶一般不会轻易被打破。当一个生态体系建成，任何一个组成部分想要脱离，所付出的代价都是无法预估的。于是，我们看到苹果、谷歌这样世界级的顶尖企业，都在透过产品一步步地向搭建平台方向努力，而这个平台就是整合了多方合作伙伴的强大生态系统。在这个生态体系里，企业、产品和用户被紧密串联在一起，任谁都不可分割。

### 发展生态战略对不同规模企业的意义

· 中小企业

对于中小企业而言，它们通常没有建立生态平台的能力，但是却拥有特色的产品和服务。当这些产品和服务与平台整合在一起，就可以大大地提升企业的影响力，降低获客和渠道成本，从而拓宽自己的发展机会。

· 大企业

对于大企业而言，大量的技术支持是保护自己的坚实壁垒，同时也是支撑企业通过平台为用户提供更多增值服务的武器，不但起到了降本增效作用，还可以让自己变得更加强大。

· 顶尖企业

想要承载高标准的体量、能力和社会期望，顶尖企业仅有产品、服务和技术是万万不够的，只有形成一个强大的生态系统，才能获得整个社会和产业的力量，进而让自己通过平台能力带动更多企业共同蓬勃发展。

综上，我们姑且可以把生态型企业概括为一种以“客户价值”为中心，能够灵活应变，可以新陈代谢、自我更新的企业组织。生态型企业就像是森林万物一般，特别是那些依附于森林核心生存的生物，其自身生长得越快，整个森林就越枝繁叶茂。在全球竞争瞬息万变的今天，与其当一个市场的追随者，紧赶慢赶地追着潮流狂奔，莫不如将自己打造成生态型企业，以合伙人的姿态与市场协同进化，做新时代的引领者和创造者。

当然，生态也分很多种，比如，以腾讯系为代表的社交生态、以阿里系为代表的电商生态、以小米等为代表的智能生态等。

企业数字化生态圈体系的打造是一个复杂性、系统性的工程，既需要商业模式的创新，也需要具有互联网思维、能力和经验的规划运营团队。因此，大多数中小企业碍于资金和资源不足的限制，连起步都是个问题。在这种情况下，我们可以选择“等待时机，择机而动”。既然资源、资金以及能力不足，那么就先加入一个已经创建好的优秀的创新生态系统中，形成与整个生态系统的良性互动，待自己羽翼丰满，再孵化企业内部的组织、人才等软实力，建设系统平台、硬件设施的硬实力。如果有能力构建生态系统的企业，也不要从一开始就急着做大生态圈，要先从建一个小的“生态鱼缸”开始，然后再利用生态型企业的开放性慢慢地扩大、做强。

无论怎样，企业都应紧随互联网生态发展的步伐，积极主动寻求持久的合作伙伴，共同冲进数字化转型的赛道，通过搭建企业数字化生态圈体系，为产业发展作贡献。

从前，曾国藩被人问到是什么让他取得了今天的成就。他笑着说：“集众人之私成一人之公。”“其实满足了门客们的个人利益，我也能有所成绩。”广纳门客就是助他取得成就的秘诀之一。一家企业的成功不完全取决于个人有多大能力，而且要真正去满足合作伙伴的利益需求，只有做到开放、共生、共赢这一步，才可以说生态是成功的。

人生若海，生态似水，发展如舟。水靠人治，人靠自修。不管怎么说，一个全新商业生态的构建没有捷径，都需要穿越周期、穿过暗夜，经过漫长的积累。但是，没有人能熄灭满天星光，星星之火，可以燎原。

## 构建品牌全产业链数字化生态圈三部曲

企业由量到质的转变，往往要穿越一个漫长的周期，如同一个闭关练剑的高手，蛰伏的背后，是耐得了寂寞的专注，是熬得过辛苦的踏实。在漫长的转型过程中，不是盲目地努力付出，而是清楚地知道未来的路往哪里走，应该怎么走。

2022年10月27日，全球最大的上市咨询公司埃森哲发布了《2022年中国企业数字转型指数》。该报告研究涵盖了九大行业共570余家的中国企业。研究显示，从2019年到2022年，我国大部分企业在多重因素的影响下，开始向数字化转型赛道发力，从占比57%逐年增长到占比82%，尽管商业模式瞬息万变，但依然有59%的受访企业高管表示，在未来的一到两年之内会加大在数字化转型方面的投入。由此可见，数字化转型似乎已然成为越来越多企业今后发展的目标选项，如图3-2所示。

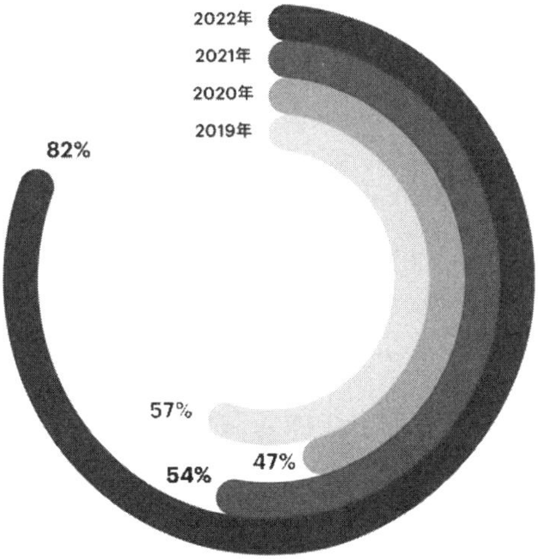


图3-2 2022年中国企业数字转型指数

大多数企业渴望在不确定的大环境下，通过数字化的“精耕细作”，取得确定的“瞧得见”的收获。然而，道理都懂，但为什么很多企业在数字化实践中却走了样？

再来看图3-3，这是2018年至2022年的数字化转型指数（分值范围：0—100）。

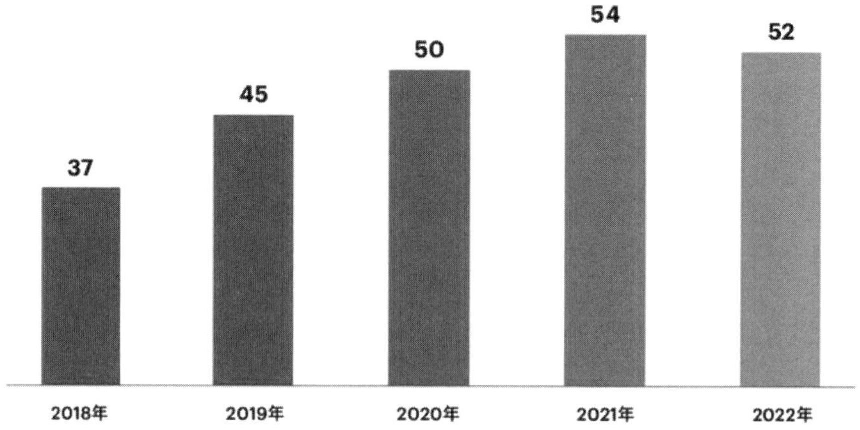


图3-3　2018年至2022年的数字化转型指数

2022年，中国企业面临充满不确定性的世界经济环境，诸多困难和挑战逐渐浮出水面，尤其是“粗放式”的数字化转型方式即刻失效，这使得企业广泛试错、多方探索的窗口期也缩小了很多。下面是企业在数字化转型中主要面临的三大难点。

企业在数字化转型过程中面临的三大难点

· 战略缺乏，转型没有方向
· 能力不足，转型无法深入
· 价值鲜现，转型难以持续

总体来看，企业数字化转型在如何做顶层设计、如何具体实施、如何呈现更好的效果等方面都还处于摸索阶段，理念尚未成熟，但正因千企千面，企业数字化转型才很难有一套标准、规范的解决方案。

在此现状之下，品牌全产业链数字化转型的推进，便需要有更多独立于企业的第三方力量，如企业咨询师、企业顾问、专业的策划团队等，跳出企业自身，站在更高的维度纵观数字化全景，跟踪市场趋势变化的同时对企业做好相应的反馈，及时提出更新建议，助力企业共同迈向数字化更深处。

### ◎ 构建品牌全产业链数字化生态圈三部曲

在我看来，产业链生态圈的构建，要从企业品牌的打造，做生态型企业、启动生态战略，产业链生态平台三个核心方面入手，这也是企业打通品牌全产业链的必经阶段。

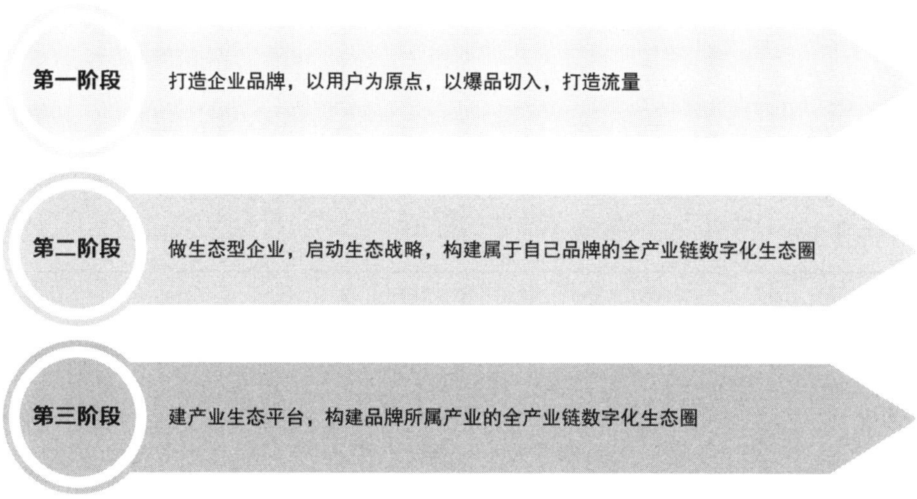


图3-4　构建品牌全产业链数字化生态圈的三个阶段

**第一阶段，打造企业品牌，以用户为原点，以爆品切入，打造流量**

过去企业的生存法则是规模为王、渠道为王，到了今天这个数字化时代，旧的法则开始失效，取而代之的是用户为王、爆品为王、流量为王。在这个时代，一个企业没有拿得出手的品牌，没有进入互联网的流量入口，就好像一支没有番号的军队，在人们眼里，始终成为不了正规军。作为企业重要的无形资产，打造爆款的品牌无疑是关键性的一步，即便产品和技术很容易被模仿，但如果你有了爆款的品牌，那么就会成为企业的护城河。

因此，传统企业要与时俱进，采取“以用户为中心”的爆品战略，最大限度地挖掘流量入口，线上线下要两手抓，这样才有可能在竞争中突围。

或许你会说，谁不想打造爆品，但哪有那么容易？

的确，近年来，许多专业的营销人员、相关领域的专家学者，也从多种角度给出了不同的爆品方法论，如表3-1所示。

表3-1 不同视角下的爆品方法论

| 不同视角下的爆品方法论 | | |
|---|---|---|
| 爆品战略 | 内容 | 出处 |
| 本质 | 优价与高质并存、品牌与身份齐观 | 欧赛斯（知名数字化品牌战略公司） |
| 基本特质 | 通用、极简、超预期 | 《“爆品”方法论总结》 |
| 爆品公式 | 爆品=高需求度×高传播性×高转化率 | 《爆品变现三步法》 |
| 三要素 | 流量、话题、销量 | 小米爆品开发者高雄勇 |
| | 人、货、场 | 微博易创始人徐扬 |
| 四个关键 | 需求洞察、卖点提炼、内容生产和数字化组合营销 | 再三创始人李顺 |
| 五步法 | 懂用户，挖痛点，讲故事，爆产品，轻制造 | 《打造爆品的一级内幕：反向逻辑开发》 |

据我了解，爆品战略是2016年营销界提出的一种互联网思维模式，这种方法论在当时非常流行，从品牌定位到流量红利，从粉丝共存到社交营销，用户的参与感持续被激发，说爆品互联网思维引领了整个营销界，亦毫不为过。

那么，现在又是什么环境？

如果你要继续应用爆品战略，就必须跟随数字化的时代进化和升级自己的思维。那些认为用低成本随随便便打造一个超级产品就可以撬动整个市场的想法是不正确的。事实上，即使像那些以单个爆品火遍全球的“大咖”，也不是随便就能“爆”。在数字时代，用户眼中的产品“好”的标准已经发生变化。正如知名杂志《连线》的创始人凯文·凯利说的那样：“我们正在从一个静态的名词世界前往一个流动的动词世界。在未来30年，所有有形的产品，都会变成无形的‘动词’。产品将会变成服务和流程。”

基于这种改变，数字化不再仅仅是以盈利为目的的解决问题的工具，而是提高生活品质的工具。为此，品牌也从以心智定位和信任背书为核心的简单Logo，变成了一种全新的数字化生活方式。

换言之，产品爆不爆，不取决于产品本身，而取决于它能否灵活地被运用到生活里，并以此赋能人们的美好生活。如此说来，“好”是无止境的，需要以持续创新和迭代来打造。

**第二阶段，做生态型企业、启动生态战略，构建属于自己品牌的全产业链数字化生态圈**

要想构建生态型企业，必须知道它的三大商业生态核心元素：一是物种极为多样化；二是不同物种之间不仅是竞争关系，也存在相互依赖、互为生存的关系；三是生态内的自我更新和繁衍。

我们应该明白大自然中“适者生存”的道理，商业生态亦是如此。在一个健康的生态中，随着新物种的不断出现，一些不适合竞争环境的物种将会被陆续淘汰。想要打破这种传统的竞争格局，企业之间就必须在那些新技术、新商业模式不断涌现时，从“单打独斗、创造价值”变为“互相合作，共创生态价值”。

无论是由云服务向汽车、医药等多个行业领域扩张的亚马逊，还是覆盖全球生态链的苹果，这些企业都为创造生态战略作出了最好的示范，同时也对传统企业形成了“降维打击”。

每个企业都不是单独存在的个体，如果仅把视角停留在企业内部，而不是放眼全局，早晚会败下阵来。唯有从传统企业的经营管理思维升维到生态思维，企业才能积极寻求第三方合作力量实现集团作战，共创价值，颇有“众人拾柴火焰高”的意境。

**第三阶段，建产业生态平台，构建品牌所属产业的全产业链数字化生态圈**

当企业从传统企业经营管理思维升维到生态思维，一个基于互联网打造的数字化生态平台便慢慢应运而生了。它不仅可以帮助企业与其他合作方实现信息共享、资源流通，还能让整个生态链上的不同个体形成共赢、共创的可持续发展的竞争优势。

目前，向生态平台型组织发展的企业越来越多，其中不乏很多企业凭借与其他方的合作以获得某个平台的领导地位，从而获取更大的权益。比如，携程原先仅是靠机票服务与用户建立深度的联系，可是时代在变，人们对商务和旅游的服务需求也在变，迫于无奈，携程为了扩大自己的竞争优势，开始与供应服务商合作，共同构建一个包含机票、酒店、景点票、旅行管理、会议旅游等服务的在线旅游综合服务平台。

产业生态平台为企业数字化转型指明了方向，它是新型商业模式的主要路径。至于如何构建产业生态平台，将在下一节详细阐述。

以上就是构建企业品牌全产业链数字化生态圈三部曲，通过这三部曲的构建，我们才能更好地赋能企业转型升级，帮助企业一步步实现数字化管理、数字化运营，最终使企业迈向数字化共富。

图3-5 构建品牌全产业链数字化生态圈三部曲

未来，没有哪个企业会是“独角兽”，打造全产业链生态圈才是企业发展的正道。只不过，前方的道路，既是曲折蜿蜒的，也是充满未知与变化的。因此，我所构建的这三部曲，也只是一个基本的参考模型，企业需要随着数字化时代的演进对其进行持续迭代和优化升级。

实际上，大到人类文明的发展、国家的进步，小到手机品牌的更替，每一段飞速发展的进程背后，都有科技迭代的身影。正如那些消失的手机品牌，一旦没跟上科技迭代的速度，出局就基本是定局。曾经的软件巨头甲骨文，就因为坚持将重心放在传统数据库上，轻视了云计算技术，导致它被曾经的各大客户抛弃——一切的源头就在于越来越多的企业用户开始用云数据中心取代传统数据库。上市后创造了40天36个涨停神话的电脑播放器——暴风影音，也因为在互联网从PC时代迁移到移动时代时跟不上迭代速度，慢慢退出了播放器主流市场。

在当前全球价值链重整的大背景下，我国企业必须坚持长期主义，持续投入时间和资金，攻克技术壁垒、跨越技术门槛，从而实现产业转型升级，向价值链上游迁移，这是一个非常复杂的过程。我和我的团队存在的价值与意义就是帮助更多的企业构建产业“共同富裕”商业生态圈与共同体，赋能企业转型升级与当地产业高质量发展！

## 平台战略，形成企业与生态共赢的有效链接

为了进一步达成开放、共生、共赢的未来愿景，接下来我要继续抽丝剥茧，为那最初的“星星之火”寻找到“燎原”的契机和线索——除了发展生态战略，还要通过数字化平台的构建，链接起企业与整个生态。而谈到平台战略，就不得不让我想起这一模式的缘起。

时光倒回至2007年10月，一家英文名为“Airbnb”的平台公司，“Airbnb”，翻译成中文是爱彼迎，它是专为旅游人士和出租房屋的房主打造的租房服务型平台。爱彼迎仅仅用了10年时间，就从最初“没有房源”发展到了现在赢战“高级酒店”，这种对消费者的想象极具冲击力的颠覆不是轻易能够做到的，而爱彼迎只是其中的一员，类似的公司还有Uber（优步）、阿里巴巴、Meta（前身为知名社交平台Facebook）、YouTube等。

那么，问题来了：为什么一个几乎不被全行业看好、“极易破碎”的市场入侵者在短时间内却可以颠覆一个看似稳定且不可撼动的传统行业呢？

从表面来看，这些异军突起的颠覆者既不具备龙头企业那般对市场的支配能力，也未拥有在商战竞争中丰富的资源和经验，然而现实就在眼前，变革的的确确发生了。我苦思冥想，最后将这种现象归纳为平台的力量：一个时代的赢家必然是依靠科技融合生态系统建立起的新型商业模式而获得成功的。

平台，一个简简单单的词汇，却彻底改变了商业领域，乃至整个社会的经济面貌。实际上，无论哪个行业与信息技术相连接，这个行业都具备能进行平台化变革的优势。平台不仅是连接供应商与客户的枢纽站，也是为所有参与者创造开放性互动和丰富价值的理想基地。由此可见，之所以当今企业都在积极追求平台战略、平台化发展，最大的可能就是多方利益体通过平台上商品、服务或社会货币的交换建立一种能够实现资源共享、共创共赢的良性生态圈。简单一句话，平台战略的本质意义就是为了帮助多方利益体实现

“共生、共创、共享、共赢”而构建的平台生态圈，这与我们所强调的搭建数字化运营服务平台、构建产业经济生态圈的理念是一致的。

### ◎ 建立企业生态型平台，形成产业链融通发展新格局

在企业生态化发展的浪潮中，想要构建一个全产业链的共享生态型平台，企业除了需要结合自身的发展状况，还要考虑到产业链上下游痛点和共性需求，无论你是传统企业中的巨头，还是平台经济浪潮中涌现的新宠，抑或是互联网时代具备强大竞争实力的企业，都必须遵守这个规则。这种生态型平台可以通过全产业链资源的整合和企业大数据的采集，实现企业数字化系统的运营和管理，从而使产业链上、中、下游的整体竞争力和转型升级能力得到大幅的提升，最终形成产业链上所有企业融通发展的新格局，形成企业与生态圈共赢的有效链接。

**表3-2 构建生态型平台的三个关键**

| 构建生态型平台的三个关键 | |
|---|---|
| 共赢 | 随着平台竞争愈演愈烈，未来生态型平台的获利方式将不再是“独自作战”，而变成了多方共赢。为此，企业在搭建生态型平台时，首先要吸引多方的合作伙伴参与到平台的设计与管理中来，从而形成一定规模的生态圈，实现多方共赢 |
| 开放 | 生态型平台建设的第二个条件是“开放”。互联网因其数据库信息庞大、信息管理系统完善等优势是平台开放的最佳路径。平台之所以要“开放”，主要是为了加大连接的广度和厚度。平台开放程度越大，连接的范围就越广、越厚，企业价值也就越能凸显 |
| 平等 | 既然平台是基于互联网建设而成的，那么企业在搭建生态型平台时就要遵循互联网去中心化的特点，即“平等”。这里所指的平等，并不是要平台商和平台合作者做到绝对的平等，而是说双方在合作时需要在企业运营、产品开发、企业营销、客户服务等方面做到遵从合作协议，尽量达到平等、意见统一的关系，而非谁支配谁的关系 |

今天有些企业总喜欢称自己是生态型企业，但仔细一瞧根本经不起推敲，他们往往是出于对生态这个概念的向往才这么自我标榜，却不知自己缺少的正是生态的基本内核，以至于我国出现了越来越多的伪生态型组织、伪平台型组织。一个成熟的生态型平台，一定要有多个参与主体，一定要是平等、开放，并朝着共赢的方向前进的，缺少哪一个都不足以称为生态型平台，这也是平台的核心竞争力所在。中国企业的转型之路道阻且长，依然需

要所有企业共同努力，才可以勾勒出数字生态的蓝图。

## 奔跑吧未来：数字化链接一切

如果说平台是链接企业与生态的桥梁，那么数字化就是未来企业链接一切、赋能万物的纽带。当企业觅得了发展战略，逐步构建起核心竞争力，最终还是要融入潮水流去的方向，在变化的时代中，紧随时代潮流，以不变应万变。

例如，百年不遇的新冠疫情为企业数字化变革带来了新的契机，2020年年初，多个数字化新业态、新模式在疫情形势所迫下不断涌现，比如在线教育、在线医疗、在线办公等，大量企业为实现快速生产、供需精准对接和统筹分配，采用了大数据、工业互联网等数字化技术，从而保证“不停产、不停资”。如此说来，这段时间，既给企业上了一堂生动的数字化培训课，也是推动企业数字化转型升级的加速器。

### ◎ 万物在线、物联全球：数字科技驱动企业变革

一棵小草，因为缺少庞大的根系，即使长了一年也看不出什么变化；而一棵大树，因为根系厚实、粗壮，便可经过多年成长为枝繁叶茂的参天大树，但前提是根要扎得深，扎得稳。人生和事业是这样，数字科技发展也是如此。那么，我们不妨仔细回想下，数字科技的发展究竟发生了哪些天翻地覆的改变？

回顾数字化科技发展历程，从20世纪互联网诞生到后来的移动互联网、物联网时代，再到现在的数智化时代，大数据、云服务等一系列数字技术的出现，推动着科技发展驶入快车道，将人流、物流和数据流互相融合，把人类从物理世界带入了一个未曾体验过的虚拟世界。在这样一个虚实融合的生态社会里，人与物、物与物、行业与行业等都在数字化的影响下发生着巨大的变革。

而科技对行业的影响之深明显高于以往任何阶段，企业开始重新布局产

业链的架构和重塑商业逻辑的本质。在互联网诞生之初，人们只能通过互联网通信和学习、交流等；当互联网技术不断迭代升级，移动互联网、物联网的时代悄然来临，传感器设备的应用便捷了机器与机器的数据交流与通信；全智能化高速公路的建成为交通部门的高效工作提供了最大的便捷；智能机器人代替酒店员工为用户送餐避免了疫情的传播，数字科技的快速发展正在改变着各行各业的商业模式。

这是一个万物互联的数智时代，5G通信、大数据、云计算、人工智能、区块链等科技的应用让人们通过传感器将一切设备连接起来，汽车、冰箱、电视、空调、机器等都可以被连接起来。万物互联，万物智能，一个遥控设备在手，所有设备都在你的掌控范围之内。

回过头看，土地、资本、劳动力和技术，这些传统经济中的主要生产要素在新时代人工智能、物联网、云计算、大数据、区块链等数字技术的作用下已经有了新的内涵。不仅如此，在新一轮的产业革命和科技发展中，数据成为了新的生产要素，其磅礴气势冲击着旧有的世界与秩序，推动着企业进入数智化新时代，也让企业迎来新的变革。

## ◎ 企业数字化转型：一切业务数据化，一切数据业务化

在数智化时代，数据要素在企业数字化转型的运营与管理中发挥着至关重要的作用。有了数据，企业可以快速收集到用户的信息资源，根据用户需求更精准地提供定制服务；有了数据，企业可以提前预测未来发展前景，做好规划与布局；有了数据，企业还可以准确分析和规避风险，以确保今后的正常运行和持续发展。毫不夸张地说，数据要素在与数字技术的有机结合下，褪去了旧业态的外衣，穿上了新生态的新衣，驱使企业的商业模式、运营思维、管理方法等都发生了巨大的改变，同时也加速了企业数字化转型的发展脚步。

基于此，在我看来，企业数字化转型主要由以下两大部分构成：

第一部分是业务的数据化，即把企业各项业务的数据抽出来，并通过工业互联网或信息化系统对其进行重新整合、分析，对业务数据的分析结果要学会洞察，从OA系统、CRM系统到ERP系统，其实都属于业务的数据化，这是企业精细化运营的第一步。

第二部分则是要把数据业务化，数据业务化其实是第一步的升华，以大数据驱动业务，并将收集的数据用于业务本身。一是数据智能，即利用大数据扩大和改变人工智能的应用范围与计算模型，比如信用评级等；二是数据创新，即通过以往的数据积累开拓新的业务。

归根结底，企业需要通过不断整合业务数据来保持业务的融会贯通，面对充满不确定性的共享经济时代，那些在业务数据化和数据业务化中所沉淀的数据将成为企业最大的资产财富。未来，所有企业都将借助这些数据资产进行创新，从而国家也将从一个生产大国走向一个数字化的智慧创造大国，这会是一个了不起的变化。

接下来，我们将开启企业数字化转型的三个篇章。

0101010101010101010101010101010101010101010101010101010101010

0 1 0 1 0 1 0 1 0 1 0 1 0 1 0 1 0 1 0 1 0 1 0 1 0 1 0 1 0 1 0 1 0 1 0 1 0 1 0 1 0 1 0 1 0 1 0 1 0 1 0 1 0 1 0 1 0 1 0 1 0 1 0 1 0 1 0 1 0 1 0 1 0 1 0 1 0 1 0 1 0 1 0 1 0 1 0 1 0 1 0 1 0 1 0 1 0 1 0

第 4 章

CHAPTER 4

# 数字化管理：融入新基因、新血液，组建品牌产业数字化运营团队

1010101010101010101010101010101010101010101010101

习近平总书记曾表示：“人才是第一资源。国家科技创新力的根本源泉在于人。”他还曾引用“盖有非常之功，必待非常之人”，充分强调了企业尊重人才的重要性。

的确，无论是企业的数字化转型还是高效战略的执行，其中最重要的要素就是人。企业的问题最终都是人的问题，企业的数字化管理重在管人，尤其是当企业的规模逐渐扩大，面对腥风血雨的市场竞争，迫切需要通过文化、流程、体系将管理者的战略渗透到执行中去。未来企业之间拼的不是谁拥有更出众的单个人才，而是谁的团队作战能力更高效，更具创新性。可以说，数字化不只是一场技术革命，更是一种对世界、对社会、对团队与个人关系的认知和思维的革命。

因此，数字化时代下团队管理者首先要改变的是思维模式，其次在现有团队的基础上，通过数字化管理及对人才的优化组合，融入新基因、新血液，组建一支高效的品牌数字化运营团队。

## 原力觉醒——重新定义数字化团队管理

世界首富比尔·盖茨说："大成功靠团队，小成功靠个人。"多年来，在我们为企业做咨询服务的过程中，从数字化转型方案的提出到招商运营落地，形形色色、大大小小的企业都有，甚至年产值几千万、几十亿元的企业也不计其数。然而我发现一个现象，就是花在解决团队问题上的时间远超过了花在解决事的问题上的时间。

如果你是企业家或管理者，相信你也会有同感：生活中也好，工作中也罢，人永远是第一位，只要人的问题解决了，事也就顺其自然地解决了。人若不行，再好的决策和办法，也很难办成事。因此，在我们所做的多个项目中，团队建设始终是不可或缺的重要板块。一旦帮助企业调整好运营团队，数据效果即便不是立竿见影也会卓有成效。

作为企业的管理者，我相信很多朋友或多或少都看过《孙子兵法》，希望可以从中得到管理上的启发。

我个人也非常喜欢读这本书，记得《孙子兵法》的第一章计篇中，孙子提出了几个指标，包括道、天时地利、人才、制度。可见，孙子认为企业管理中最重要的指标是"道"。在企业管理中，所谓的"道"就是要让所有人的目标与企业的发展目标一致，包括相信管理者的每一个决定。也就是说，只有让企业的领导者包括创始人、董事长与核心高管等所有团队成员在思维、观念、理念等意识形态上保持一致，意识到这个"道"——数字化团队建设和管理的重要性，我们才能实现自上而下、发自内心地将其放在数字化转型工作开展的首位。只有让所有人理解了企业的价值观，他们才会愿意相信企业、贡献自己的价值，在工作过程中树立和企业相同的使命感。这样的企业、这样的组织、这样的团队才能面对一切挑战，推动企业走向成功。

只不过，企业今天所处的环境已经发生剧变，就像《星球大战》中那个不复存在的银河帝国一样，当银河系被新崛起的第一秩序（黑暗组织）所统治，曾经的莱娅公主建立了抵抗的组织，双方免不了一场激战。而在新的竞争环境中，如果把交战双方视为一个企业组织或团队，那么，可以说其中每个角色的责任感和宿命感都渐渐燃起。虽然现实中企业的团队并不需要像电影中电光石火般的激战，但随着企业开始数字化转型，团队管理上的数字化转型更应及早提上议程。毕竟，人是推动企业数字化转型落地的最关键的主体要素。

## ◎ 共生利他——构建数字化时代的幸福型利他团队组织

关于如何管理好团队，地产界存在的说法，是始终没有一个标准的定论。对于不同的团队，究竟采取什么样的管理策略，既与管理者的理念有关，也与团队成员的特点和针对管理的目标有关。从理论层面来说，当代西方的管理模式是把科学管理放在首位，而把人才管理放在了后面。但中国的管理模式却是相反的，以人才管理为主，以科学管理为辅，并将二者有效结合，形成了“外儒内法”的有效管理模式。

无论采取怎样的模式，首先，我们都应该弄清楚传统的团队管理与数字化的团队管理有什么本质区别，这样才能避免形式主义、新瓶装旧酒。

**表4-1 传统团队管理与数字化团队管理的本质区别**

| 传统团队管理与数字化团队管理的本质区别 | | |
|---|---|---|
| **对比内容** | **传统团队管理** | **数字化团队管理** |
| 技术 | 应用基础工具和原始技术 | 利用大数据、人工智能、区块链等数字技术赋能团队，让工作更高效 |
| 人才 | 多数情况只用团队成员人力完成工作 | 在人才上采用人机结合的方式，让机器人或AI人工智能辅助员工共同完成重复性工作和选定工作，而员工主要负责判断和决策 |
| 流程 | 在企业运营流程中，多为非标准化、碎片化 | 在流程上通过数字技术实现端对端流程和系统性流程 |
| 数据 | 信息数据通常不完善，存在数据孤岛 | 团队可利用数据对市场的发展规律进行深度的分析和洞见，继而作出高效的经营决策 |

总的来说，传统团队的管理往往是专注于优化业务流程、合理控制、保证团队业绩的稳定型模式。而数字化团队管理模式则是以传统稳定型模式为基础，利用数字化技术采集大量的业务数据，在获取前瞻性洞见的同时，也可以及时发现问题，解决问题，进而提升生产绩效，以驱动团队更高效地运营。

当然，既然是数字化团队管理，更要结合数字化时代的特点——万物互联、人物互融，万物连接让人们价值的创造方式得到了更新，让人们沟通协同的方式得到了创新。无论是谁，与人沟通、创造价值的方式再也不是“各人自扫门前雪，休管他人瓦上霜”，而是采用“去私念、为他人”的利他方式。因此，数字化时代的团队管理模式应与我们当今这个时代所倡导的新的人生哲学观相融合。正如习近平总书记说的那样：“世界上最大的幸福莫过于为人民幸福而奋斗。心中装着百姓，手中握有真理，脚踏人间正道，我们信心十足、力量十足。”毕竟，对幸福生活的追求是推动人类文明进步最持久的力量，而这更有利于企业催生出利他共生的团队组织。

说到利他之心，总让人想起大家都很熟悉的日本京瓷创始人稻盛和夫。他认为，所谓“利他”，即为共生共赢。关于共生、循环和利他，稻盛和夫的论述是“对中国思想的精华，也可以说是东方思想的精华‘天人合一’思想最全面、最准确的解释”。稻盛和夫在创办京瓷时的经营理念就是：“在追求全体员工物质和精神两方面幸福的同时，为人类社会的进步发展作出贡献。”

今天，当数字化连接一切，人与人、人与物、物与物之间真正实现了互联互通，他们之间不再有界限、隔阂，更不存在独立个体或组织，在生态大环境中彼此形成了共生共荣的关系。正因如此，利他之心才更适应数字化时代的发展要求。

此种情况下，数字化时代的管理也将从过去双赢模式（利己利他）演变为无私利他的模式。这是一种怎样的思维模式呢？

对待团队员工，要尽所能提供平等、共享、共创、交互的工作环境，在成就员工的同时也提升团队的管理效能和工作业绩；对待竞争对手，要互帮互助，互利互惠，共创利益，将蛋糕做大。这恰恰契合了我们一直在强调的打造企业数字化商业生态圈的理念。当然，数字时代的利他不是单纯的共享利益、互惠让利，最重要的是赋能——幸福赋能型的领导者将成为未来企业走向数字化的先决条件，通过赋能提升团队成员的价值创造能力，从而构建幸福型的团队组织。

数字化时代的管理者，如何基于利他共生思维赋能团队

· 保持清晰的思维、暖人的爱心、强大的领导能力和果断的决策能力；

· 让员工更内心丰盈地存在于企业，让爱长存于团队当中；

· 时常鼓舞员工要有一颗上进心、一颗学习心、一颗勇于探索实践的心，从而给员工希望，让员工感受到幸福。

我们总说事在人为，可是真正能做到从始至终怀有利他之心的却寥寥无几。有些企业认为数字化转型就是要不断迭代，做到与众不同，做到独一无二。事实上，一家企业的数字化管理是否成功，能走多远，往往与经营者的起心动念息息相关。企业经营者抱有什么样的理念，就会使用什么样的数字化管理方式，也就会取得什么样的结果。但可以肯定的是，一个起心动念皆是自己、忽视员工感受、忽略员工成长的企业，注定无法成功。

## 组建企业品牌数字化运营团队

很多企业家在数字化管理转型升级过程中都感到困惑：为什么做了数字化，却没有得到脱胎换骨的变化呢？每当有老板朋友这样问我时，我都会想到一句话：照葫芦画瓢——貌合神离！

当然，有些方案适合A企业，换成B企业就不一定适用了，也并不是一个解决方案就能解决所有问题。正所谓要走的路径有很多，并不是仅有一条路可走。在数字化转型管理中，困难重重，企业需要具有丰富经验的顾问，针对企业急需解决的问题，给出实质性的建议和措施。

当我们有了正确的起心动念，有了利他这样的愿景，接下来，我们就要为企业融入新的基因、新的血液，打造一支高效的品牌产业数字化运营团队。下面，我将多年来的经验总结成了可落地应用的实践模型，以便大家参考。请一定记住，一定要根据团队的自身情况及时作出调整和优化。

## ◎ “五新”思维赋能企业打造数字化运营团队

企业管理者组建品牌产业数字化运营团队需要新的思维，我将其总结为“五新”思维，即新思维、新团队、新电商、新渠道、新营销。

**一、新思维**

新思维，顾名思义，是指企业的创始人、管理者的思维需要创新和开放，在思想意识上制定与企业发展方向相匹配的发展战略。确切地说，就是要站在企业未来1～3年的战略高度去做升级，再进行全员自上而下的思想意识贯通和执行。

如果作为企业的一把手都不重视自己的思维，企业发展也就难以有好的未来。例如，在直播的风口上，如果我们和大众一样去跟风，只把直播当作一个销售的手段或者工具，简单粗暴地去做一些线上的营销和直播，那最终学到的也只是一个术的层面，只是皮毛而已，这就是我们开篇所讲到的问题——照葫芦画瓢，貌合神离。

思维的转变与提升要从本质上进行革新，也就是要基于企业发展的愿景、使命、价值观展开。例如，如果你想打造一个新的品牌，就要从品牌的产品定位、用户定位、市场定位等方面，挖掘产品的差异化和核心优势。思维可以千变万化，但不变的是企业的产品和品牌背后的价值文化。一个百年老字号的产品，到了今天的数字化时代，只是营销打法变了——有了新的直播营销渠道，但它的品牌核心价值始终是不变的。

我们要围绕着品牌的差异化优势及其核心价值，基于互联网和数字化去做新的衍生和开发，而不能够本末倒置，为了创新而丢失了自己的灵魂，丢失了原本最真实的基因。

**二、新团队**

产品开发好以后，接下来，我们就要用自己的优势去寻找第三方，并和对方的强项组合起来，实现强强联合，组成一支新的数字化转型升级运营服务团队。

比如，做直播不外乎有三个维度：人（你的团队）、货（你的供应链和产品）、场（你的直播间、你的园区和你的办公场所等）。那么，你的优势到底在哪里？

据了解，有些传统的优秀企业，做了几十年甚至几百年，在传统的运营模式方面实力很强。但是在新的互联网营销模式下，团队如果不具备创新型营销思维，那么人就是弱势，而它的品牌和供应链依然是强势。此时这些传统的龙头企业就可以利用自己的货和场的优势，去向产业链的第三方资源寻求合作。比如，你产业链里的上游（供应链、品牌商和工厂），其实就是你要明白在产业链里你所在的位置，你要学会与中游的MCN机构、主播和运营实操团队进行合作。而处于产业链下游的第三方不同的平台，比如，阿里的淘宝直播、抖音、快手等不同的平台，也可以去尝试合作，但是一定不要忘记与具备产业互联网思维和生态圈运营能力的团队积极合作。唯有如此，你才能获得更加系统的、实操的、体系化的打法。只有将你的团队优势与具有其他优势的第三方团队组合起来，你才会做得更好，强强联合，好上加好。

**三、新电商**

接下来，我们还要组建一支专业的、有执行力和战斗力的新电商团队。

还是那句话，我们不能为了电商而做电商，为了直播而做直播，为了数字化而数字化，东拼西凑地组成一个团队。如果你新组建的团队与原有的团队不兼容、不匹配，无异于本末倒置。

因此，无论何时，都不要忘记你原有的优势基因，以及团队中的元老、有实力的骨干与销售冠军等精英团队。只有在这些有实力的团队基础之上，加入有创新打法的新电商团队，然后再引入有丰富实操经验的直播电商团队，组建成新团队才能助力企业直播电商数字化转型升级成功。比如，在我们龙之子产业数字化服务联盟里，就有非常优秀的主播、运营团队和操盘手，这样的强强联合才能达到一加一大于二的效果。

**四、新渠道**

企业在做数字化渠道布局的时候，不是简单地去做互联网平台或直播电商平台，而应该站在企业整体发展的战略高度上，从用户需求出发，从企业产业链的上、中、下游以及整个生态圈去做渠道模式的连接和构建。

最后，我还是要提醒一句，术业有专攻。有些企业在行业里做了几十年甚至几百年，但是其团队在新渠道方面不具备优势，那就可以与有经验的第三方团队合作，与专业的人一起去做更专业的事情，组合在一起为你所用，才能够开疆拓土、渠道为王，成就一番伟业。

**五、新营销**

这里的新营销其实是指团队全员营销，我们可以通过以下几个维度来分析，见表4-2。

**表4-2 团队全员营销的三个维度**

| 团队全员营销的三个维度 | |
|---|---|
| 摸清你的底牌 | 不妨盘点一下你的企业、你的团队有几张牌。比如，你拥有全国1万个加盟店，1万个经销商，而这些加盟商和门店其实就是你做直播新电商最有价值的团队来源。再比如，1万个门店其实就相当于1万个直播间，这些门店的工作人员就是你的直播团队。也就是说，你只需要在原有团队的基础之上进行一些培训、辅导和升级，就会呈现出新营销的理念、模式与打法 |
| 做老用户的私域流量 | 比如你有一家企业，拥有10万人次用户，那你做直播、做新电商，很可能会把这些用户给忘记了，而是一味地去让新电商团队从线上去开拓新客户，这就是本末倒置，很难有好的结果<br>为什么不做新的挖掘、新的开发而是要做老用户的私域流量呢？这叫作深度挖掘老用户的需求，通过更多的增值服务增加老用户的黏性，留人留心 |
| 线上线下互动 | 通过线上社群展开互动交流、知识分享，你也可以到直播间、屏幕前与老用户进行一些互动交流<br>例如，很多龙头企业的产业在农村里都有自己的基地，有自己的园区和公司总部，其实他们的用户也遍布全国各地。管理者可以尝试把城市端与农村端打通，通过用户互动与体验推动产业发展 |

其实，上述五新并不是一成不变的，企业可以根据自身团队需求灵活变通。但万变不离其宗，这个宗就是我们强调和探讨的三个维度：企业数字化、园区数字化与产业数字化。我们一定要通过这三大数字化去构建最终的商业模式和管理模式。

## ◎ 组建企业品牌数字化运营团队的六个关键步骤

思维从转变、提升到落地，最终也要经过实践的检验。接下来，团队的数字化转型升级，需要通过以下六大关键步骤（见图4-1），进行全面、系统的培训与实践，以打造出一支极具凝聚力和战斗力的企业品牌数字化运营团队。

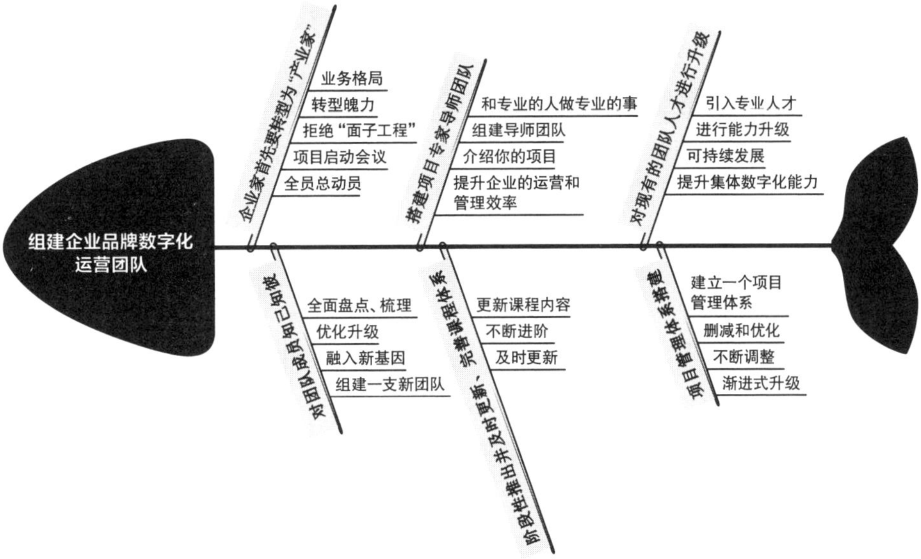


图4-1　组建企业品牌数字化运营团队

## 一、企业家首先要转型为“产业家”

在产业互联网时代，竞争不再是企业与企业之间的竞争，而是产业链之间的竞争。传统企业向科技型企业发展是未来的发展方向，在此过程中，我们要考量企业高层领导的业务格局和转型魄力，这是一把手工程。注意，一把手工程不是“面子工程”，而是需要全体总动员，召开项目启动会议。同时，我们又要考虑组织协同、人才能力提升等问题，也需要全员总动员，这些都是转型过程中不可避免的问题。企业解决问题的过程也是逐步具备成为一家数字化科技公司的能力的过程。

## 二、搭建项目专家导师团队

与专业的人一起做更专业的事。比如，请企业数字化转型升级领域内的专家教授、知名企业顾问为班底组建导师团队，并详细地介绍项目，借专家导师团队之力提升企业的运营和管理效率。

## 三、对现有的团队人才进行升级

企业数字化转型升级一定不是在现有组织、人员能力保持不变或变化不大的情况下能做好的，而是需要对现有的组织、人才进行能力升级，并且需要引入专业人才，这样才能真正支撑起数字化转型的持续发展。

具体而言，就是组建一支阿米巴模式独立核算的新电商团队或事业部，或独立成立项目的运营公司，以及对团队组织架构、股权设计、商业模式、共同富裕共同体模型等内容进行梳理。

**四、对团队成员知己知彼**

全面盘点梳理团队内部员工资源、特长与未来职业方向，在此基础上，优化升级融入新基因，组建一支新团队。

**五、阶段性推出并及时更新、完善课程体系**

团队培训犹如打怪升级，只有不断进阶才能成为最终的王者。因此，对应的课程内容要根据企业发展需要阶段性推出，比如，品牌定位与营销、新媒体、新电商（短视频与直播等）、商业模式设计、企业数字化转型升级等课程体系。同时，在此基础上，配置具有实操经验的数字化专家对团队进行阶段性培训。

**六、项目管理体系搭建**

做项目是企业盈利的主要来源，当企业团队组织发展到一定阶段，就需要建立一个项目管理体系，以更快地推进项目的完成速度。不同的企业团队组织，关于项目的管理应用不同，因此，我们很难确定一个范式的项目管理标准去解决所有企业需要解决的问题。可以说，项目管理的工作既繁杂，又庞大，我们要根据自己所在的行业、所在的组织做合理性地删减和优化。

数字化运营团队的组建不是短期计划，而是一个渐进的过程。因此，数字化成熟的道路也可能是不确定的。任何模式也不是设计好之后就永不改变。在转型的过程中，它更需要企业家或管理者个人和团队组织不断努力，一起创造新的转型路径，让企业所有人真正能够与数字技术合作。

如果将数字化转型放在整个时代里去看，犹如将渺小的人类置于整个宇宙，我们的存在只是一段旅程，而不是终点。

因此，无论最终你打造出的团队是什么面貌，或许我们企业数字化之旅的最终目标可能不尽相同，但这条道路上所衍生的基于数字技术的经验是可以借鉴参考的。让我们扎根于数字化人才能力的培育，让团队生长于数字化人才体系的构建，一起在打造企业共同体的过程中期待美好事物的降临。

# 财富“链”接——打造信用共识体系

我之所以推崇在企业中建立企业共同体，以我的理解就是必须赋予员工“身份”、在社会中的地位或意义，不能单纯地将员工视为生产要素，因为这将直接扼杀员工的个性、天赋和主动性。说得通俗一些，所谓企业共同体，就是把企业建设成一个共创、共享、共有的共同体，使每个员工相互提携、相互作用，依靠点点滴滴、锲而不舍的努力，不断提高价值创造的能力，帮助自己和企业的客户实现理想与追求。

然而，共同体的建立非一朝一夕之事，它需要由人这一主体来完成，更需要良好的机制和顶层设计去实现。英国经济学家亚当·斯密在其著作《国富论》中，提出了这样一个观点：人类的社会文明，不管是文字的产生，还是城市和国家的建立，都是大规模社会分工合作的结果，而能够推动人类社会不断向更高级分工迈进的，则是仰赖自由市场机制的大规模交易。可以说，没有交易，人类文明就无法建构起来。

但是在交易过程中，如何才能提高交易的效率，尤其是确保陌生人之间能够大规模地完成交易呢？同样，企业的成功离不开人才，但是我们总说人心是最复杂的，人是最难管理的，如何才能凝聚人心，让有才能的人心甘情愿跟随企业干得长久呢？这时就需要创造出一种信用共识体系，把人放在一个体系中去进行科学管理。

## ◎ 信用是桨——打造基于区块链技术的信用共识体系

记得在司马迁《史记·季布栾布列传》中有这样一句话：得黄金百，不如得季布一诺。这句话的意思其实就是说，相互信任可以弥合人类生活中的每一个裂隙。从古至今，就是因为信用无处不在，直到今天，我们的经济活动依然离不开信用。从现代市场经济的本质来看，市场经济其实也是一种信用经济。

只不过，目前经济社会中的信任环境相对薄弱，而随着数字化的发展，区块链技术就是一台创造信任的机器，可以以较低成本解决信任问题，对于促进信用经济的发展具有重要的意义。因此，就有了后来的区块链信用共识。

什么是区块链信用共识？

区块链信用共识（Proof Of Credit，POC）是一种基于信用的区块链共识证明算法。数字化时代，区块链的最伟大之处，就是能够让互联网上的大数据确切到每个人，让每个人的数据能成为每个人的财富共识。因此，区块链信用共识是基于算法的一种信用体系，区块链的实质就是一个不断增长的分布式数据库，通过算法来保证这个机制的自动运行，整个系统都可以在信任的环境下自动、安全地交换数据。正如《区块链国富论》一书中所讲的那样，关于财富的本质，财富不是物，而是全球信用共识。

在过去，传统信用体系靠道德，靠信仰，靠政府来约束，区块链技术出现以后，就是靠算法，算法的特点就是公开、透明，任何信息都不可篡改，能够完美解决信息系统中的信任危机。

表4-3　传统的信用共识体系与区块链信用共识体系对比

| 传统的信用共识体系与区块链信用共识体系对比 | | | |
|---|---|---|---|
| 传统信用共识体系 | | 区块链信用共识体系 | |
| 基于道德 | 比如，我们去饭店吃饭，饭店是否使用了不太健康的食材，我们一无所知，只能选择基于道德的约束来相信老板 | 任何信息都不可篡改 | 区块链是分布式的，在网络上会有许多独立的节点，任何节点的信息都不可篡改 |
| 基于信仰 | 比如，西方很少出现食品安全问题，有人说是因为害怕上帝惩罚，这个就是靠信仰约束 | 公开、透明 | 区块链是用基于共识的数学方法，创建一个不可变的，可以被复制的数据库，一切都变得公开和透明 |
| 基于政府 | 比如，我们把钱存在国有银行，就是相信政府，相信银行不会倒闭这个共识，才敢把钱存到银行 | 可信的价值传输系统 | 区块链作为比特币底层技术与基础架构而诞生的点对点的电子现金支付系统，借助密码学技术，比特币的发明者中本聪构造了一个极为巧妙的经济系统，解决了在去中心化的结构下，如何创造一个可信的价值传输系统这个难题 |

可以说，区块链系统的诞生，使得欺骗成本大大提高，这是基于人性的角度，用数学、代码从根本上规范人的行为。因此，在我们共享经济中的“共富”模型、利益共同体中，更适合将区块链信用共识应用于实践。

当然，全社会信用体系的构建与维系，最终还是要靠“以心换心”“将心比心”。信任是每个人都拥有的财富，但是这份财富，在今天的社会并不容易变现。因为信任一个人是有风险的，在风险尚未完全解除的情况下，我们只能依靠技术来助力！在当今信用经济环境下，我们唯有与企业团队的所有成员达成信用共识，才能最终实现“共识、共担、共创、共享”，充分激发企业的组织活力，凝聚并赋能志同道合的事业伙伴，一起抵达更远的彼岸。

## 走出舒适区——提升全员数字化能力和企业制胜能力

当我们为企业团队融入了新的基因和血液，似乎已经万事俱备。但是，在数字化管理的最后，我不得不再为各位“泼一盆冷水”。我们前面谈到过在数字化历史上发生过的很多次变革，其实，数字化时代形成的降维打击要远胜于以往的变革，今天的竞争之残酷足以让一个风光无限的企业瞬间崩塌。我们常说，人生的美妙在于它总能带给我们不确定性的惊喜，过于安逸的生活是乏味的，是缺少趣味和意义的。

企业亦如此。

未来处处充满不确定性，无论是社会还是市场，都不再是界限分明、彼此独立、闭塞不通的、四周满是围墙的花园，而是深度关联、相互融合、开放协同、利他共生、看似无序实则有序的商业生态圈系统。我们要学会基于未来的不确定性去洞见新的生态战略思维。换句话说，企业家要尝试突破、创新，从埋头拉车、种地转变为洞察未来的机遇、变化和趋势，走出“确定性”的舒适区。想要做到这一点，最好的办法就是提升两个关键能力——全员数字化的能力和企业制胜能力。

## ◎ 打响数字人才争夺战：构建全员数字化能力和制胜能力

好的数字化团队离不开好的数字人才，而好的数字人才是推进企业数字化转型的最大核心驱动力。中央网信办副主任、国家网信办副主任曹淑敏4月27日在第六届数字中国建设峰会开幕式上发布《数字中国发展报告（2022年）》。报告指出，2022年我国数字经济规模达50.2万亿元，总量稳居世界第二，占GDP比重提升至41.5%，数字经济成为稳增长促转型的重要引擎。数字产业化和产业数字化的发展，亟须一批具备丰富的数字知识基础和数字管理能力的人才。

一方面，随着数字化转型的潮流兴起，数字化人才的缺口越来越明显，企业对数字人才的需求便跟着水涨船高，特别是具备很强数据分析能力和执行能力的人才，是中基层急需招揽的对象，这也无形中激发了新一轮的数字人才“抢夺战”。在数字经济潮流持续上涨的大背景下，这场没有硝烟的战争已经全面打响。

另一方面，数字化的时代是去中心化的时代，是去领导权威的时代。数字化正在推动个体的力量在团队组织中崛起。与此同时，数字化团队也更加尊重个体的力量。在一个团队中，人才的个体力量被逐渐放大化，个人与团队之间的关系正在一点点发生着改变，没有谁是真正的主导者，从前的权力中心和行政中心都不再拥有权威，只有那些冲在一线、听得见炮火声的人才有权调动资源，有权作出决策。正可谓是，人人都可做中心，人人都可做领导，人人都可做创新之源。由此可见，未来很可能是一个天才引爆整个组织的时代。为此，一个企业只有一个领头羊不见得跑得最快，只有提升全员的数字化能力，每个人都走出舒适区，才有更强大的制胜能力。

在这里，我们不得不说到一个在数字化管理升级转型中的佼佼者——宝洁。在以往的商业品牌管理战略里，宝洁是非常经典的案例之一。作为一家品牌制造业公司，宝洁自1837年创建以来，至今已有185年，公司旗下在全球拥有超过70个品牌，涵盖10个品类，是世界500强之一。

1988年，宝洁中国在我国广州落地成立。随着规模的不断扩大，宝洁中国开始向全国进军，不仅在北京建立了全球最大的产品研发中心，还在广州本土打造了支持公司数字化转型的创新中心。

多年以来，宝洁中国通过数字化转型不断跨界各大领域，并得到了跨行业的深度认可，荣获了国际数据公司（International Data Corporation）2019年度跨行业数字化转型领军公司最高奖。不仅如此，广州的数字化转型创新中心也获得了宝洁全球总部的肯定，成为宝洁在中国的重要发展中心，就连董事会成员也来到中国，通过考察为全球其他业务区推进数字化总结经验。可见，宝洁在数字化转型的赋能下取得了巨大的商业价值，数字化转型也已成为宝洁在竞争中的制胜法宝。

宝洁在中国爆火以后，引发了业界多家企业纷纷效仿，其数字化部分取得的成功有目共睹。以下从提升全员数字化能力方面，来谈谈宝洁值得我们学习的做法。

**一、基于数字技术提高操作人员的生产力**

宝洁利用数字技术构建的工业互联网平台具有持续、高效的监控能力，通过精准分析和机器遥测，对生产中潜在的问题及时地预判和发现，在确保生产质量的同时，在短时间内达到事半功倍的生产效果。

**二、唯才是用，让人才专注在高价值领域**

宝洁规模化发展的秘诀不只是技术，更依赖于数据科学家和工程师。之所以说数据科学家和工程师重要，是因为他们对宝洁公司的业务熟悉程度超过了任何一名普通员工，他们可以将AI自动化应用到人工密集型的业务中，以代替大量的劳动生产力，让员工把自身时间和精力投入到更高价值的领域。

**三、注重人才培养，打造数字化团队**

宝洁的管理者始终注重投资人才、培养人才，因为他们深知，光靠技术是不行的，最主要的是要靠人。因此，宝洁成功的另一个因素便是成立了“复合型团队”的架构，其中，不只有总部团队，还有不同类别的团队和不同市场领域的团队，并让多个组织相互协同发展。

同时，宝洁公司还与微软合作建立了一个作为产品制造和包装流程等的数字化支持的办公室，这个新型的数字化业务场景能够覆盖全公司部门的项目管理，是公司高效生产和运作的孵化器。

长此以往，宝洁打造的数字化团队便形成了这样的模式：员工要对数字化技能的运用和商业知识的架构了如指掌，真正懂得公司的业务发展方向，能够轻松自如地将数字技术与业务结合在一起，改变业务流程和业务模式的传统形态，让数字化创造最大化的商业价值。

归根结底，企业数字化运营团队的管理，其核心还是在人，只有人行，技术才能真正有效地被运用并创造价值。

企业数字化转型是一个渐进式的长久过程，需要不断地升级、迭代，没有尽头，没有止境。数字化管理就像屹立在前方的灯塔，为企业指引着前进的方向，带领企业驶入作为终极目标的主航道，于是很多企业把数字化当成了管理战略的方向。其实，数字化的本质是为了提高效率和解决问题，但绝不是为了数字化而数字化。

古语有云，知人者智，自知者明，胜人者有力，自胜者强。数字化转型开辟了经济版图的新领域，无论企业还是管理者、员工个人，组织中的任何一员都需要积极拥抱时代的变化，用全新的眼光以及更谦逊的姿态，审视数字化管理及团队转型升级的内涵。

第 5 章

CHAPTER 5

# 数字化运营：融入新视角、新维度，打通品牌全产业链

0101010101010101010101010101010101010101010101010101

数字时代、新基建、工业 4.0、数字经济……一个个频登热搜的新概念不断冲刷着人们的认知，数字化已经成为中国乃至全球经济创新发展的驱动力。

当全员有了数字化的能力，企业就有了团队作战的“魂”。接下来，我们若想构建新品牌全产业链生态圈，还要梳理出一套适合企业的招商与运营系统，并更好地将其应用到实际工作中去，提升品牌形象，拉动线下体验式消费与线上互联网消费，形成产业共同富裕模式与该企业品牌的企业与产业共同体。

具体而言，构建新品牌全产业链生态圈共有“七部曲”，如图 5-1 所示。接下来，我们就来探讨，如何通过这七部曲掌握企业数字化运营的精髓，赋能企业与当地产业转型升级。

# 企业管理体系搭建

什么是体系？往大了说，一个宇宙可称为一个体系，各大星系可构成一个体系；往小了说，一个社会是一个体系，一个组织是一个体系，甚至一个人也可称为一个体系。大体系中包含了无数个小的体系，小的体系中又包括了无数个微小的体系，而无穷个小体系又构成了总的大体系。总则为一，化则无穷，反之亦然，这就是体系。

与传统企业相比，构建生态型企业数字化的管理体系更加复杂，它涉及管理模式变革、技术融合应用、数据价值挖掘、业务创新转型等多项管理工作，需要系统地统筹为一套体系并加以推进。企业生态圈的建立不仅取决于团队运营的共创共赢，更取决于企业平台的管理能力。管理能力越强，就越能赋能经营者，赋能企业，赋能产业生态，让各方参与者茁壮成长，做大做强，共同为用户创造更高的价值。

## ◎ 搭建数字化管理体系，驱动团队奔跑加“数”度

生态型企业数字化管理需要把用户和员工看成两条平行的生命线，将个人价值与企业价值互融，将企业价值与生态产业价值互融，创建共同富裕的命运共同体。当企业确定了战略目标，接下来就是如何将合适的人放在合适的岗位上发挥其最大的价值。对于管理者来说，并非所有工作都需要事必躬亲。正如彼得·德鲁克认为的，并不是有了工作，才有目标，而是有了目标，才能确定每个人的工作。企业管理的使命和任务，必须转化为目标和结果才有价值和意义。

然而，由于每个企业团队员工的岗位职责不同，各组织很难朝着同一个战略目标发力。因此，许多企业为了实现统一战略目标，做了大量工作去协

调跨部门、跨团队的差异化思想，浪费了很多时间和精力，导致企业运营效率持续走低，竞争力节节败退。

企业数字化管理的重要性一目了然。企业数字化管理是指企业通过内部的核心数据信息，结合数字化技术，将企业定位、企业数字化改造升级、企业运营与营销、企业招商、企业产品与服务、企业生态圈搭建等各个环节集中整合起来，构成一个庞大的、高效运营的管理体系，有效地支撑企业的决策系统，进一步突显企业的品牌价值。

新一代数字化管理平台以人为中心，人+事一体化，数据互通，实现自上到下目标协同一致，打造高性价比、轻资产运营的管理方案，让企业组织力、生产力、运营力、营销力都得到大幅度地提升，一步步向企业战略目标靠近。

**表5–1 数字化平台让管理有效落地**

| 数字化平台让管理有效落地 | |
|---|---|
| 招聘管理 | 建立一站式招聘系统，以此来解决企业招聘流程混乱、招聘高水平人才难、人才库沉淀等问题 |
| 核心人事 | 提供以员工为中心的数据化管理，需要覆盖员工全生命周期 |
| 绩效管理 | 建立考评体系，激发员工工作动力，避免员工产生负面情绪 |
| 薪酬管理 | 根据绩效测评对员工进行统一的薪酬管理，让企业的薪酬分配更合理；同时建立薪酬档案，助力企业优化薪酬体系 |

2022年8月末，我走访了我在2011—2013年服务的公司——杭州时代光华（光华赋能）董事长方永飞。2011年，我有幸参与了GTT效绩飞轮的创办，目前，该软件系统实现了与钉钉战略合作。我想，在数字化管理方面，GTT效绩飞轮绝对值得一试。

### 时代光华GTT绩效飞轮赋能企业数字化管理运营

选对方法，事半功倍。管理是门实战科学，理论与实践缺一不可。企业如何将先进的管理理念落实到企业全员的日常工作，也是一道难关。

要让企业从日常的、重复的、冗杂的管理工作中解脱出来，从而将精力投放到经营工作中，创造更多财富，因此，合格的绩效管理软件必然要具备日常化功能。正是基于这些考虑，时代光华董事长方永飞创建了GTT绩效飞轮。

2011年，我参与了时代光华GTT效绩飞轮的创办。在2011—2013年间，GTT绩效飞轮企业数字化绩效管理系统逐渐形成，这套方案着眼于目标管理的全过程，系统优化组织和团队成员的目标执行。

区别于普通OA系统，GTT绩效飞轮基于PTA、MP、GSPDCA、人才梯队等科学管理理念，主张“规范事，激励人”，将项目管理、目标管理、文化管理、人才管理、企业知识库管理等专业学术理念转化为具体的系统和流程，赋能企业科学经营、科学管理、科学工作。

GTT绩效飞轮管理系统采用科学原理，通过数据分析，高效实现“目标制定—过程管理—绩效考核—结果应用”的闭环管理，根据目标进度，主动反馈和预警。绩效飞轮是完整的PDCA循环，即“Plan（计划）—Do（执行）—Check（检查）—Act（处理修正）”。整个过程就像一个不断运转的飞轮，盘旋上升，带来员工绩效的持续改善。

高明的CEO从不进行微观管理（Micro-management），而是通过目标管理（Management by Objectives），赋予员工更多的自由与责任。出于对目标的敬畏，员工自我鞭策、自我管理，实现最大程度的自我成长。

管理，就是管事理人。GTT绩效飞轮的核心价值就在于通过行为、结果、文化的颗粒化管理，有效解决对于员工的管理难题。到2022年，绩效飞轮一直秉持着“规范事”与“激励人”双管齐下的理念，用科学经营模型和先进的数字化系统，帮助企业实现人、事清晰化，全面改善企业员工职业化和管理人员职业化。

当然，企业运营管理要靠“共治”，而不是谁领导谁，因此，“赋能”要远远大于“管控”。在数字化时代，管理模式最大的特点就是创新，这种创新体现在基于大数据、人工智能、5G等技术的新工作方式。尤其是在新冠疫情防控期间，很多公司采用高效、便捷的线上沟通、线上会议、业务在线、协同在线等团队管理模式，让团队成员畅所欲言，相互交流创意和想法，既通过协同工作实现了业务的升维，又最大程度地保证了企业各部门的运营效率。

除了人才的管理，企业管理还包括对财、事、物的管理。比如，通过在线协同工具对企业进行报销管理、账单管理、文档管理，等等。可见，管理上没有最终的答案，只有永恒的追问。现代数字化办公平台、管理模型不仅限于此，由于篇幅的关系我在这里无法一一列举，还需企业在应用时学会灵活变通。但总的说来，我们站在数字化运营的视角认为，要构建一个新品牌全产业链生态圈可归结为以下七部曲（见图5–1）。这七部曲与后面园区数字化商业生态圈、产业数字化商业生态圈中的七大体系的建立及七大系统的构建如出一辙，同时也是构成数字化商业生态圈的统一有机整体，更可以作为今后应用到其他领域的运营模板，学以致用。

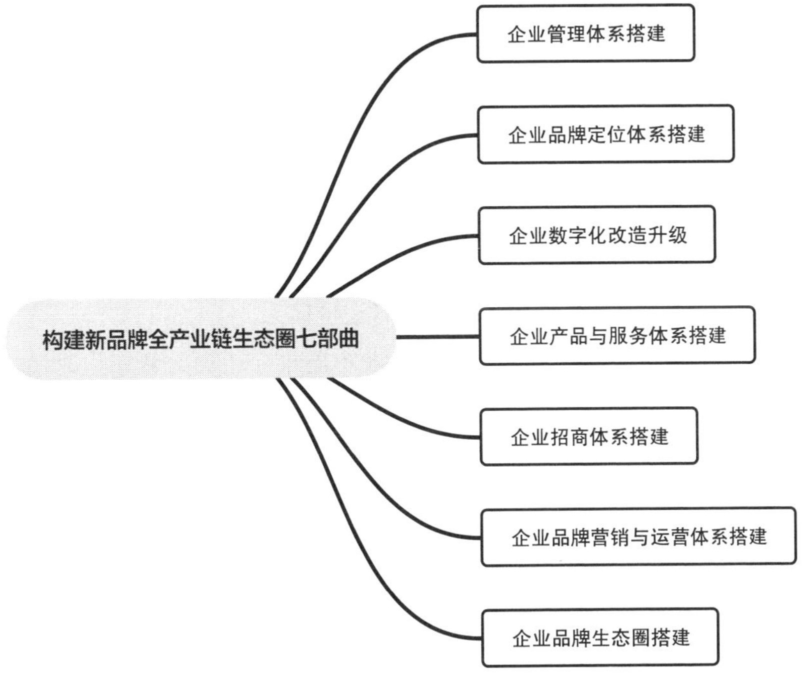


图5–1 构建新品牌全产业链生态圈七部曲

关于企业管理的方法，尽管很多成功的企业家、实干家也给出了自己的结论，例如，全食超市的“基层团队自治”，海尔的“人单合一”，韩都衣舍的“产品小组制”。但大家思考、探索、再思考、再探索……却始终找不到标准的答案。历经百年的发展，管理学的脉络日趋清晰，作为企业数字化创新的试行者，我们更多时候是给大家提供一个可供借鉴的思路、运用的模板、学习的样本，起到的是引领的作用，引领企业创业者在未来共同创造财富。

## 企业品牌定位体系搭建

我来问大家一个问题：在今天这个数字化时代，对企业而言品牌定位就不再那么重要了吗？

依我看，答案是：不，它从未显得如此重要！

自人类社会全面进入数字化时代，随着信息数据传输更加便捷，内容表现形式更多样多彩，人们接触信息的渠道、对内容的喜好和反应程度也都发生了巨大的变化。除此之外，商业模式也在悄然发生变化，人们通过互联网更直观地了解企业的产品或服务的提供者，让消费变得心中有数。

因此，很多人认为，数字化时代，只要产品好、渠道多，就能拉来很多的客流，就能实现畅销，赚得盆满钵溢。什么定位理论，根本无须放在心上，也无须耗费巨大的资源搭建企业品牌定位体系。

其实不然，因为人类认知模式、商业本质未变，面对数字化时代“万物皆媒”的大环境，定位反而是企业塑造标杆品牌的关键要素，也是品牌能否成功的前提条件。

### ◎ 想要“破壁出圈”，先搭建品牌定位体系

说到品牌定位，这让我想起了一位对我影响颇深的营销战略大家之一，即定位理论创始人、被誉为“定位之父”的艾·里斯。令人扼腕的是，2022年10月7日，艾·里斯去世，终年95岁。2010年，我很幸运地在上海通过三天两夜的课程，全面而系统地学习了里斯与特劳特的品牌定位理论体系。后来，我又自学了其著作《定位》《战争》。正因如此，我才能结合中国企业

实际情况与市场的变化，成功赋能多家企业并使其业绩突飞猛进，包括品牌从0到1的建立，赋能品牌转型升级，甚至其中有些品牌已经成功上市。例如，嘉兴大东南、杭州时代光华(光华赋能)、CIKK时尚皮草、博龙牧业、木之语、闾林、艾赛芝HERCERES、西子三千桶装水、虎跑冷泉、杭州海花进出口公司、anongbaba阿农巴巴、财通直播文化产业园等企业与品牌项目，等等。

也许你会疑问，“定位之父”不是赫赫有名的特劳特吗？没错，如果你去仔细翻阅资料，就会发现两个人都有“定位之父”的美誉。看起来两个人不分伯仲，可如果你读过《定位》这本书，你就会发现其实其第一作者正是艾·里斯。在国外有一种说法是，艾·里斯认为自己才是定位理论的发明者，因为他曾公开提出定位理论，早于《定位》出版9年。实际上，他们都是全球最顶尖的营销战略家，更是定位理论的奠基人和先驱。

说回企业品牌的定位，相信大家对此并不感到陌生，市场上从来不乏关于品牌定位类的专业书籍，而我重点想谈谈品牌定位在新的数字化商业生态圈大环境下，企业该如何去运营。

在国内，品牌定位还有另外一个说法——强势品牌烙印。结合百度百科的定义，品牌定位具体是指企业在市场定位和产品定位的基础上，对特定的品牌在文化取向及个性差异上的商业性决策，它是建立一个与目标市场有关的品牌形象的过程和结果。换言之，即指为某个特定品牌确定一个适当的市场位置，使商品在消费者的心中占领一个特殊的位置，其目的是便于记忆识别，帮助消费者高效完成决策。

众所周知，消费者的需求不仅只有产品功能方面的，还包括心理的、社交的以及情感沟通方面的，但在消费决策时侧重点略有不同，凡能满足消费者第一需求的价值，企业就可以将其作为品牌定位。

比如，以“安全”为定位的沃尔沃，它要向消费者传递的是家庭用车的超高安全性，那么对此有所需求的用户就更容易记住和选择它；以“健康”为定位的元气森林，因“0糖0脂肪0卡路里”的健康概念，其气泡水更容易深入百姓的内心，能够吸引更多对健康有高需求的消费者前来买单。

消费者的价值需求在何处，品牌只要在寻找定位时能够满足这一需求，让定位的锚到达价值锚点，自然而然便会直达消费者的心智。值得一提的是，定位并没有绝对的好与坏或对与错，只是某些定位方法在当下的消费环境中效果不是那么理想。

为此，结合定位理论，企业品牌定位体系的搭建应围绕两个关键展开：成为“第一”或成为“唯一”。

2022年6月25日，中欧商学院营销会会长孙浩在关于《CEO品牌修炼》一书的演讲会中提到，企业CEO在定位时要寻找品牌的差异化、市场的差异化，从全球格局、历史的视角去定位，如果做不到第一，那就做唯一，企业需要建立品牌的“护城河”和满足客户的“刚需”，以修炼CEO的品牌战略眼光。事实上，人人都想成为第一或者唯一，但毕竟能做到的是少数。那么，当我们还不是领先者的时候，在今天的数字化时代里则要强调拥有特性，为某特定需求提供独特选项，让人们必须选择，这被很多人奉为圭臬。以我们龙之子科技有限公司为例，我们在做好企业文化的基础上，为企业找准定位，以“客户第一”为宗旨，努力成为行业里的第一或唯一，是做大企业品牌的重中之重，是企业生存发展的第一要务。

品牌想要真正做到定位落地生根，除了要在内部达成共识，从设计研发、生产制造、宣传销售等方面进行精细化运营，提供价值与用户需求的锚点链接，还要努力达成外部的共识，长期坚持下来，最后才能让品牌传播在消费选择时发挥作用。

回想起来，无论是获得大师的启发，还是赢得客户的信任，所有的一切，都让我们重新点燃了龙之子科技公司回归服务中小企业的创业初衷。自2007年6月8日公司成立以来，我们一直具有服务中小企业品牌和企业文化的基因，并且在这个方向上曾经走出一条可行的路线——通过互联网平台、培训和策划咨询等综合服务帮助客户产生更多价值。

艾·里斯大师虽已逝世，但他给世人与企业留下了宝贵的精神财富，永远值得我们学习。

## 企业数字化改造升级

当企业明确了自己的品牌定位，找到了发力点，接着就可以在品牌定位体系基础上，大刀阔斧地进行企业数字化改造升级。尤其在中国制造2025和工业4.0的大背景下，企业进行数字化升级转型，是打破行业规模限制、创新产品（业务）模式、高效精准运营、实现人才价值、提升客户体验的关键。

**不要为了直播而直播，而应该从企业基因本质出发驱动数字化升级**

2021年上半年，我在担任财通直播文化产业园CEO的时候，有一家非常有实力的大品牌客户令我印象深刻，其一场直播流量都是千万级别的。我们问对方高管团队，你们已经有了这么好的业绩，为什么一定要到我们杭州财通直播文化产业园来做直播？对方的回答是：你们这里做得这么好，我们在这里直播也感到很有面子，我们要在这里把我们整个公司的直播业绩带上去。

听了品牌方一腔热血和无限信任的答案我也非常感动，但我还是继续提出了我的疑问：在全球你们有多少个门店？对方说有30多万个门店。这时我告诉对方："你们的30多万个门店在我眼里其实就是30多万个直播间，你们的30多万个店长在我眼里其实就是30多万个主播。那么，你们只要对全公司的这些销售员进行直播理念的灌输和培训就好了。"对方听完这个思路后脑洞大开，获得很多启发，也因此节约了很多成本。

这个案例，反映了企业数字化转型的一个侧面，即从企业基因的本质出发，就上述企业而言就是从数字化营销方面切入，改造升级原有的销售门店体系和销售团队体系，围绕着市场变化和用户体验进行升级，以直播驱动全业务流程和转型升级，而不只是为了直播而直播。

所谓企业数字化改造升级，指的是企业借助物联网、网络、无线通信、大数据、多媒体等技术，对企业的技术层面进行改造升级，形成以企业为载体的数字资产。此外，除了技术层面，实现企业数字化转型，还需要在多个层面进行升级改造。例如，企业数字化营销，从传统电商过渡到短视频、直播等新电商，既包括在前面章节讲到的如何通过"五新"思维赋能企业打造数字化运营团队，也包括将在后面章节谈到的产品与服务体系、招商体系、营销体系、共同富裕体系等，这些都是围绕着数字化展开的。

### 中小企业数字化转型迎来新契机

2022年11月9日至10日，2022全国中小企业数字化转型大会在山东济南举办，其间大会启动了全国中小企业数字化服务行动。与此同时，工业和信息化部印发了《中小企业数字化赋能转型行动》，提出了13项重点任务和4项保障措施以支持中小企业的数字化转型。

2022年12月27日，中国信息通信研究院发布了《“小快轻准”持续降低数字化转型门槛》研究报告。报告显示，中国企业数字化门槛正持续降低，数字化转型成本已降低80%。数字平台为中小企业提供了一条普惠、敏捷、低成本的数字化转型新路径，推动中国企业数字化转型进入“链”时代。

可见，未来我国中小企业在数字化转型方面将迎来更多机遇。

除了上述数字化改造升级的诸多方面，值得一提的是，近年来，有一些企业改造升级成为了数字工厂、未来工厂、数字化展厅等。而说到未来工厂，就不得不说说我的家乡浙江省。

在浙江，一场数字化变革正悄然进行。

2022年9月，浙江省经济和信息化厅代起草了《以“产业大脑+未来工厂”为引领加快推进制造业数字化转型行动方案（征求意见稿）》，方案指出，未来五年内，浙江省计划建立行业“产业大脑”50个，培育未来工厂100家，着力推进数字经济的系统建设，加快新一代信息技术与产业融合发展。之后，浙江省数字化改革数字经济组还公布了第一批行业“产业大脑”建设试点“揭榜挂帅”项目名单，共30个“产业大脑”入选。至此，全省未来工厂总数已经覆盖至汽车、家居、服装等41家。

那么，究竟什么是未来工厂？所谓的“未来感”究竟体现在哪里？

## ◎ 打造具有“未来感”的“现代化新型产业组织单元”：你好，未来工厂

如果说冷峻的铁灰色是工业时代的标志性代表色，那么，未来工厂中带

有数字化、信息技术、人工智能等属性的元素，则为数字文明的底色增添了些许的瑰丽和神秘。

2021年7月22日，浙江省发布了《“未来工厂”建设导则》，将“未来工厂”明确定义为“现代化新型产业组织单元”。具体而言，就是根据组织方式重塑、生产流程再造、数据融合应用的总体要求，融合人工智能、大数据、5G等数字化技术，以企业实际情况为出发点，聚焦智能化生产、数字化运营、数字化管理、网络化协同等应用场景，开展新模式创新应用，力争形成可推广、可复制的品牌解决方案，供更多企业学习借鉴，赋能行业数字化转型。

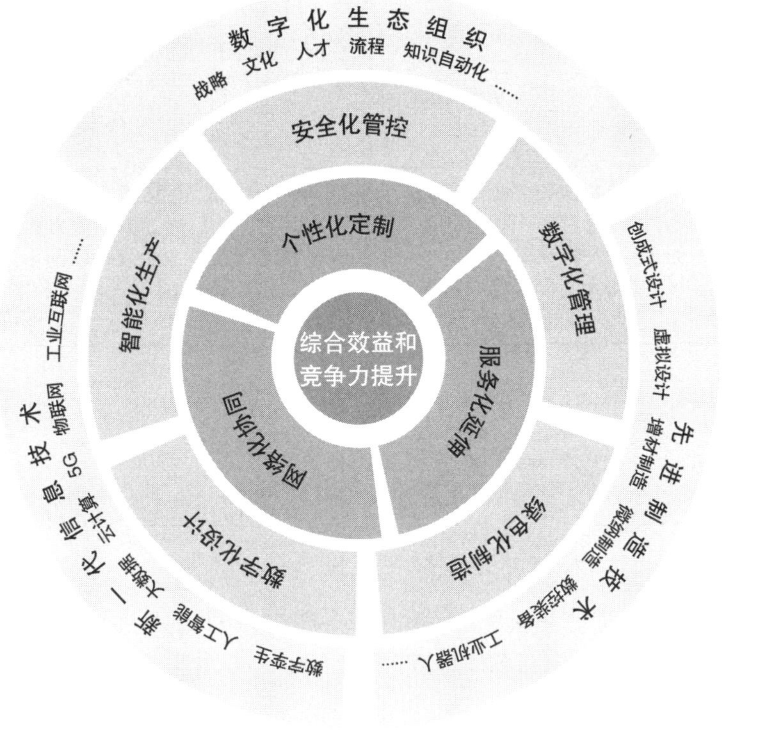


图5-2 “未来工厂”建设构想图

也就是说，“未来工厂”深度融合新一代信息技术与先进制造产业，以数据资源为关键要素，持续推进企业形态变革和管理模式更新，让企业生产运营向智能化、绿色化、精细化转型升级，建设绿色、高效、创新的现代化新型组织，引领新兴业态发展，包括工业的未来工厂、服务业的未来市场、农业的未来农场，意在以未来工厂培育为引领，深入探索企业形态重塑、生产方式创新、要素资源重组，多层次、全链路、全方位赋能企业数字化转型，打造一条时时处处体现数字文明的新时代发展路径。

如此来看，浙江省是全国“未来工厂”建设的率先探索城市，而在很多年前，浙江的“未来工厂”就已初见雏形。

表5-2 浙江省建设“未来工厂”的基础

| 浙江省建设“未来工厂”的基础 | | |
|---|---|---|
| 发展阶段 | 建设 | 内容 |
| 2012年起 | 浙江省在全国率先开展“机器换人” | 在一些制造工厂鼓励用机器代替人力，尤其是高风险、高强度的，具有重复性质的岗位工作，以提升生产速度和产品质量 |
| 2013年至2017年 | 进一步扩大规模 | 五年内，随着在役机器人数量的增加，省规模以上工业人均劳动生产率提升了50%以上，为浙江省从自动化走向数字化打下了坚实的基础 |
| 2018年至今 | 开始实施“机器换人”升级版——智能化改造提升行动。<br>加大力度实施“机器换人”智能化改造行动 | 经过几年的智能化改造，浙江省数字化车间、数字化工厂已经达到了263家，云企业总数超过了几万家，工业设备联网率达42.3%，产业数字化指数全国第一。而未来工厂正是智能建设的进阶版 |

总之，未来工厂，就是新一代信息技术与先进制造业相互融合，打造出的能够体现“未来感”的新智造的现代化企业。与未来工厂类似的还有数字工厂、数字展厅、元宇宙等。所谓数字展厅，就是利用AR或VR等技术所建造的一个虚拟展厅，人们可通过参展链接直接进入展厅，打破时间和空间的限制，通过快速引流、快速营销扩大品牌的宣传力度。无论哪一种形式，都意味着企业必须在软硬件方面进行全面数字化升级。

我们不妨大胆想象这样一幅新图景：在未来工厂里，不闻噪声，不见粉尘。厂外行走大汗淋漓，厂内工作凉爽惬意，物流、客流格外有序，治理有道——其实，与其说是未来工厂，不如说是企业实现数字化转型的未来“梦工场”。

百年前，工业文明在时代洪流的裹挟中滚滚向前涌动。看今朝，一个数字文明的崭新时代正在蓬勃兴起。一切都在发生着迭代升级，一切都在进行着万象更新。

# 企业产品与服务体系搭建

不管我们的数字化改造升级和经营管理有多么复杂，最终都要回到一个企业的原点——做出令用户满意的优质的产品与服务，这才是最根本的。我们需要时刻记着，经营服务也好，管理创新也罢，我们经营企业最终的目的就是为用户提供更好的产品与服务。既然数字化能够帮助我们在未来更好地服务用户，就有必要去尝试和探索。

## ◎ 打造产品和服务深度融合的新体系

在传统的商业模式中，产品与服务可谓是为企业创造价值的核心板块。企业从生产、制造到营销推广，始终都是围绕产品与服务展开的。作为企业与客户重要的沟通载体，产品与服务体现的是企业整体的综合能力，包括产品创新能力、与用户互动的能力、服务体系的创建能力等，可以说是牵一发而动全身。也因为这个道理，企业在制定数字化转型战略之后，最先要做的就是对产品与服务进行体系化创新升级。

在一些行业，产品与服务的形态正在被数字化一点一点地颠覆，比如，在教育、医疗、媒体、娱乐等行业中，产品与服务的载体发生了巨大的改变。而在另一些行业中，产品与服务在设计和生产方式上也发生了变化，比如，小米手机允许用户参与设计，提升了用户的参与感，在做用户分析时也从身份标签转为了行为标签，延长了产品的全服务生命周期。

说到这，数字化时代的产品和服务究竟具备哪些特点和趋势呢？

用一句话来概括就是：数字化时代的产品和服务正在融合。要讨论这个话题，首先要厘清产品和服务的定义。

所谓产品，指的是大规模生产或复制的、满足用户需求的物品，它可能是有形的，如书籍、电子产品、家电等，也有可能是无形的，如知识产品和软件等。通常来说，产品能够为用户提供使用价值，可重复性使用，而且在使用的过程中不依赖于人和人的接触。

所谓服务，就是服务者向消费者提供价值，这个过程需要人与人的接触，它更重视消费者的体验感受，尽管服务最后可能会以产品形式呈现，但服务过程本身就在创造价值。比如，餐饮、教育、旅游、咨询、培训等等，皆属于最常见的服务，且服务通常是不可重复的。培训的结果可能只是一次简单的学习，但这个结果离不开培训的服务过程，而且这个过程带来的价值很大。

我们发现，在数字化时代，产品和服务的界限正在变得越来越模糊。比如，我们去一家咖啡厅，不只是为了喝上一杯美味的咖啡，更多时候是为了体验优雅安静的环境和周到的服务。除此之外，有些企业注重产品服务化，喜欢为用户提供增值服务，比如“熊猫不走”在送蛋糕的同时，为用户提供现场生日表演；还有些做服务的企业却重视服务产品化，在提供服务的时候也会单独销售产品。就这样，产品与服务的边界变得模糊了，慢慢地融为一体，但两者的核心价值依然都是为了真正满足消费者的某种需求。

2014年3月，我为中国民生银行台州分行做了一次该银行的文化建设与管理的咨询服务。

想当年，中国民生银行台州分行见证了当地实体经济的蓬勃发展，它重视支持制造业发展，通过服务民企、服务实体深耕台州区域特色和产业集群，创新金融产品和服务。早年间，去银行办业务可谓一件“浪费时间”却又不得不付出精力去完成的重要事件。曾几何时，我们都梦想着能够线上提交资料、查验审批、审核通过，不用亲自跑腿，有问题电话沟通，有需求线上申请……

随着数字技术的发展，我国的银行业开始转型，民生银行第一时间洞察到了未来对银行服务进行升级的重要性。后来的几年时间里，中国民生银行台州分行为了满足“量体裁衣”的差异化服务需求，开启了线上协同业务办理，从远程开户（云账户），到线上结算（网银、手机银行、微信银行），从远程视频尽调，到远程核保面签，到线上放款业务等，让客户实现了“不跑腿”的愿望。

时代在变，用户对产品与服务的期望在不断提高，不可预测的社会观念瞬息变幻，这些都使得创造长期价值和持续差异化成为一项艰巨的挑战。因此，企业必须搭建一个专属于自己特色的产品与服务体系，不断对产品和服务进行迭代优化。例如，针对客户需求重新为产品定位；分析产生问题的原因；协同产品经理及开发、测试等部门迭代研发；数字化测试、验证；等等。在产业数字化转型推进过程中，也会出现很多专业的服务机构，帮扶一批高质量、高市值的产业互联网数字化企业转型。

当然，由于企业所处行业的不同，其产品和服务也是形态万千，各不相同。因此，我们在搭建产品与服务体系的过程中，必须要因产业、因行业、因企业、因地制宜，切不可盲目照搬照抄。企业要反复问自己三个基本问题：一是对于企业来讲未来的产品和服务要重点解决什么问题？二是企业数字化会对未来的整个行业和产业带来什么改变？三是如果发展企业数字化，未来的目标和路径是什么？

回答好这几个问题，企业就会明确方向、重点与突破口，知道“为什么”“是什么”“怎么做”，我把这些问题统称为“产品与服务体系数字化三问”。

### 产品与服务体系数字化三问

第一问：为什么？

你要做什么样的产品，打造什么样的特色服务，这与企业未来发展的使命和愿景息息相关。因此，清楚为什么，就是向所有人宣告一个伟大的用户愿景，尤其是让员工知道我们的终点在哪里，而不是一味地让所有人为了你一个人的梦想陪跑。

第二问：是什么？

你所打造出的产品与服务体系是什么样子的，这与你——企业家个人对数字化的理解有关。

其实，在我看来，数字化更多的是一个科技工具，是我们能够看得见、摸得着、数得清、听得见的。因此，我们在构思产品与服务体系、最终向员工说明它是什么时，要大道至简，不要让大家觉得这件事是很复杂的。实际上，数字化不过就是一种工作的策略。

第三问：怎么做？

一个再宏伟的目标，体系中的各项策略，也需要被拆解成一件件小事来完成。为此，当我们的体系成形后，还要将总的战略目标拆分细化，从产品、用户、运营、服务……都要将其分解到组织和部门，再分解到个人，最后到运营的时间节点。

找到了上述三个问题的答案，接下来，我们看一下玩法。在数字化时代，抑或说在今天这个充斥着互联网思维的大环境中，玩法真的变了！想要锁住客户与你产品和服务接触的每个细节点，首先要回归品牌经营本质，而互联网思维的本质是以用户需求为导向，重视用户体验，基于此，“有趣”“好玩”才是核心，学会社群运营才是关键。当你玩转了这些，才能让一切后续行动服务于用户需求，例如，通过提供高性价比的产品和服务，捕捉机会为用户制造超预期的惊喜和感动！在此，我再为大家分享一个感动用户的三级服务体系和感动员工的三级服务体系，该体系可在具体搭建产品与服务体系时助我们一臂之力。这也是我在提供咨询过程中，一直在倡导的最差异化的模式之一。

感动用户的三级服务体系

· 一级服务体系——让客户满意
· 二级服务体系——让客户惊喜
· 三级服务体系——让客户感动

品牌服务的最高境界是让客户感动得掉眼泪。注意，在运用这个体系的时候，我们将“客户”替换成“员工”也同样适用。

感动员工的三级服务体系

· 满足员工期望

· 超出员工期望

· 让员工超级感动

作为老板，永远别把自己当老板，永远不要觉得自己高高在上，放低你的姿态，把自己当成一个“高级服务员”，以服务的精神来为企业和员工服务！

如此一来，企业的产品与服务体系的搭建才能转化为具有可操作性的指标和行动方案，进而走向一条符合自身实际、顺应时代潮流的高质量发展之路。

## 企业招商体系搭建

招商是个战略性问题，国内很多连锁经营的企业经常容易遇到一个困惑——自己的企业（抑或为数不多的几家店）不能产生规模效应，刚刚积攒下来的资产，却又要被拿去扩张店铺规模；明明前景非常可观，一谈到加盟却愁眉不展，不知所措。

那该如何破局？

放开做招商似乎是所有连锁企业家的心愿，大家往往认为自己拥有好的项目，而且关于这个项目也总结出了成功的经验，无论是为加盟商提供选址、建店、团队管理的建议，还是帮助其作投资回报分析，都显得绰绰有余。于是，大部分企业在还未做好任何准备的情况下就快速广招商，恨不得一下子招商1000家企业，可是你们的愿景价值真的契合吗？你对加盟商有筛选标准吗？你设计招商规划手册了吗？在当今的数字化时代，招商手段无时不在发生着变化，大招商、商会招商、产业链招商等词汇不停地开发着我们的思路，可效果如何、结果如何，值得我们思考。

## ◎ 打一手好牌：借助数字化破解企业招商难题

假如我们把企业经营看作是打牌，无论你的牌技多么高超，拿不到一手好牌也很难赢到最后。现在很多企业老板的核心问题就在于拿不到好牌。我们不是要在企业内部搞管理，而是要想办法到外面给企业整合一手好牌，做离企业赚钱最近的关键动作——招商。

那么，企业为什么招商困难？各位不妨对照我总结的以下十大主要原因，看看你的企业"撞"上了几条。

数字化时代企业招商难的十大主要原因

1. 招商观念守旧，做法单一；
2. 招商缺乏目标，边招边看；
3. 不能挖掘潜在的加盟商，盲目自信；
4. 不清楚竞争对手底牌，人云亦云；
5. 招商缺乏新意，效率很低；
6. 缺少客户信息，不能做到精准招商；
7. 不能深度洞察线索客户，丢失意向客户；
8. 缺少招商团队，执行力不强；
9. 招商传播渠道少，策略老套；
10. 招商信息平台不成体系，支撑乏力。

那到底该如何搭建招商体系？

**一、我们要明确招商的本质**

招商即招揽客户，通过宣传、谈判的方式说服和吸引意向客户参与投资和共同经营的商业行为。这是一种双向选择的行为，对于想要长远发展的企业来说，其招商的目的不应只停留于个人利益和短浅的企业眼前利益上，而要以争取和打动消费者为根本目的，以启动和占领市场为招商的最终目标。

也就是说，我们招商并不是为了圈钱和现金流，而是为了品牌。唯有专注于产品和客户，才能打造出伟大的企业和品牌。也只有与加盟商携手共赢、利益相同、风雨同舟，彼此才能成为真正意义上的长久合作伙伴，真诚面对自己，坦诚面对客户。

**二、打造一支数字化招商团队**

由于数字化时代的招商手法与传统渠道招商方式存在很大的区别，尤其是在人员管理、人才素质、经验以及奖励政策等方面都对经营者提出了很高的要求，因此，我们应特殊设置一个以数字化手段为主的独立招商部门，并赋予其一定的职级高度、权限，使其在企业组织框架中拥有一定的职权，以便在招商过程中与销售部、工程部、财务部等有效地配合，顺利地完成招商任务。

**三、设计一份详细的招商方案**

这是个美好的时代，所有的事情都可以设计，招商会可以设计，营销方案可以设计，谈判流程可以设计，总之，但凡与招商有关的一切都可以设计。因此，成交的结果也是一种设计。

我们在招商前，有必要设计一份周密、详细的招商方案，其中包括推广方式设计、招商流程设计等，之后需要将其印刷成《招商手册》，当然，不同企业的经营情况不同，所设计的方案也不尽相同，我们在制作招商方案时还是要视自身情况而定，最后举办招商会。

以加盟商为例，如何有针对性地进行设计

在实际操作中，可以先根据你的理解，简单地给加盟商做一个分类，然后再制定不同的跟进策略。

对于签约加盟商——保持经常沟通和走访，互相了解经营情况，明确对方需求，提供全方位服务。

对于即将签约加盟商——掌握对方资料信息，重复拜访，用心宣传，说服有力。

对于潜在加盟商——以关心为主，经常电话交流，通过市场行情分析力争说服其成为自己的第二类客户。

对于一般加盟商——顺其自然，竭力让其成为意向客户。

对于无希望加盟商——略微关注，观察有无可能转变。

对于以上五类加盟商必须明确地予以详细划分、记录，努力把每一类往上一类提升。比如，把第三类客商上升到第二类，把第二类客商上升到第一类，让招商井然有序，提升成功概率。

在数字化时代，企业也应“开放互联，主动求变”，对数字化招商体系进行颠覆创新。

**一、创模式**

万物互联、5G、数字孪生、工业互联网、“双循环”“碳中和”等新一代信息技术的不断涌现，催生了新业态、新模式、新竞争格局。面对风起云涌的市场环境，每个想要长久立足市场前端的企业都需要紧跟时代步伐进行数字化转型，在招商各环节开展自我颠覆与革新，加强自身的竞争优势和市场的适应能力。

**二、拓服务**

如今，企业数字化已不再是孤岛式的信息化，而是逐渐转变到了企业间互联互通、企业内数据整合的新阶段。对此，未来企业的服务方向就是要为加盟商提供多维的服务平台矩阵，设置多场景的服务模式，以多渠道、多媒体为企业打通上下游，推动企业经营数字化与业务快速发展。

**三、建生态**

在上述两点的基础上，积极拥抱并践行数字化转型，致力于成为客户最紧密的数字化转型伙伴，为客户创造更大价值，重构企业服务生态。具体而言，就是通过数据连接、信息共享主动与客户建立连接，为客户定制开放互联、合作互利的多维平台服务体系，设计专属解决方案最大程度地满足不同类型客户的所求、所需，旨在与客户同呼吸、共命运，成为数字化转型时代下的密切伙伴。

多年来，我在实际的企业招商辅导中，发现很多企业家朋友并不缺少个人情怀和商业格局，然而常常到了招商成交的关键环节，他们却选择了逃避和退缩。与其说企业家们犹豫退缩了，不如说，他们最最需要的是一套招商方案的成交设计。

有一句话，我非常喜欢——心无挂碍，无挂碍故，无有恐惧。也就是说，心里没有牵挂就没有负担，没有负担就无所畏惧，就能过得轻松自在。仔细回想，那些把招商运营做得绘声绘色的企业，有哪一个不是先将自身做成了标准化、个性化的体系呢？所以，即便说了这么多，我还是衷心希望企业家朋友们，都应该大胆地设计、呈现你的项目，为你的梦想和企业愿景大胆设计，精准招商。

## 企业品牌营销与运营体系搭建

几乎所有企业都有一个共同的愿望：用最少的宣传费获取最多的用户。当企业品牌“四大皆空”——没排名、没流量、没咨询、没订单，望着花光积蓄所作的各种无效营销推广，无数企业家朋友往往会“望网兴叹”。

对品牌而言，在数字化营销时代，如何利用多方渠道，实现品牌升级和用户转化，提升品牌的知名度和信誉度，是至关重要的话题。而当消费者的心智和需求跟随时代发生了转变，企业品牌的数字化营销方式如果再不升级，就根本无法达到想要的营销效果，这也引发了我对品牌的深思。品牌进行数字化营销，不只要关注营销活动中消费者行为和需求的转变，更要清晰地认识到消费者与品牌的关系，让消费者为品牌“代言”，为品牌宣传，成为品牌最忠实的传播者，这才是我们打造一个品牌的真正的价值沉淀。

### ◎ 从零开始构建品牌数字化营销与运营系统

传统营销与数字化营销最大的区别是，前者以“货”为中心，后者以“人”为中心。

传统营销场景下，企业想要链接到消费者，往往需要消费者发生“买货”的行为，购买环节结束，营销行为也跟着结束了。而在数字化营销场景下，企业与消费者需要先建立链接和信任，即使买产品的行为结束了，营销活动也并未结束，而是进一步沉淀和渗透，通过扩大营销转化率提升品牌口碑的宣传效果。

以“人”为中心，另一个特点是能够更好地为消费者提供定制化服务。通过大数据对沉淀的消费者数据信息进行精准的分析和推送，能够更准确地掌握消费者的消费习惯、兴趣爱好、消费诉求等信息，让消费者享受到满意、细心的定制服务。数字化运营精准链接消费者的同时，品牌的流量裂变也在持续扩大，消费转化也在不断提升。

未来能够在数字化浪潮中胜出的企业，其总体特征是数字化战略明确、研发创新优势明显、品牌营销渠道多维、企业规模不断放大等。尽管实现企业的整体数字化目标仍然任重道远，但企业的品牌数字化营销未来已来。

**表5-3　企业数字化营销的三个关键点**

| 企业数字化营销的三个关键点 | |
|---|---|
| 品牌定位 | 品牌定位是一切数字化营销的基础。品牌营销所要传递的永远是品牌的价值和理念，所以，品牌定位是企业营销最关键的步骤。只有做到了品牌定位，企业的品牌才能拥有自己独一无二的价值和理念，从而更好地进行品牌传播 |
| 价值共鸣 | 数字化营销的目的不是为了比拼销量的多少，而是为了要看品牌是否与消费者发生价值共鸣，这才是品牌的实际传播价值。只有让消费者自发地为品牌做宣传，进行社交化传播，品牌的口碑流量最终才有可能产生裂变 |
| 流量转化 | 品牌需要建造自己的私域流量池，通过成立自己的微博号、微信公众号、短视频号等私域流量平台系统，创建自己的原创宣传内容，进行品牌传播，利用消费场景和使用场景的内容刺激消费者购买相关产品，通过在消费者中一传十、十传百，最后实现品牌触达、心智培养和流量裂变转化的闭环 |

企业有了这些弹药，才能让数字化营销在市场上遍地开花，快速搭建起自己的品牌营销与运营体系，辅导团队营销（阶段性执行）到位。在此，我还要提醒各位，很多人一开始并不知道选择哪个平台做营销，甚至喜欢眉毛胡子一把抓。如果你是刚起步的话，我并不建议这么做。因为如果一开始想法太多，你又没有组建好强大的团队作为支撑，最后有可能付出100分的努力，只换回10分的结果。因此，当你慢慢尝试找到了适合的渠道平台，就要逐步搭建起运营内容的团队，这样才有机会超越竞争对手，同时也增强自身应对市场危机的能力。

市场瞬息万变，不管时代如何更替，营销方式如何变化，营销体系的搭建、运营质量的提升却是永无止境的。无论外界环境怎样变化，品牌营销所要传递的永远是企业品牌的价值和理念。让品牌成为口碑，让消费者成为品牌的传播者，发自内心地愿意为品牌进行宣传，运用广社交、广链接、广推荐的方式，提升品牌的信誉度和知名度，这才是品牌数字化营销与运营的正确方向和终极目标。

## 企业品牌生态圈搭建

亚马逊的创始人杰夫·贝索斯说，自己经常被人们问到："未来十年，会有什么样的变化？"但是他很少被问及："未来十年，什么是不变的？"他认为第二个问题比第一个问题更为重要，因为我们需要将企业的发展战略建立在不变的基础上。

实际上，当我们跳脱出企业生态圈来看整个世界，地球亦是一个生态圈。回望历史长河，人类数千年文明，其中有什么是一成不变的吗？几乎没有！各个行业的品牌发展也是如此。

### ◎ 洞察时代变化，打造具有企业特色的品牌生态圈

对于很多企业家来说，或许他们最害怕的"不是被对手打败，而是被时代打败"。正如我曾经在一本书中看到的："时代抛弃你的时候，连声招呼都不会跟你打。"是啊，很多时候能看得见的敌人并不可怕，可怕的是我们根本看不见敌人，对于看不见的敌人，又如何应对呢？

如果是无法预测的自然灾害，比如福岛的地震、印尼的海啸，那确实无法提前知晓。"不能提前预测的""看不到的"，即使惶恐也于事无补，所以我们没有办法防范，只能兵来将挡，水来土掩。

可是哪些能够预测得到呢？就像"被时代打败的"诺基亚手机、柯达胶卷，他们真的不知道自己的黄金时代即将过去，移动通信、数码时代已经到来了吗？并不是，只是他们没有料到时代变化如此之快，快得没有给他们任何准备的机会，就面临大势已去了。这是很多消失的企业犯下的同一种错误：他们面对所谓的"看不到的敌人"，宁愿选择视而不见，也不愿勇于承认。因此，与其整日惶惶不安，倒不如瞪大眼睛努力去发现。来到互联网+的

时代，洞察变化，是企业和企业家的第一本能。

我们看到，苹果公司打造了进化型品牌生态圈，阿里巴巴成功打造了商业品牌生态圈……它们生态圈的商业模式不同，演进的过程也不同，但都能够在符合自身特点的环境里，慢慢发展成为巨型品牌生态圈。

一个拥有了可持续发展的品牌生态圈的企业，一定拥有一个可以自我更新、自我调整、自我修补的系统，并且在此过程中可以不断造血和升级。然而，除了在本书开篇我们介绍的那些头部企业，多数中国企业都还没有构建、形成自己的品牌生态圈。那么，当新的数字化环境成为了企业发展的新语境，企业该如何构建一个健康、良性循环的品牌生态圈呢？

**表5-4　“互联网+”数字化环境对企业构建品牌生态圈的影响**

| “互联网+”数字化环境对企业构建品牌生态圈的影响 | |
|---|---|
| 考验数据能力 | 在“互联网+”环境下，品牌竞争主要依靠数据作为支撑，无论是品牌服务的提供、品牌形象的树立，还是品牌产品的制造、品牌信息的传播，每个环节都离不开数据资源的传递、获取和处理，同时也需要过硬的数据技术 |
| 协同创造价值 | 在“互联网+”环境下，品牌产品的研发、品牌运营、价值创造、品牌营销都不只是在企业内部独立完成，而是在原料供应商、物流配送商、生产制造商等多方协同下完成 |
| 满足更多个性化需求 | 在“互联网+”环境下，数据技术能够帮助企业更精准预测消费者的个性化需求，并努力根据消费者喜好生产个性化产品，推送精准营销、及时高效的物流配送。总之，为用户提供个性化服务是数字化时代品牌竞争的新要求 |

在品牌生态圈内，每个企业都是能够创造价值的个体，每个企业间又穿插交汇形成了复杂的价值网络，而价值网络中任何1+1＞2的协同关系都对生态体系的构成具有助推作用。今天，我们之所以主张树立品牌生态圈竞争理念，主张从品牌生态圈中探寻竞争优势，其实质是为了加强品牌生态优势的培育，它不同于现有品牌竞争理论中重视自身建设、重视品牌与消费者关系等内容。在这样的背景下，洞察变化，带动员工共同富裕，推动企业共同发展，成为企业和企业家的第一本能。

七大体系的构建，万变不离其宗。总的说来，企业数字化商业生态圈系统的构建离不开以下五个关键。

### 构建企业数字化生态圈的关键

1. 创新理念

在创新理念的引领下，商业生态圈不断发展、延伸。

2. 保持企业组织扁平化与多样性

降低管理成本，信息流动加快。

3. 创新联盟

集合更多力量进行创新，形式多样，龙头企业、中小型企业、产业集体联盟甚至国内外企业进行资源链接。

4. 将资源进行链接

要想将资源和企业链接起来，就需要实现社交化。

5. 开展企业创新大会

如规模宏大的企业头脑聚会，可以邀请企业多元生态伙伴，不断改进自己的产品和经营方法，使企业发展更加顺畅。

据我了解，我国改革开放40多年来，在中国企业家群体中，从“40后”的曹德旺（福耀玻璃）、“50后”的李东生（TCL），到“60后”的李书福（吉利汽车），再到“人单合一”理论的创新者张瑞敏（海尔）、“两本”理论（以客户为本，以奋斗者为本）的倡导者任正非（华为）、互联网思维“七字诀”（专注、极致、口碑、快）的推行者雷军（小米），以及“半条命”开放生态坚守者马化腾（腾讯），等等，他们不仅引领着中国企业共同致富，也在推进企业高质量发展的同时，带领企业员工与经营者多赢共赢，推进品牌生态建设。2021年至今，腾讯和阿里先后启动“助力共同富裕行动”，各自投入超千亿元，围绕企业数字化、乡村振兴、高质量就业、碳中和、科技创新、经济发展等方向，积极建设品牌生态、推进产业共富。

近年来，浙江民营企业的发展可谓是“千帆竞发浪潮涌，百舸争流正逢时”，其已经成为创业就业的主要载体、品牌生态构建的重要主体。于企业而言，未来品牌发展的巨大潜能，则藏于企业“创富”筑牢共富之基，与社会同频共振共享数字时代的发展机遇之中。

回顾20多年的职场经历，我见证了无数企业的起起落落，很多企业都创业维艰。但凡做得好的企业自始至终在企业文化和品牌建设方面都非常注重，且这两方面都对企业的发展起到了功不可没的作用，甚至成为企业发展的命脉，一脉相承，贯穿企业内外。

凡是成功的企业，在创业初期他们都是因为重视企业的愿景、使命和价值观，并将其落到实处以后，才得以使企业发展壮大的。

在我们创业初期，在品牌和企业文化建设与升级方面，我们都帮助企业做了不少的服务。无论是当时的中国商人网，我们对其企业家进行采访、报道、宣传，并通过B2C及实名制提供服务，还是后来系统输出品牌和企业文化方面的培训与策划咨询系统解决方案服务，都帮助中小企业发展助力。甚至到2014年以来的anongbaba阿农巴巴，我们都或多或少地在这两个方面帮助其产业链资源打通而赋能。我们服务的中小企业客户，虽然数量很有限，但是都在企业文化和品牌方面帮助其得到了提升，有些是系统性的提升，有些是碎片化的服务，有些是无心插柳柳成荫式的赋能。

每看到一家企业发展得越来越好，我都会再一次无比坚定：我们龙之子企业家俱乐部、龙之子产业数字化服务联盟、阿农商学院与阿农乡村产业振兴服务联盟，一定会持续为企业转型升级，构建企业数字化生态圈与共同体赋能。

以上“七部曲”是企业数字化运营的必经路径。当企业发展到一定阶段，最后一步便是资本上市，这是少数优秀企业才能实现的目标。因此，我们还要在头脑中融入新资本思维，力争做一家值钱的企业，努力走上资本市场，实现产业报国，将企业打造成国际级、世界级中华民族品牌上市公司。

下一章，我们就来谈谈如何融入新资本思维，做一家值钱的企业，实现数字化共富。

第 6 章

CHAPTER 6

# 数字化共富：融入新资本思维，做一家值钱的企业

0101010101010101010101010101010101010101010101010101

如果说实现共同富裕是企业创业初心的应有之义，那么如何在数字时代的快速变革中扎实推进共同富裕，则成为了我们在新时代里寻求正确解法的新选题。“共富经济”的本质是构建企业共同富裕小生态圈共同体，它需要引入企业品牌所在产业互联网资本，进一步优化品牌与产品服务体系、商业模式、数字化服务系统平台，持续做大价值，做大数据，在全国发展的同时，也要面向世界进军，将企业做成国际级的中华民族品牌。

## 品牌资本化：搭建企业共富系统

2022年11月18日，浙江省“浙里话共富 促共融”品牌活动暨杭州市铸牢中华民族共同体意识实践和理论学术论坛在浙大城市学院举办。作为浙江省数字化建设的重点城市，杭州市始终紧跟国家战略和区域经济发展的关键需求，以城市、数字等关键词为导向，赋能数字中国发展。例如，拱墅区积极推行“两个先行”，打造了共富文脉的起点——“运河明珠”，擦亮幸福的底色，争做杭州文脉传承的样板。在此次大会上，其他各界专家学者、专业人士也都为进一步铸牢中华民族共同体意识，推动浙江民族团结进步事业高质量发展建言献策。其中，做大做强中国品牌，实现企业共富几乎是所有人的共识。

的确，品牌是企业最有价值的资产，而资本是做大蛋糕所必需的生产要素。共同富裕的基础是富裕，即做大蛋糕，不管是微观经济还是宏观经济，资本市场始终是企业做大蛋糕的重要支撑力量。

所谓资本化，其实是企业不断寻求资本价值的过程。具体来说，就是企业把土地、资产、数据要素以及员工收入等资源要素以产权化和证券化等形式转化为流通资本的过程。

而品牌的资本化，通常要经历从“资源化”到“资产化”再到“资本化”的过程，体现在数字化转型中，就是动态的数字经济活动。资本化在品牌的每个发展阶段都有它自己的关键词，例如，资源化相当于品牌的“加工”，资产化是“与特定场景结合”，资本化则更倾向于“动态衍生”。因此，企业品牌“资本化”不能把目光仅停留在数据流通、交易等市场机制层面，更应该去发现品牌资本化过程中存在的“共富”因素，搭建企业共富系统。

说到资本化，说到共富，我们就不得不提到一个老生常谈同时也是如今企业发展绕不开的一个重要问题：如何分钱？

## ◎ 把钱分得合情合理，企业才有资格谈“共富”

如果说我们在第4章谈到的区块链信用共识是企业数字化管理的船桨，那么，合理的股权划分就是能够让一家企业顺利起航、愈行愈远的帆。

都说合伙盈利，股融天下，纵观人类的经济制度，其发展史就是一部如何分钱的历史。关于如何分钱制度的进化，可以简单概括为以下三个要素：股权、期权与币权。

我们不妨先从定义的角度来解读一下，见表6-1。

**表6-1 什么是股权、期权与币权**

| 什么是股权、期权与币权 | |
|---|---|
| 股权 | 股权是有限责任公司或者股份有限公司的股东对公司享有的人身和财产权益的一种综合性权利，即股权是股东基于其股东资格而享有的，从公司获得经济利益并参与公司经营管理的权利 |
| 期权 | 期权是指一种合约，源于18世纪后期的美国和欧洲市场，该合约赋予持有人在某一特定日期或该日之前的任何时间以固定价格购进或售出一种资产的权利 |
| 币权 | 币权是新世界的数字资产进行定价和流通的标尺，是新世界的一种激励机制。币权的价值锚定和升值是基于“共识”，币权是因共识而相聚的项目团队和社群成员这一群共识人的属性和化身 |

回看历史，在资本主义1.0时代，资金是资本，出资人公平分钱，诞生了股权制度；到了资本主义2.0时代，人才是资本，员工公平分钱，于是诞生了期权制度；直到今天，我们来到数字化时代，区块链是其中重要一环，用户成为了价值的最大创造者，开创了用户公平分钱的资本主义3.0时代，诞生了币权制度。

也就是说，在今天用户就是资本，它打破了过去资金是资本（股权制度）、人才是资本（期权制度）的桎梏，这不仅体现了人类在财富分配、价值创造方面的观念的迭代，也是世界经济制度最重要的三次升级。

回过头来，我们再重点说说企业到底该如何分钱。

这些年我走访过许许多多不同类型、不同规模的企业，据我调研总结，目前我国有很多企业，尤其是中小微企业，经常面临三大痛苦——缺资源、缺人才、缺钱。可以将其概括为——表面风光，内心沧桑。

据了解，中国中小企业的平均寿命仅2.5年。而大部分企业的死亡不是由于外部的竞争，而是死于企业内耗。在此，我们把视线再次拉回“信用共识”，前面我们讲到了技术层面的信用共识，抛开那些高深难懂的数字技术，在我看来，数字化转型牵一发而动全身，它不仅涉及人、钱、系统，还与企业的技术、产品、市场、业务，甚至财务、人力资源等团队全都强关联。如果各方不能达成共识，那么数字化飞轮要么就转不起来，要么就转得非常艰难，所有人都会身心俱疲，精力耗尽。

两千多年前孟子说过一句话：“有恒产者有恒心，无恒产者无恒心。苟无恒心，放辟邪侈，无不为已。”管理企业的本质就是管理各方的需求，管理他人的需求。如果企业是员工的，他就会像你一样操心。正所谓“是谁的，谁操心”，人是这样，管理企业也是如此。你把企业当成你的，你就要操心；你把企业变成大家的，大家就会操心。因此，企业家想要在企业管理过程中少走弯路，就要运用新思维与新方法，让企业永远前行。比如，股权设计运用得好，你就会发现等它真正落地后，不但能帮助企业明晰合伙人的权、责、利，还有助于企业的稳定、帮助划分控制权、方便今后融资上市！

不仅如此，企业成功离不开人才，除了要有CEO，还要有CFO。阿里巴巴有一个人叫蔡崇信，腾讯有一个人叫刘炽平①，这些人过去可能只是做投资，但因为看中了这些企业，就不仅投钱，而且把自己投进来，在创业初期，变成公司的CFO——首席财务官，掌管企业命脉。CFO其实是管刹车的，一个车子要跑得快，不是取决于引擎有多好，而是需要刹车要够好。企业要强大，就要配备非常强大的CFO。但是问题来了，如果你是老板，假如你招到了一位蔡崇信这样有才能的人，你给他发年薪能发得起吗？要知道他的年薪是100万美元。而一个企业在刚创业时，创业资金可能还不到50万元人民币，你要给人家发100万美元，其实是发不起的。所以这个时候，在这种急缺人才的情况下，可以考虑把他变成企业的联合创始人。回过头来看，为什么蔡崇信愿意一直跟随阿里？因为这些人都不是分工资，不是分奖金，而是

① 2023年5月，刘炽平退任腾讯控股执行董事，继续担任腾讯控股总裁兼投资委员会主席。

直接分股份，分未来，分合伙，这样就会引来一群志同道合的人，也就是我们今天所说的联合创始人。

再如，硅谷为什么能够成功呢？

硅谷成功的核心原因——低工资加期权，即因为你是创业型企业，你招一些高手过来，不可能支付得起对方很高的年薪，那么可以先给一个相对较低的工资。但对方又为什么愿意接受低工资而跟你干呢？因为他拥有这家企业的期权，期权=未来的股权。

### 为什么说期权 = 未来的股权

假设现在公司价值按照100万元估算，然后我告诉你你有5%的股权，如果你要行权的话就要交5万元给我，但若现在就让你掏出5万块钱你未必肯，你或许会想：如果这5万元现在就交给你，过两个月你的企业倒闭了，我这5万元岂不是打水漂了？

这时，你就可以做一个设计，例如，在公司干满三年，达到绩效指标，公司就会给予5%的股份。

这个设计通常有两个标准：一是时间，二是绩效。

达标后，员工就可以以三年前原始股的价格5万块钱来买进5%的股份。那么，如果三年以后公司已经值1个亿元了，这5%是不是已经值500万元了？相当于一买进立刻就可以赚495万元，这就叫作期权。

很多人认为，期权相当于“未来的馅饼”而不是“今天的馅饼”——与其这样说，不如说是“公司请客，市场买单”。因此，期权有三个关键词：授予、行权、套现。

众所周知，美国的房子大多都很便宜，比如有的才35万美元一套。但是在硅谷附近的房子，几乎都是百万美元起价，为什么？因为硅谷的有钱人太多了，其中很多富人都是企业的股东，企业一上市后，股东们就都变成了千万富翁和亿万富翁。

因此，企业招募人才、管理人才不只可以用奖金来吸引、激励人才，更重要的是用股权留住人才。

如今，越来越多的企业选择了专业的顾问团队根据企业实际情况进行股权架构设计。当然，每个企业都有自己的运营难题要解，运用的股权架构也不尽相同。无论运用何种方式方法，最终都是为了不再通过简单涨工资、给物质奖励留住人才，而是尝试开展虚拟股权、事业合伙人、员工持股等制度，目的是为了更长效地留人。

有时刻意避讳、不去谈钱才真伤感情。唯有诚意满满，让员工和企业实行利益捆绑，真正变成了利益共同体，其既是员工也是股东，既得激励也拿实惠，企业才能做强。当我们有朝一日先把钱分明白了，所有人都愿意跟随你，越干越起劲，越奋斗越有动力，那势必更利于未来企业品牌资本化的发展。

## ◎ 品牌资本化，为企业实现共富插上腾飞的翅膀

在新时代背景下，我国消费市场开启了以国内大循环为主体、国内国际双循环相互促进的发展新格局。当我国互联网用户的消费习惯快速发生变化，商业市场的逻辑架构也随之不断升级，新一轮的品牌资本化竞争在中国资本市场拉开了序幕。

品牌资本化理解起来很简单，无非就是把品牌当作一项资本，投入到财务中产生更多的收益，其中包括品牌价值评估、创业公司资本化策略以及公司内部使用财务规划。企业要想实现快速发展，就要与资本结合，通过资本的助力，为品牌插上腾飞的翅膀。我们看到，很多企业品牌发展壮大的背后，都有资本的助力。可以说，很多品牌的最终目的就是走向上市，让企业变得更加值钱，我相信这是所有老板在创业时最初的梦想。近年来，中国市场的资本市场的大门越加开放，且多元化，企业的上市条件逐步放宽，上交所、北交所、深交所都为优质的企业开启了上市的通路。

**表6–2 品牌资本化发展对企业的益处**

| 品牌资本化发展对企业的益处 | |
|---|---|
| 构建企业的竞争壁垒 | 对于企业内部资源管理、供应链管理以及其他业务专业化管理，资本都可以提供相应的帮助，从而加快引起市场的注意力，提升品牌的支撑力，构筑企业的竞争壁垒 |
| 实现企业管理的规范化和系统化 | 有了资本的加持，企业内部管理就可以在其助力下更加系统化，更加高效。与此同时，企业也会扩展自己的视野，这就对管理输出工作拥有了更高的要求。我们可以顺应资本的体系要求，根据自身发展特点，建立适合自己企业的运营管理体系 |

续表

| 品牌资本化发展对企业的益处 | |
|---|---|
| 为品牌带来更多的营销赋能 | 资本的加入能够赋能我们拓宽品牌的营销推广渠道，我们可以透过资本加入它的投资圈，从而认识更多优秀的同行和品质企业，相互学习，相互交流，借鉴经验，借势打出品牌的名声和推广渠道 |
| 让企业增值，迈上资本化赛道 | 品牌资本化的根本目的主要体现在让其价值最大化。其实资本与品牌企业的选择是一个双向"共赢"的过程，品牌有了资本的投入增加了自身的动力，对未来企业的发展目标和憧憬更加明确了，资本也让品牌的价值得到了进一步提升，最终实现最大市场化。一旦品牌价值有所提升，资本也就随之有了更高的收益 |

值得一提的是，资本赋能不只是金钱层面的交易过程，更重要的是品牌要与资本深度融合，在企业处于成长期，面临极大的市场突破的机会时，借助资本的力量快速乘风而上，让企业发展快速攀至高峰。总之，资本是助力的一方，品牌融资一定要抓准时机，在市场的风口和企业迎风而上进行才最有效。

### 百果园的造富梦——品牌化+资本化

中国商业产业研究院发布的《2022年中国水果零售行业竞争格局及行业壁垒分析》显示，从2017年到2021年，我国水果销售市场规模呈现持续上涨趋势，零售额从8980亿元增长到了12290亿元，年复合增长率约为8.2%。相比其他行业，水果销售行业凭借差异化的营销方式，获得的利润率相对更高一筹。

其中，据弗若斯特沙利文报告，百果园在2021年以较高的水果零售额成功登顶，成为中国第一大水果零售商。即使是这样，百果园的总市场份额也才仅为1%；全国前5大水果企业合计占总市场份额还不到4%。

表面上看，水果市场未来似乎仍有很大的份额发展空间，但实际上，多项数据在向我们证实一个现象：水果市场想要做大做强，其难度不容小觑。

2001年，33岁的余惠勇先生和其他几位联合创始人在创业12年后，对于造富这件事儿似乎渐渐开窍了，他们意识到，将品牌溢价放大，还需要资本加持，于是，他们便开启了品牌化+资本化之路。

天眼查显示，百果园从2015年到2020年共经历了7轮融资，吸引了招商资本、中金资本、上海自贸区基金等将近20多家投资方进行融资，最高融资金额达15亿元。

多轮成功的融资让百果园觉察到了上市的重要性，毕竟高收益的回报才是投资方想要看到的，因此，2022年11月，百果园又提交了上市申请书，这已经是它两年内提交的第4次申请了。

直到2023年1月16日，百果园集团终于在港股成功上市，上市首日以6.52港元高开16.4%，总市值高达105亿港元。

你可能会说，一个高端品牌、大企业或许都上市梦难圆，何况是小微企业，岂不是难如登天？其实，品牌上市正是对一个企业经营者的闭卷考验，作为企业家，我们首先要拥有明确的战略思维和战略方向，能够在公司运营的关键节点作出明智决策。至于上市后如何通过二级市场将资本量放大再快速扩大品牌价值投资等课题，还是要交给未来的消费市场，而资本市场作为最终的“主考官”，亦会不断给我们开出新的命题，让我们获得新的答卷；此外，还要有一个商业营运团队，帮助企业通过思路的转变进行新商业模式创新及营运管理；最后，既然上市梦多歧路，唯有打造一套适于现代化产业生存的“企业共富系统”，才能攻克壁垒，成功上市。

根据多年的企业运营经验，我们可以按照下面三个步骤来打造一套“企业共富系统”。

打造企业共富系统的三个步骤

一、优化企业品牌与产品服务体系、商业模式、数字化服务系统平台，融入专业资本，做大价值，做大数据；

二、创新属于企业品牌自己的特色模式，面向世界进军；

三、产业报国，走向资本市场，将企业品牌做成世界级的民族品牌。

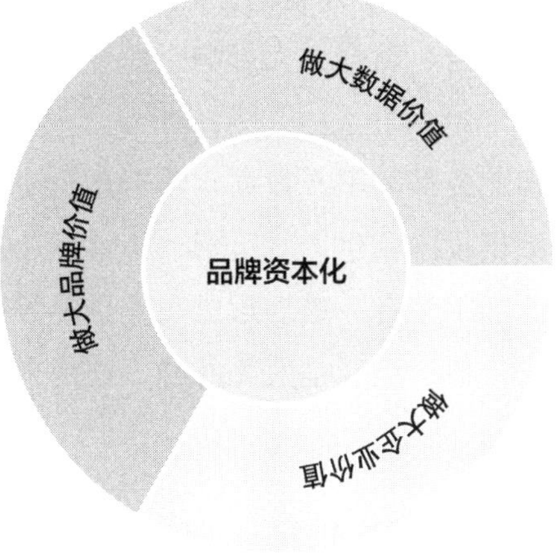


图6-1 品牌资本化

尽管我国企业品牌资本化存在一定的难度，但并不代表不可行，品牌的资本化是现代资本理念的新进展，也是新时代数字改革面临的新课题。尤其是数字企业“快而准”的品牌推广、市场进入、品牌延伸、品牌拓展等，都将对市场造成强大的冲击力。可谓是，没有上市公司的资本品牌，就没有成熟的资本市场。

未来，无论你的企业发展走向何方，如果你想上市，做一家更值钱的企业，那么，你所打造的企业品牌共富系统就应该集合自身企业特色的共同富裕模式。例如，可以是本地新电商直播数字化模式、本地产业振兴模式，也可以是本地乡村振兴模式等多维度，既满足政府导向，又符合投资商导向，还融合当地老百姓致富愿望，这就形成了健康、良性循环的数字经济生态圈。投资置业，购房置业，安家落户，产业正向循环，打通产业链上中下游资源，真正实现共生、共创、共投、共享、共赢，共同富裕，共同盈利。

## 做大数据价值，整合品牌产业链资源

随着科学技术的飞速发展，某些企业频频出现信息不通畅、人工密集型业务增加等问题，特别是在大企业中这种现象尤为显著。究其原因，主要是因为企业在生产与运营中产生了大量的数据，它们多数情况下处于无序状态，如果不加以处理、整合，就会大大影响企业生产、运营、管理以及销售价值的体现。

因此，企业的一切业务都离不开数据，数据是企业的关键性生产要素。为了能够更高效地将数据投入到生产、运营、销售等业务中，企业需要将这些无序混杂的数据进行加工整合，最后形成高质量的数据资源。从数据走向数据资本化，做大数据价值，已经是大势所趋，这是企业品牌实现共富的先决条件。

### ◎ 数据资本化——“做大价值，做大数据”是企业品牌实现共富的先决条件

资本一词，人们往往容易将其理解为带有金融单方面的属性，其实它还能为企业多方面赋予更高的价值。除了品牌，数据也是其中之一。随着企业对数据价值的不断深入挖掘，数据资本化战略逐步向前推进。当碎片化的数据资源一点点地被企业数字化技术整合，数据的信息价值外延出资本价值，变成了资本市场的新主角，企业数据便可通过资本化提升变现能力，加快多轮融资的效率。

由此可见，企业数据资本化未必都是直接流转、交易，还包括间接转化为资本价值。

**一、优化商业计划书，对接专业资本**

首先，企业在实战中需要优化升级该企业品牌的招商运营团队，持续复制输出，包括组织结构的重组和专业人才的储备。

其次，企业在招募合作机构运营合作输出过程中，需要做到以下三点。

招募合作运营团队的三个要点

一、完成可复制输出的人才储备招商与运营团队搭建和落地合作（与该企业的运营团队达成战略合作）；

二、阶段性地“复盘”优化该品牌的招商与运营工作，在实践中将

工作越做越好；

三、通过前阶段招商与运营的实践，在既定的服务体系基础上，优化、梳理出一套更加完善、成熟的招商与运营服务体系。

在撰写本书期间，我特地拜访了资本服务战略合作伙伴单位浙江钱塘江金融研修院，并与孟主任及资深于证券服务的朱老师就“企业数字化”的方向、逻辑与系统解决方案进行了小范围的座谈交流。

通过这次交谈，我了解到金研院将面向全社会开展有关企业融入资本思维与构建共富系统模块的讲解，为战略合作伙伴提供股权投资培训课程服务，以获得资本价值。比如，龙之子企业家俱乐部、阿农商学院VIP会员企业家，全部都可以以高性价比学费享受到该平台常年股权培训课，且可共享学员资源，即“金研院”资本生态圈。据说，曾经在金研院股权培训班里有学员当年项目在初创期股权融资3000万元，目前该项目发展良好，处于A轮阶段。

**二、做大产业链数据，全国拓展连锁加盟实体门店，提升大客户体量与销量**

产业链如何与自身区域发展的资源禀赋相结合是企业运营的难点之一。在产业链招商的过程中，很多企业对当地的龙头企业、产业链上下游关系、当地产业基本情况以及客户需求等知之甚少，导致缺乏可靠的数据资源。

此种情况下，企业需要利用大数据、人工智能等技术与招商引资全业务深度融合，精准聚焦企业投资意向与优势产业发展，从产业地图洞察到产业链图谱分析、从招商线索的精准挖掘到客户的风险评估，经过一步步的攻坚克难，在加大产业链数据收集的同时，由单一的门店扩大到全国的连锁加盟店，从而提升企业的客户量和销量。

**三、整合企业品牌全产业链资源，提升企业综合竞争力**

在初步实现品牌产业化后，为了促进企业事业蓬勃发展，产业链的资源整合就成为企业下一步要解决的棘手问题，它直接关系到企业日后的推广销售以及品牌市场推广等业务的进展。因此，企业需要结合自身产业的独特优势，坚持技术创新与产业链资源整合的发展模式，通过积极布局各大领域来提升市场的销售业绩。

同时，一旦找到品牌的区域优势，企业就需要快速整合客户资源和销售渠道，用品牌带动品牌，积极发挥企业品牌的引领作用，推动同行领域进行产品创新，从多个维度、多个领域，广泛拓展企业市场项目的营销与推广。

赚钱的企业与值钱的企业的最大区别在于，前者关注的往往是资金流量的大小，后者则更重视未来发展的无限可能性。做一家值钱的企业，必须用数据、用业绩说话，不断提升企业品牌的价值，打通整个产业链，由数字经济带动全行业数字化，最终创造新的共富路径！

## 做大品牌价值，赋能中国品牌走向世界

品牌，即商标、名称给消费者留下的综合印象。但虚有其表，没有内核，则很难突显品牌的真正价值，那么品牌的内涵与核心究竟是什么呢？

一个成熟、完善的品牌，不仅要有企业良好的社会形象为其背书，还要有高品质的产品作为基础，这些因素都是必须具备的。品牌的核心价值主要来源于品牌自身与生俱来的特质，通过品牌特有的魅力吸引消费者消费买单，在服务的过程中为消费者带来综合的独特体验，这里有理性因素也有感性因素。

在我接触的企业中，很多企业无论是在企业文化还是在品牌修炼方面，都缺少完整的体系，甚至没有意识去塑造这种体系，即使自己企业内部有人才也不知道怎么去做，只是一味地追求手中的“枪支弹药”的量级，而不去重视企业文化的灵魂，就如同只用“术”而不用“道”，这样哪有不败之道理呢？回顾30多年中国经济发展，从PC互联网时代，到现在的移动互联网时代，再到未来的人工智能、万物互联时代，任何企业的发展都离不开企业文化和品牌。

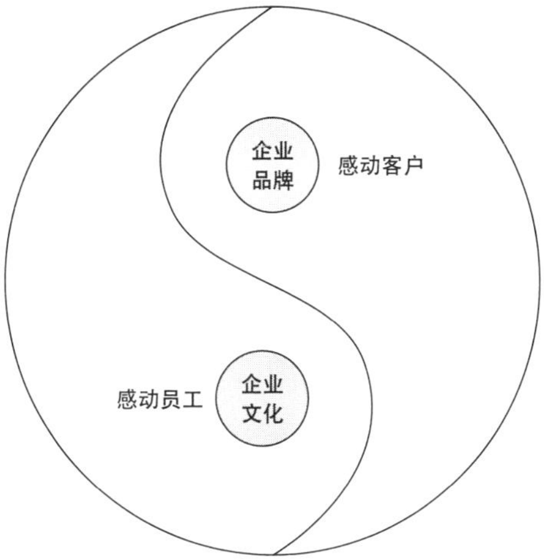


图6-2　企业文化和企业品牌利益共同体太极图

所谓品牌价值，就是整个品牌的灵魂。企业对市场的影响力要看品牌价值，用户对产品的喜爱程度更要看品牌价值。总的来说，品牌价值既是企业发展的战略方针，也是企业资产的主体和立足点。品牌价值越大，企业在市场中的核心竞争力就越强。想要做一家值钱的企业，就是要将企业品牌价值做大做强，并赋能中国品牌走向世界！

## ◎ 从“China Made”到“China Built”，数字新基建重新定义中国品牌

“China Built”，即新基建。新产业、新企业、新品牌是现时代推动新基建的主体。未来10年，以“China Built”为主体的数字新基建将重新定义中国品牌，成为助力中国实现快速赶超的重要引擎。正如美国现代管理学之父彼得·德鲁克说过的：“我们未来的富有不在于财富的积累，而在于观念的更新。”

而数字新基建的新体现在三个方面——新技术、新场景、新动能。

### 一、新技术

自1993年开始，一场悄无声息的数字新基建革命就已在世界全面吹响。从“国家信息基础设施工程计划”唤醒了惠普、英特尔、微软等老牌企业的生机，到美国半导体材料、计算机系统、芯片等IT基础设备的兴起催生了一大批类似谷歌、雅虎PayPal（贝宝）、Mirabilis Design（硅谷软件公司）等巨

头企业，再传到国内掀起了百度、新浪、阿里巴巴、腾讯等一众明星品牌的互联网大浪潮，今天的中国，基础性动力“5G”、延展性动力“AI技术”、完善性动力“区块链”重塑了新基建的架构，共同为企业转型和创新发展夯实了数字新基建的底座。

**二、新场景**

数字新基建革命让国内互联网和科技创新企业有了新的生命活力，这也间接地孕育出大量的智能新场景，利用VR+AR+3D+AI技术，在景点景区、线下娱乐基地等文化领域，打造出虚实结合的沉浸式娱乐体验产品，为人们带来前所未有的美好体验。

**三、新动能**

作为数字经济发展的基石，新基建为全国各地城市经济的发展提供了新动能。很多企业通过网络、算力、数字技术、智能制造、智慧能源等基础设施的构建，积极部署以数据为核心、以融合为导向的数字新基建格局，引领当地企业协同合作，推动了区域数字经济的稳增长。

数字化革命的道路是企业做强品牌、做出特色、做大价值的必要策略。未来，无论是赛道升维的老牌强者，还是单一赛道的新生王牌，都可能成为新时代数字新基建的领军者。除此之外，当品牌价值有了大幅的提升，企业便迫切需要从城镇化转向国际化发展，实行轻重资产并行的运营模式。

## ◎ 从城镇化到国际化——打造“轻重资产并行”运营新模式

在我国房地产市场进入存量时代的背景下，引入专业化的高品质企业招商运营服务品牌，采用轻重资产并行运营的方式来盘活存量资产，已经成为产业地产商的先行思路和践行样板。

企业品牌在实行轻重结合的发展模式时，需要着重强化品牌的轻资产运营能力，快速转变业务模式，紧贴市场需求，创新式发展轻资产战略多元合作渠道。一方面，重视与大型品牌企业合作，对存量资产进行精细化管理，积极参与地产租赁房屋的建设与规划，通过市场调研计算出投资预算，并给出定制化的资产运营及整体规划方案，通过品牌、服务和管理输出，践行轻资产布局；另一方面，多和房地产同行合作，把已建成的物业转投到租赁市场，用自身特有的专业化运营实力盘活存量物业，让企业更多资产项目重焕活力。

2022年6月25日，中欧商学院营销会会长孙浩在关于《CEO品牌修炼》一书的演讲会中提到，企业CEO要从全球格局、历史的视角，带着战略打造差异化品牌，既然做不到第一，那就做唯一，尽力让企业品牌成为客户的刚需，修炼CEO的品牌战略眼光。

以龙之子科技有限公司为例，我认为，在做好企业文化的基础上，为企业找准定位是做大企业品牌的重中之重。“客户第一”，是企业生存发展的第一要务。所有这些，让我们重新点燃了杭州龙之子科技有限公司（简称“龙之子科技”）回归服务中小企业的创业初衷。自2007年6月8日公司成立以来，我们一直具有服务中小企业品牌和企业文化的基因，且在这个方向上曾经走出一条可行的路线，坚持以产业为中心，以产业链企业转型升级的培训、咨询及系统性解决方案为核心主切入口，运用“产业互联网数字化运营”创新模式，立足解决现有产业痛点，为当地政府、地产商、产业园、行业协会（包括龙头企业、上市公司与品牌企业）等企事业单位提供产业招商运营服务系统解决方案。

总之，未来“轻重资产并行”模式将成为企业品牌发展的热门趋势，让企业品牌从所在二、三线城市到全省，再到全国，甚至到全世界，实行轻重并举的开发运营模式，令双方优势互补，打造出属于企业自己的品牌特色模式，面向世界进军，将企业品牌做成世界级的民族品牌。

## 做大企业价值，用资本的力量实现产业报国

如今，火爆而又高度自由化的全球资本市场，孕育了一批又一批的创投企业和创业文化。很多企业正撸起袖子加油干，甚至未等注册就已提前规划好了上市路线。从国外的纽交所、纳斯达克交易所，到国内的港交所、创业板、A股票等，不断涌现出一个个惊人的财富传奇。那么为什么那么多企业对上市如此上心呢？

在这一章的开篇，我们就了解到，品牌资本化、品牌上市对企业自身来

说具有非常大的好处。上市通过股权公开交易筹集资金，不仅能够提升公司的竞争地位和市场形象，而且还能很大程度上改善公司的财务经济状况，降低负债的比率。正因如此，才会有那么多的企业拼了命地想要上市。尽管国内仍不乏有些实力企业坚持不上市，比如娃哈哈、老干妈等，但绝大多数企业还是缺乏“不差钱”的底气，相信上市才是企业快速致富的最佳路径，既壮大自身，同时也为实现产业报国贡献自己的一份力量。

## ◎ 做一家值钱的企业，最终实现企业上市

对于企业而言，资本就像一个杠杆，能够获得资本的青睐就可以提早实现弯道超车。想要成为一家值钱的公司，在我们还未具备上市的实力条件时，就要先厚积薄发，寻找资本并努力成为资本的青睐对象，获得资本的力量。资本能不能投资你，其关注的不是你的公司目前赚了多少钱，而是你的公司未来会有多大的盈利空间，估值越大，被看重的概率才会越大。

近几年，在我接触的上百位创业者中，超过半数的创业者都对公司在赚钱方面存在很大的误区。他们往往在创业之初就将关注点都放在了怎么赚钱上，却很少有人一上来就问我：“如何做一家值钱的公司？”事实上，既然大多数企业的目标都是最终走向上市，那么就一定要做一家值钱的企业。

那么问题来了，一家值钱的公司有哪些特征呢？

### 一、产品品牌故事化

“故事”是企业品牌的特殊内涵。迪士尼前首席运营官汤姆·斯戴格斯曾如此总结：“将游客与耳熟能详的故事、人物角色和音乐联系起来，帮助他们分享彼此能够延续一辈子的快乐记忆，这就是迪士尼的配方。”我们在企业竞争中总是容易陷入价格战中，为什么会这样？因为我们只强调品牌的功能价值，却忽略了赋予它更深的含义，从而获得更高的价值。

**贵州茅台独一无二的价值**

许多人认为贵州茅台“贵”在了价格上，其实“品牌故事”才是茅台企业创造独一无二价值的重要体现。

其中一个颇为有名的民间传说故事是：100年前，在大洋彼岸的美国巴拿马万国博览会上，茅台因为包装普通、不出众遭到了在场外国宾客的嘲笑。一位茅台的员工感到愤怒不已，一气之下把酒瓶摔在了地上。未曾想酒的香气瞬间散发到会场的各个角落，吸引了众人的敏感嗅觉，最终茅台酒拿到了全场的金奖。

## 二、服务口碑化

服务永远重于产品。一家企业无论产品有多好，如果没有好的服务体系，都成为不了值钱的企业。服务是帮助企业树立良好口碑的关键所在，即使产品没那么好，只要服务做到有口皆碑，也能为品牌创造价值。

### 胖东来的极致口碑服务

提到服务，或许人们脑海中第一个想到的是河南的以“服务生”之名火遍全国的企业——胖东来。

在这家普通的超市里，有最细致贴心的服务，如果你对所买的货物不满意，什么时候回店，员工都会对你微笑接待并及时予以退货退款，直到令你满意；如果你买到的东西是坏的，只需一个电话，店长就会上门主动道歉，并给予赔偿。只有你想不到的，没有他们做不到的。当然，胖东来的产品价格在同行中并没有多大的优势，可是这点差价在客户眼中根本不重要，他们更在乎的是企业品牌背后更细致入微的服务质量。

## 三、模式个性化

俗话说，与其去追一匹马，不如种一片草地。综观全国大大小小的企业，京东、小米或是阿里巴巴，但凡成功的企业都拥有一套与众不同的商业模式。在生意场上，企业之间的竞争就是商业模式的竞争。倘若你没有独特的商业模式，那么就如同一条砧板上的鱼，随时都可能任人宰割。构建成功的商业模式，才能拥有更广阔的市场想象空间。

企业想要快速上市，关键是要将创新模式与资本思维深度融合。我认为企业在策划上市时需要从以下几个方面进行。

企业策划上市的三个关键

（1）围绕着企业愿景，制定国际级战略目标与实施策略方案；

（2）具备国际级营销团队与渠道搭建能力；

（3）增加资本评估、上市辅导等系列服务。

此外，企业应确保一经上市就可以有足够的资金投入和完善的财务规划与公司的战略目标相适应，这样才能逐渐发展成为跨国公司，通过上市进入资本市场，由单一的产品经营，走向产品经营、资本运营相结合的发展路线，实现外延式扩张，最终实现个人财富与公司价值的同步增长。

## ◎ 数字化转型已成为上市企业的广泛共识

在资本市场中，数字化转型已成为提高上市企业发展质量的重要“抓手”。当今社会经济呈现迅猛飞涨的趋势，企业上市后需要通过开放、共享、协同、链接等一系列数字化手段，建立新型资源配置方式与价值打造模式，从而达到降本增效的效果，加速完成数字化转型以适应新的变化。

企业上市后的协同数字化转型与管理运营

（1）在生产运营方面，企业可将数字化技术与主业相融合，通过信息化技术提升生产与运营的效率，降低资源消耗和成本开支；

（2）在生产、人员管理方面，企业可利用大数据、云服务等数字化技术创新来实现精准、高效的精细化管理；

（3）为了深化产业链资源共享和产业协同，上市公司在智慧化技术手段的赋能下，还可多加开展企业内外产、学、研、融资、监管的资源交流协作和共享，以催生新业态、新模式。

近年来，商业世界正在被数字化重塑，数字化引发传统企业转型的同时也在重构一个全新的“数字商业大厦”，这是历史的必然。突显企业价值的最好方法是成为一家高质量发展的上市企业，只有成为上市公司，企业数字化转型、数字化共富系统才能发挥重要意义。

我们不会忘记曾经无数次国有品牌与国际巨头展开的一场场生死角逐，一大批年轻企业跌倒又爬起，不畏艰难，肩并肩共同迈向世界舞台。也有一大批优秀的企业用资本的力量为企业数字化转型插上了腾飞的翅膀，赋能我国创新产业高质量发展，为国家的数字产业化、信息化建设和互联网发展，更为中国企业的国际化作出了自己的贡献，实现了“产业报国”。

0101010101010101010101010101010101010101010101010101010101010

01010101010101010101010101010101010101010101010

第 7 章

CHAPTER 7

# 产业园区 4.0 时代已经到来

0101010101010101010101010101010101010101010101

随着产业园区 4.0 时代的到来，我国的园区数字化转型进入深水区，尤其在“十四五”时期，各行各业都在积极拥抱数字化。而园区作为我国产业经济的重要载体和区域经济的重要增长引擎，同样在积极探寻数字化转型之路。

然而，中国有大量的区域特色产业集群，随着外部竞争环境的变化，在未来，市场竞争不再只是企业之间的竞争，而是整个产业供应链之间的竞争。

对于产业园区，如何才能从传统物业招商升级为面向产业链的孵化、招商和运营，形成新的产业集聚？如何通过互联网链接并整合区域产业集群，实现产业供应链的集约化发展？如何通过建立区域特色产业互联网平台，赋能并推动产业集群的整体转型升级？这一系列问题及解决路径的探索无疑为我国园区的数字化转型升级按下了“加速键”。

# 产业园区 4.0 新时代：创新驱动，运营为王

众所周知，美国在全球有着难以撼动的经济“大佬”地位，这与它产业园区的陡然兴起与蓬勃发展有着密切的关系。“文艺复兴之后所发生的全部事件中，对世界影响最大的莫过于硅谷的技术。”美国《洛杉矶时报》的一篇报道中曾经这样写道。看似夸大其词的评论，却又让我们无从质疑。的确，硅谷可谓是高科技的产业聚集地，从硅谷科技产业园走出的惠普、苹果、英特尔、谷歌等一批全球著名公司，缔造了硅谷今天的辉煌成就。同时，与硅谷类似的一大批高科技产业园区也推动了美国持续数年在全球经济的最前方领跑。

除此以外，放眼望去，近些年世界上已经有很多国家的经济也在新兴产业园区科技进步的支撑下取得了跃迁式的发展，比如英国剑桥科学园、法国索菲亚科技园，等等。那么中国产业园区又经历了怎样的“前世今生”呢？

## ◎ 中国产业园区的“前世今生”

我国产业园区起源于深圳蛇口工业区，30年以来，经过治理整顿、转型升级、二次创业等不断演变，已经遍布于城镇的各个角落，产业地产、产业园区正在一步步呈现出风起云涌的强势发展势态。

到了20世纪末，人们一提起中国的产业园区，最知名的莫过于被誉为“中国硅谷”的中关村科技园。中关村科技园从1999年成立至今，为国家培育出多个高科技顶尖级企业，如百度、联想集团、新浪、中星微电子有限公司等。对于这所“中国高新技术产业园的先锋者”，习近平总书记亲自擘画，明确指出中关村已经成为“中国创新发展的一面旗帜”，面向未来，中关村要加快向具有全球影响力的科技创新园区进军。

近年来，产业地产悄然兴起，成为众多产业大佬和全社会关注的焦点，大家争先恐后地想要在产业地产这块大蛋糕上分一杯羹。作为我国城镇化、农旅建设的发展载体，培育新兴产业园区已然成为了一个地区、一座城市，乃至整个国家的重大使命，而不再是轻描淡写的一句话。

寻迹我国的产业园区发展脉络，一个园区的全生命周期可简单概括为四个阶段，包括初创期、发展期、成熟期和衰退期。

**表7-1 产业园区的生命周期可分为四个阶段**

| 产业园区的生命周期可分为四个阶段 | |
|---|---|
| 初创期 | 建园之初，随着园区基础建设的启动，招商工作也开始紧锣密鼓地进行，吸引一批企业陆续进驻园区 |
| 发展期 | 当园区入驻批量企业，园区的各项运营、招商工作逐渐走向正轨，呈现猛烈的发展势头，基础设施逐步投入使用，配套服务也相继展开，在政府的引导下，将“产、学、研”相结合，促进科研成果产业化 |
| 成熟期 | 进入此阶段，园区的各项运营工作日渐趋于稳定，为了提高园区在区域内、国内以及世界的形象，部分企业利用产业集群日臻成熟的优势打造园区品牌。还有些企业在进一步挖掘原有产业的同时，开发新的产业，使园区和部分入驻企业的经营状况稳步进入“小康状态” |
| 衰退期 | 又称“后成熟期”。在成熟期之后，一些园区暴露出越来越多的运营弊病，技术缺乏创新、设施过于老旧、服务相较落后等都让园区很难再适应市场环境的改变和需要，逐渐进入短暂的衰退期。唯有解决这些问题，才能获得复苏的动力，才能让产业园区的生命周期得到延续 |

盼眄回眸远。产业园区的生命周期并不是永固不变的，它往往随着产业园区的运营模式、创新能力、招商引资以及所在区域的经济发展状况的改变而改变。现如今，我国产业园区已经从1.0时代进入到4.0时代，其产城融合、经营手段的方式都在不断演变，这又是怎样一种过渡历程呢？

## ◎ 数字赋能产业融合，我国产业园区进入4.0时代

中国产业园区作为经济创新和发展的重要载体，园区的核心特征和经营模式也在不断地演进，从1.0、2.0、3.0阶段，目前已演化到4.0阶段。从20世纪80年代以土地、劳动力等为主要驱动要素，围绕“生产”为核心的低成本运营的1.0阶段，到90年代产业链配套驱动的产业聚集型园区2.0阶段，再到以内生动力和科技创新为驱动的功能复合、产城融合的综合性园区3.0阶段，最后发展到如今的新一代数字化智慧园区4.0阶段。

具体而言，这四个演进时代在每个不同阶段都有着不同的发展逻辑和运营形态。

## 一、产业园区 1.0 时代——单纯的工业园区

第一代产业园主要分布在我国的沿海地区，大多属于工业园区。以蛇口工业区为代表的一大批工业园区将“劳动生产”作为企业的核心驱动力。此阶段的园区是结构单一的纯工业厂房，配套设施不完善，科学技术相对落后，主要承接中国台湾、中国香港地区以及日本等国的外来加工业务，所以打工者也大多来自外地。后来各大城市的经济开发区相继诞生，产业园区也慢慢开始向技术、资金密集型转型。

## 二、产业园区 2.0 时代——配套完善的园区

随着我国科学技术的快速发展，第二代产业园区不再以低成本的劳动加工生产为主要驱动力，而是在技术上得到了大幅度的革新，从沿海迁徙到了内陆。很多大学的科技园、城市的高新区悄然浮现，不仅产业链配套设施先进、齐全，增加了酒店、餐饮、公寓等商业业态，而且还对单一的纯工业厂房进行了装修升级和外部延伸，以满足企业多元化的服务需求。在此基础上，这个阶段的产业园区也得到了政府的大力扶持，不断涌现出留学生创业园、科技创业中心等，有效地解决了产学研一体化问题，使产业园区经济有了整体的提升。

## 三、产业园区 3.0 时代——产城融合的园区

随着我国城市化的发展及职住平衡①的需求，我国园区进入产业聚集型发展阶段并以产城融合的形式开始出现，从“园区经济”转向“城市经济”是未来园区发展的第一趋势。

传统产业园区的发展“重运营轻服务”“重产业发展轻人居打造”，已不再适用于当下这个时代，由人、产业、城市相融合的新态势将逐渐兴起。随着产业园的演进，园区承载的功能慢慢趋于多元化，当城市要素和生产活动逐步聚集于园区内，以园区经济引领城市经济向上发展，“产城融合”模式逐渐显现。

---

① 职住平衡，指的是在某一给定的地域范围内，居民中劳动者的数量和就业岗位的数量大致相等，即职工的数量与住户的数量大体保持平衡状态，大部分居民可以就近工作。那么，要想满足“就近工作”的需求，就离不开园区的发展与建设。

例如，产业园区形成了以企业孵化、科技创新为主的比较系统、完整的产业链。不仅如此，园区配套设施也有了显著的改善，现有办公基地已从最原先的厂房变成了LOFT空间，为服务贸易、科研技术等提供了有利条件。另外，公共服务平台建设加大投入，更精致化、更有针对性地为企业提供包括金融、市场、管理等一系列增值服务，吸引了一大批民营企业入驻产业园区。由此，以产育城，形成产业集群化，打造绿色园区的理念逐步兴起，力争实现绿色、无污染产业发展。

**四、产业园区 4.0 时代——新一代数字园区**

时间轴转到了4.0时代，当下第四代产业园正处于一、二线城市土地稀缺，价格迅猛上升，房地产市场整体陷入低迷状态的背景下，住宅、商业地产的萎靡不振倒逼一些传统地产不得不进行产业转型，以此来谋求生路。国家大力提倡大众创业、自主创新，同时也对很多企业提供了资助，但产业园区同质化现象仍不可避免，不管是园区产业规划、建筑设施，还是运营模式、招商模式，都比较千篇一律，缺乏创新。

说到这，很多人会问，未来4.0时代产业园区的“庐山真面目”究竟是什么样的呢？

4.0时代产业园区的典型特征

对于产业园区来说，园区的运营服务是为产业园增值盈利的重要因素，目前很多园区正在积极解锁园区运营服务新姿势，产业园区发展也从原来的“要素驱动、投资开发为主”进入到“创新驱动、运营为王”的新时期。直播经济，不仅带货，更带路。现如今，直播模式正成为各行各业转型升级的重要抓手。

那么，在这样的时代背景下，产业园招商运营服务未来的发展趋势又是怎样的呢？

总体来看，在新的经济形势下，互联网经济已经成为城市经济发展的助推器，成为了企业发展的新动力，4.0时代产业园区亟须转型升级。在“互联网+”的时代背景下，产业园区需要改变以往的粗犷式发展，运用互联网思维持续在运营模式、科学技术和园区环境方面加强创新，不断优化产业内部结构，如搭建产业园、孵化器、众创空间等必需功能所形成的闭环管理。换句话说，产业园区应具备创新驱动的能力，以促进复合经营供应链发展，从而推动城市完善系统的配套服务体系，力求达到产、城、人之间相互融合、不断上升发展的态势。

在这样的时代背景下，我们能做的、能改变的还有很多。

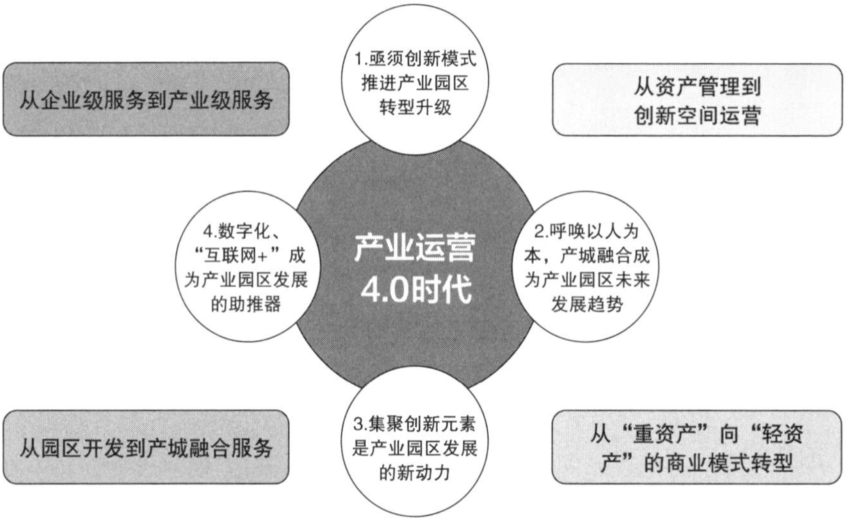


图7-1　产业运营4.0时代已经到来

## 一、从资产管理到创新空间运营

如果说1.0、2.0、3.0时代的园区主要以单一的资产管理运营为主，那么从现在的4.0时代到未来的5.0时代，产业园区将拼的是创新空间的综合型运营服务，未来，以空间共享、复合功能为特点的新型创新空间将不断涌现。所谓综合型功能服务，主要包括商业服务、管理服务、医疗服务、娱乐休憩服务、政务服务、金融信息服务等。在打造综合创新服务的基础上，还要增加园区的创新文化氛围，包括服务体验、创新机制等软环境的建设等，待到那时必将是“忽如一夜春风来，千园万园竞相开”，增加对企业的吸引力的同时，也极大地提升了园区的价值！

## 二、从“重资产”向“轻资产”的商业模式转型

轻资产运营模式是国际著名管理顾问公司麦肯锡推崇的战略，与重资产运营模式相比，以轻资产模式扩张，可以获得更快的发展速度以及更持续的

增长力。

园区的本质其实是产业与“空间+服务”的聚合体，随着园区数字化等基于大数据的智能化园区逐渐普及，从前园区提供给企业的各类服务，如今大多都可以通过线上平台解决。

越来越多的头部企业进入园区，这意味着产业园区无论在空间还是企业级服务上都会极大丰富。而园区的管理者急需重新对园区进行角色定位，以提供差异化服务，比如资本金融、细分行业、科创服务、人力资本、IP孵化等企业级服务，因此，“轻资产”运营是必然选择。

**三、从园区开发到产城融合服务**

以前，园区主要分布在城市周边区域，其主要功能是支撑当地产业发展，而未来，园区将更多地融入城市生活的功能，实现园区即社区、即城区，也就是我们经常说的产城融合。换言之，未来产业园区的发展将从单纯的园区开发转向产城相融合的综合型智慧园区，采用产业入股等方式将土地、园区物业、产业开发相结合，让园区“活”起来。另外，我国各大高新技术园区也将进一步向研发型园区转型，主要围绕研发中心、研发型产业、科技服务业为主体，不断优化园区资源的有效配置和产业结构，集聚创新元素，促进园区经济更高效地发展。

可以说，未来，园区之间的竞争不再是谁比谁的基础设施多，谁比谁的占地面积大，而是一场“智猪博弈”，比的是谁的数字化技术的创新能力更强、产城融合服务更强、转化效率更高。

**四、从企业级服务到产业级服务**

从长远发展来看，未来决定产业园区运营竞争成败的关键是企业服务和产业服务，因此，企业和产业资源是产业园区最核心的资产。我们也要在提供基础企业服务的基础上，逐步拓宽产业级的服务，推动园区产业集群化发展，以当地产业链为纽带，进行企业、园区和产业协同化发展。

上述四点，往大了说，恰恰体现了我们这本书反复强调的一句话——共利、共创、共赢，这也是未来4.0时代的产业园区在发展过程中要着重强调的理念，即区域城市、产业园区以及进驻企业三方共生共荣。

**“共利、共创、共赢”才能共生共荣**

（1）对于区域城市来说，人才就业、GDP（国内生产总值）、税收等多个经济指标有所提升，城市环境、区域产业结构也有了进一步的改善和升级。

（2）对于入驻企业来说，产业园区经营模式的创新、产业集群化的发展，让投资方也获得了不小的收益，同时也能使企业熟悉市场前沿理念，不会错过任何为企业带来获利的好时机。

（3）对于产业园区来说，自己通过形成智慧生态的复合型产业链，不但树立了企业品牌和商业模式，还引来了大批的投资商入驻，经济效益非常可观。

总之，新一代产业园区的转型升级不是“为了数字化而数字化”，更不是园区经营者的独舞，一人不成众，独木难成林。未来的产业园招商运营模式将在功能上注重集办公、金融、商业、服务于一体的复合功能；在运营上着眼于使土地、产业、园区相互融合，相互促进；形态上以产业、办公综合体，甚至城市综合体为主，这些都给产业园区发展带来了新的机遇和挑战。

红利当头的旧时代已经黯然退场，新时代共富、共赢的号角正式响起。下一个时代，产业园区将在城市发展的承载下继续乘风破浪，与入驻企业、城市区域从利益共同体共同成为命运共同体。

人生天地之间，若白驹过隙。了解产业园区的“前世今生”也不过是一念之间的事。在前行的道路上，无论未来怎样发展，任何企业都应知晓一件事：不管你的产业园区有多大，产业才是真正的核心。为了避免所打造的园区千园一面，我们在运营规划时就要注重差异化，构建“一园一策”的独具特色的产业园，并将它们汇聚形成拥有自我核心价值的产业生态链，为未来构建商业生态圈系统奠定基础。在园区的营造规划中，尤其要将招商、运营、建设进行集中一体化管理，“需求洞察”“运营前置”，把多个产业相关联，让每个产业不再是单独的个体，而是一个崭新的生态圈。

# 产业园区招商运营破局路径初探

在未来崭新的4.0时代生态圈中，数字技术将继续赋能新产业、新模式，促进各行各业向数字化、智能化进行转型升级。同时，随着我国产业演变速度的加快，产业园区转型面临着巨大的考验和挑战。尽管现阶段国内产业园区及产业项目的发展呈快速发展和上升趋势，但就当前形势来看，全国各地的产业园区在招商运营、实践经验、建设规划、经营模式等方面都或多或少存在着各种弊端。

从市场宏观经济发展角度来看，产业地产粗放式发展已经历经十余载，在“以国内大循环为主体、国内国际双循环相互促进”的经济格局下，我们需要打破以往的营销模式，把“做产品”转变成“创服务”，把“搭物业”转变成“建平台”，为产业园区这艘新巨轮装上乘风破浪的“核动力”。

然而，新晋园区对于产业经营和规划知之甚浅，尤其是招商运营方面，多表现为急功近利、盲目跟从、毫无主见，而且还存在产业园软硬设施不完善以及缺乏对市场变化的真正认知等问题，往往更倾向“照猫画虎”，把其他园区的那套经营理念全部搬到自己园区，以至于产业园区经营惨淡灰暗，发展岌岌可危。说到底，一切根源在于我们的观念过于守旧，未能抓住产业地产招商与运营的本质。

## ◎ 破局前的核心问题：产业园区招商与运营面临的痛点

在数字革新的黄金时代，产业数字化从启动阶段进入加速、孵化阶段，招商与运营工作亟须数字技术的加持和驱动。数字经济就如同一把金钥匙，正尝试和探索打开产业招商的新渠道。然而跨时代数字化招商仍未实现，距离目标达成还有很长的路要走。为此，我和我的团队对产业数字招商进行了深入的研究和实践。

现阶段，我国产业园依然处于发展上升期，在招商与运营中所面临的痛点、难点问题仍有很多，比如数字化平台不够完善、资源匹配困难、招商签约困难、强建设弱运营等。而对于产业园区来说，招商与运营工作从来不是一蹴而就的事，它是一项长期而又艰巨的工程，需要我们在蹚路的同时不断摸索前进。就目前来看，我国产业园面临的痛点主要有以下几点：

**一、缺少数字化平台建设，数据孤岛仍旧存在**

产业园区无论在招商方面还是运营方面，若想提供更好的服务，就需要通过信息数据的采集了解市场前沿的信息，并知悉自己产业结构以及时下的运营状况，为后续的招商引资提供有效的帮助和建议。

可是，目前我国园区的数字化服务平台还不够完善，尤其是产业园区管理平台和入驻园区的企业平台极少进行交互，未能实现一体化服务和运营，采集园区企业数据相对较为困难，数据孤岛效应凸显，导致不能准确预测园区入驻企业的风险。而从公司注册到买地建厂到招商审批等多个程序的周期很长，问题重重，数字化平台的短缺拉低了产业整体的运营发展效率。

**二、招商模式过于传统落后，招商项目难以落地**

传统招商模式是当下多数产业园区的招商方式，通常使用的是中介招商、渠道招商、“关系招商”等，这些招商方式呈现的特点是服务流程难优化、数据零散、部门间无法线上协作等弊病，距离达成区域需求的“大好高”项目相差甚远。除此之外，数据孤岛也导致园区难以实现精准招商，并且招商部门审批流程烦琐、双方意见存在分歧等多重问题也成为招商方案不能落地的关键原因，所以在我国产业园区招商过程中项目资源有限、僧多粥少的现象尤为明显。

**三、轻视产业运营管理，未能实现全产业链高效运营**

当前我国多数产业园区存在一个典型的通病，就是强建设弱运营。重建设轻运营一方面是说很多开发区把大部分注意力投入到了配套基础设施建设和招商引资项目上，而往往忽略了产业的运营管理，服务水平较低，服务模式比较落后；另一方面是说园区的配套服务跟不上，不能为园区内人才解决后顾之忧，以至于留不住人才，更招揽不来高端人才。所以，园区鲜有人光顾，人们乘兴而来、扫兴而去，“空城”现象愈演愈烈。

由此可见，产业精准招商与数字化运营是园区发展的两大关键性的核心问题。产业园区数字化转型已经箭在弦上，制订精准、有效的招商方案迫在眉睫，那么如何利用数字化技术推动产业园区精准化招商呢？

## ◎ 实现园区数字化招商运营，构建园区生态圈系统解决方案

我们知道，产业园区4.0时代最主要的特征是数字化运营，在互联网新浪潮下，园区数字化转型已经是大势所趋。但是，每每提到数字化，往往把全部的焦点都放在了技术上。殊不知，产业园区之所以要注入数字化技术，最主要的原因还是为了提高业务服务水平，从而达到提质增效、节能降耗的良好运营效果。

越来越多的企业意识到，随着社会经济结构的改变和科技水平的提升，以让利为核心的传统招商引资方式收效甚微，已无法满足当下时代产业园区发展的需求，精准招商才是助力园区获得优质项目的重要渠道，它能够有效地提升产业集群效应，促进产业园区和地方区域的经济发展。然而，获得招商信息难、掌控企业动迁意向难、评估项目引入价值难等问题都无形中增加了产业园招商的难度，进而导致园区转型升级的脚步变得更为缓慢。

自从数字化技术赋能招商工作的巨大潜能被各地地方政府和产业园区注意到后，他们摩拳擦掌，使出浑身解数投入到数字招商的行列中，采用自建或第三方服务的模式搭建数字化服务平台。市场中优质口碑的企业成了他们的竞争目标，数字化招商领域一时间掀起了千层浪，呈现出万物竞发的态势。

一言以蔽之，在数字化经济时代，产业园招商运营服务体系的构建是大势所趋。要想实现园区数字化招商运营，构建园区生态圈系统，具体的解决方案可以概括为：三大核心工作、三大步骤、七大系统。其中，三大核心工作即数字化管理、数字化运营和数字化共富；三大步骤即团队升级、系统搭建，最后项目成功；七大系统即定位系统、管理系统、数字系统、招商系统、运营系统、服务系统和共富系统。如图7–2所示。

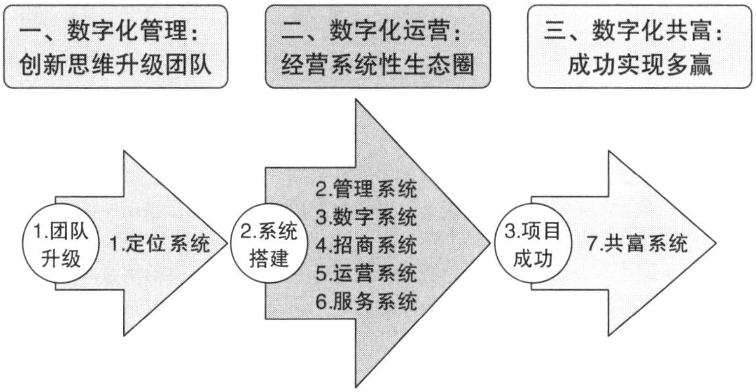


图7–2 产业园区数字化运营体系

数字经济发展正引领着众多产业园区朝着更深远、更广阔的方向进行转型升级，从前围绕传统的人脉、感情、短利等的招商模式势必走向终结，而以互联网、大数据、人工智能为代表的新一代数字技术，才是让产业园区在招商过程中创造卓越绩效的绝杀武器。

## 鼎新革故：传统产业园区的创新打法

从20世纪80年代至今，我国地方经济在园区化战略的带动下得到了有效的发展，然而园区自身的转型升级同样不容忽视，数字化赋能产业招商的同时，也在重新定义园区。尤其是小微园区，数字化对于它们来说就像一根救命稻草，具有降本增效的本质意义。

进入产业园区4.0时代，我国产业园区招商引资不再困囿于传统模式，而是向数字化、智能化的新常态化方式大步迈进。作为地方经济发展的重要支柱，招商引资是产业园区蓬勃发展的主要驱动力，有着不可替代的作用。当前，传统园区的信息化往往是孤立的烟囱式子系统建设，导致园区内部、园区与企业之间数据不互通、服务质量低下、业务难融合等。在这种情况下，产业园区想要突破转型发展的瓶颈，就要重构产业链供应链，加速数字化与园区的融合，打通有利的招商渠道，争做数字化招商运营的先行者。

不管怎样，近年来我国市场的变化是显而易见的，关于产业园区的创新

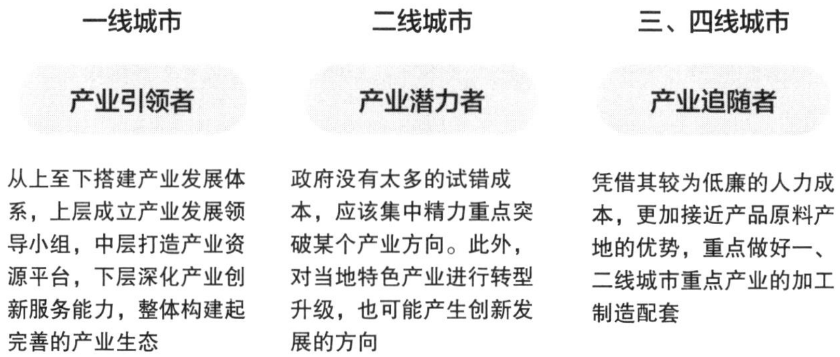


图7-3　一至四线城市对于产业园区运营的不同需求

转型，今天我们谈论的主题不再是产业转型、商业模式，更多地变成了园区运营、产业发展等问题。而在区域分化发展的大趋势下，由于各个城市的发展阶段和重点不同，对于产业园区的运营需求也完全不同。

因此，各地更需要结合自身的特点和优势，对不同的阶段进行定位，制定个性化的发展策略。

数字化招商运营的先行者——绿城

以绿城产业园区为例，绿城房地产集团有限公司位于中国浙江省杭州市，是中国著名的房地产开发商，它作为数字化招商试水阶段的先行者，交出了自己的答卷——绿城产业数字化招商方案。“招商企业精准筛选”是绿城产业数字化招商方案的三大核心能力之一，为了实现这一目标，该产业园区构建了包括考察选址、招商对接、落地建设在内的招商体系——“一个基座”+“一个平台”则是数字化招商体系中的底层构架和交互渠道，前者指“一体化系统基座”，后者指“产业招商平台”，二者相辅相成，为产业园区的招商提供了更好的数据采集、万物互联、信息分析等服务。比如，它为浙江省海宁经开区定制的“数智经开”系统就让其迅速提升了招商效率和服务水平，同时也证明了“快、准、狠”的绿城方案是行之有效的。

## ◎ 破解产业招商运营难题的“达摩五指”

那么，除了大集团，对于一个动辄投资数十亿的商业综合体项目，其中包括产业园、产业带与房地产项目，产业数字化的从业者或者说是甲方该如何更好地租售与招商引资呢？

通过实践研究，我和团队总结了五点有关产业招商的创新打法，并将其取名为“达摩五指”，以此来破解产业地产招商运营的困局，助力产业园区焕发新活力。

### 一、人才团队升级

在过去的产业招商运营方式中，不管是出租的物业还是售楼的销售团队，营销模式都相对比较传统，层级复杂、多重领导和反应迟缓的传统企业组织模式已不适应数字时代高效、快速的数据流通和信息交互的要求，更不能为产业带来可观的收益。这种情况下，产业需要对原有的团队进行转型升级，打造一支拥有数字化销售模式的团队。唯有这样，产业园、产业带与房地产项目才能做出一系列的创新打法。

组建这样一支高水平的专业创新团队可采用两种方式：一种是引入专业的第三方团队，帮助现有团队进行培训、指导和升级，打造多种形式的高层次人才培养平台，集中精力培育团队的领军人物。但切记，有些过于精明的人容易给团队带来鲶鱼效应，因为鲶鱼只能敲边鼓，不能挑大梁；另一种是产业直接组建一支团队，然后在这个过程中融入第三方力量，让团队内部的基因进行升级，以便更好地上手，更好地进入轨道！

**二、园区招商运营系统升级**

产业招商要求地产商一定要有企业级的大脑，你的大脑分为多个区块，如果不能很好地对其进行统筹管理，那招商之路必定充满坎坷。很多产业地产商由于对产业园区数字化运营的认知不够，头脑中没有一个系统、完整的数字化转型蓝图，把数字化转型理解为通过一些信息化手段对业务进行的升级改造，或是建设数字工厂、用机器代替人工，导致没有应用正确的技术平台和清晰的架构模式，更没法预估产业园区投入产出比。

事实上，产业地产商需要针对上、中、下游做好协同，以便能对外围市场有一个很好的应对。要遵循两个维度：

首先，企业不能为了销售而销售，为了出租而出租，一定要在管理运营上进行数字化系统体系的搭建。从园区的定位到管理，再到招商、运营以及服务，不同的维度会形成不同的生态体系。只有以数字化治理为基础，以数字化决策为目标，以数字化管理和运营为支撑，组成一个系统的生态体系，即完整的商业生态圈，才能够更好地发力。

其次，我们倘若把投资商比喻成一个“资产包”，那么它就不只是一个，而是具有多个，地产商需要把这些“资产包”不同的专业市场、相应的资源、相应的用户、相应的团队进行融合和打通，以使招商更加游刃有余，这也是一个系统的打法。

### 三、“捆绑”政府招商引资力量

如果以园区本身为目标来着眼解决问题，到这里我们可能还是无法解决产业园区的根本性问题，因为在城市中，产业地产招商引资的客户十分有限，通常只困于本地的一个人或一个群体里打转。想要持续发展和扩大存在很大的难度，这就像一个解不开的死局，单单依靠这帮人或是这个市场是根本行不通的。

若想解开这个死局，我们就需要借势造势，站在这个城市的产业招商角度，由全局打局部，动用政府的力量，与政府的产业招商引资政策和招商引资力量捆绑在一起。政策叠加与服务的创新的举措能够让园区招商绩效逐渐改观。

但并不是每个地方政府及区域内的产业园都能充分借上政府区域发展战略的“大势”，此时就要求产业园区寻找到区位的优势。

比如，安徽的某个城市，这个城市的产业定位在安徽、在全国，除此之外我们还需要知道，它最具有吸引力的地方是什么，它的产业园是否位于安徽的经济中心城市，拥有很好的产业聚集效应与产业辐射功能，是否具备海、陆、空的物流优势，然后由产业招商运营来带动产业园的产业投资与入驻，包括卖楼、出租、进场，等等。

### 四、多方产业联动机制

产业地产招商过程中，我们需要思考谁会来投资，谁会来入驻，哪部分用户群最合适等。因此，招商不能局限于一个小小的园区、一个小小的城市，而是要联动三方力量。

一是项目所在地，即园区所在的某个地区、某个城市。

二是投资方。一个园区、一个项目的产业定位，除了当地的产业以外，我们还要再关注一下园区本身背后的投资老板，比如他的背景、他的资源、他为什么要去投资这个园区，投资这个园区他具备什么优势、资源，等等。打个比方，如果投资商来自温州，那我们就可以去思考他背后的家族、背后温州籍的企业以及温州籍的老板会给园区带来怎样的人脉资源，如此才能够顺畅打通温州的产业带。

三是产业运营服务商所在地。比如我们杭州，拥有好的产业数字化运营模式、好的打法、好的人才和好的资本，这是地产项目、商业项目的一根命脉，对产业园来说非常重要。

假如我们能以项目所在地城市的产业带以及投资方本地和遍布在全国各地的资源为后盾，再加上运营服务商所在地的产业数字化运营的资源、模型和模式，将三方产业联动起来，所有困难、问题便自然迎刃而解。对于产业园区来说，这是一个理想化的产业系统构想和布局。

**五、形成产业命运共同体**

地产招商涉及一系列的产业招商、商业模式、组织架构、运营团队、资本等模型的创新，最终，我们需要形成一个“共生、共创、共享、共赢”的共同富裕经济带与产业命运共同体。这不单单涉及投资人的利益，还涉及买方、出租方、入驻的企业，还包括终端的消费用户，这些总体构成了一个大的商业生态圈。其中，我们将生态圈贡献值和链接关系称为顶层架构设计，它可以升级商业模型，涉及产业连通、打造。这个过程中，加上股权设计与专业化融入，各方在同一平台上为全要素、全产业链和全价值链连接提供了重要的载体。

以上便是“达摩五指”所提出的有关地产招商的系统解决方案。当我们将其投入实践中，可想而知，这个园区的运营必定会如火如荼，就好比中医看病一样，它能够一揽子地解决关于园区比较棘手的“疑难杂症”，不仅让园区有了新面貌的改变，还能在招商引资上持续不断地打开更多欣喜的局面。学会应用产业地产招商系统运营的策略，以崭新的容颜迎接投资人、投资企业的到来，让对方看到你的产业园区与其他园区的与众不同，在他们的大脑中留下深刻的记忆，才能让对方在有需求时第一个想到你的产业园。

## 数字重构：未来智慧园区新画像

我们从前经常说的“一招鲜吃遍天”已成为过去，思维与打法也不是一成不变的，今天谁都别再想着一招制胜。因此，了解了产业园的前世今生、破局之道和创新打法后，我们还要不断地升维，进行数字化的思维重构，邂逅属于未来的产业梦，构建万物互联的智慧园区新版图，带给4.0时代的园区更多的可能性。

基于前文的了解，我们已清楚地认识到，目前我们面临的最大问题是大多数产业园区陷于“不会转、不好转、不善转”的困境，在转型之路上跌跌撞撞，摸不着头绪。事实上，园区数字化转型之路异常坎坷是在所难免的，可是如果我们能够向成功转型的企业学习与借鉴相关经验，那么很多问题也就不再是问题，效果也会截然不同。

在与数字化融合的过程中，园区首先要做的是设计一条完整的转型升级路径，以战略势能重塑引领城市发展格局，以产业数字化转型升级重构产业生态链，用创新驱动提升产业运营发展效率，从而延长产业的生命周期。

从1.0时代发展到4.0时代，未来还将迎接5.0时代。我们有理由相信，未来将会继续涌现出一大批基于“数字孪生”全场景化运营管理的新一代智慧园区。新一代数字园区主要突出“智慧化”三个字，无论是园区的基础设施、建筑改造，还是产业服务、园区管理、生活服务，都将在物联网、5G、AI、云计算、移动互联等数字化的重塑下，实现园区内全要素和全场景数据的汇聚、融合与共享的一体化运营管理，并通过开放、安全的智慧园区数字平台，解决园区数据孤岛、产业招商难、管理效率低等痛点问题，彻底打通“端、边、管、云”，使产业园区的管理效率、能源效率、组织效率、招商效率、服务效率得到高效的提升。

当然，无论何时，我国产业园区将始终以国家对产业园区发展的政策为导向，不断优化和革新，而循序渐进的转型升级也终将形成产业增长的“飞轮”，最终实现整个生态的数字转身。

0101010101010101010101010101010101010101010101010101010101010

0 1 0 1 0 1 0 1 0 1 0 1 0 1 0 1 0 1 0 1 0 1 0 1 0 1 0 1 0 1 0 1 0 1 0 1 0 1 0 1 0 1 0 1 0 1 0 1 0 1 0 1 0 1 0 1 0 1 0 1 0 1 0

第 8 章

CHAPTER 8

# “七大体系”搭建创新型产业园招商运营系统

0101010101010101010101010101010101010101010101

产业园区从开发建设到落地运营，其实是一个招商的过程。改革开放以来，我国各地方政府为了加快本地区经济发展，纷纷加入产业园区的建设与招商队伍中来。而园区作为地方经济对外开放的通道之一，往往通过基础设施配套、税收优惠及公共服务等措施进行招商工作，极大地推动了地方经济的发展，甚至一些高品质园区还为地方创造了“财富神话”。

然而，近几年，随着我国园区行业形势的迭代，对企业而言，传统的政策招商、坐地招商早已不再具有独特的魅力和吸引力，在新的竞争格局和环境下，开始暴露出诸多问题。为了打破僵局，一些地区陆续出现了园区招商创新模式，在一定程度上冲击了既有的传统园区模式，同时也引领着全国的园区踏上了搭建创新型产业园招商运营系统的新征途。

# 定位体系搭建

对于产业园区发展来说，招商是一项由政府主导、社会组织和企业广泛参与的重要工作。通过前面章节的了解，我们不难发现，招商这项任务既持久又艰难，不可能一拍即合、一蹴而就。

在国家和各地方政府出台的一系列数字化政策催动下，国内半数以上的产业园区点燃了心中的火苗，他们摩拳擦掌，虎视眈眈，去往北上广、去往粤港澳……千方百计想要将所有拥有良好口碑的企业都收入囊中。为此，围绕这些地方企业招商，各产业园展开了猛烈的“攻击”。

事实上，园区招商运营并非儿戏，如果你没有列出一整套的招商策略或是策略上缺乏创新，那么即便你使出浑身解数，也依然会无功而返。就目前来看，国内许多园区的招商模式基本相仿，甚至是同一模板的复制与沿袭，能做到行业标杆的招商方案可谓凤毛麟角，这足以证明产业园区亟须制定一套符合新时代需求的可行的产业招商策略。

通过以往带团队项目的服务实践经验，我总结出，产业园区招商运营可搭建成“七大体系”。

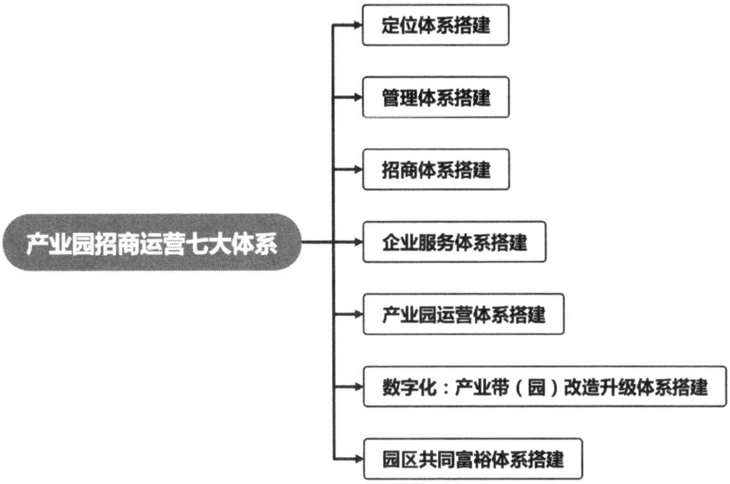


图8-1 产业园招商运营七大体系

只有系统地规划出合理的招商体系，招商过程中的痛点问题才能得到解决。以上七大体系环环相扣，不仅能够吸引更多的企业入驻园区，还能为园区创造股权投资机会，推动园区可持续发展。接下来我将分别对这七大体系进行讲解和介绍。产业运营招商的第一要务是——定位。

## ◎ 产业园区招商第一要务——定位

近年来，在全球经济不断重构的新格局下，各地方产业园你追我赶，用尽招数，向着行业中的“王者”冲击。但是，在竞相成长的过程中，很多问题也逐渐浮出了水面：

地方园区在迭代成长过程中暴露出的主要问题

- 一是产业过多，布局杂乱；
- 二是产业关联度小，集而不群；
- 三是片面追求高技术、高附加值产业；
- 四是产业同构，缺乏可持续发展的产业园区。

如今产业园是比拼“差异化”个性运营的时代。放眼国内，在全国各地有成千上万的园区，每个园区就像一个品牌，其差异化的核心定位也不尽相同，而我们的客户群往往是有限的，想要吸引不同的群体进入园区，我们就要找到差异化的核心定位——产业园区运营招商的首要任务就是对产业园区作出合理的规划和定位，即通过全方位调研提炼出产业园区品牌差异化产业定位，以及产业园区特色的企业文化（愿景、使命和价值观），全面提升团队和园区企业凝聚力。

因此，当务之急，产业园区最需要做的就是找到自己差异化的核心竞争力，以突显自己的与众不同。那么，一个全新的产业园究竟如何梳理出自己与众不同的核心差异化品牌基因定位，力争在同行产业园中脱颖而出呢？

根据我们做项目咨询的规律方法，如何提炼出符合产业园自己特色的差异化基因，并且简洁扼要地表示出来，以一句通俗易懂的口号宣传出来，让入驻的企业一眼就明白，一听就记得住，并形成强烈的入驻欲望和动力，这至关重要。那么，如何更好地优化提炼出产业园差异化定位呢？

1. 通过调研提炼出差异化基因
2. 园区主题定位需要明确、鲜明，集中力量营销宣传
3. 在内容上更好地突出产业园区的“独特卖点”（USP）
4. 梳理出具有产业园特色的企业文化（愿景、使命和价值观）

图8-2　产业园品牌差异化基因定位与营销定位

如图8-2所示，提炼产业园差异化定位的方法可主要概括为四个方面。

## 一、通过调研提炼出差异化基因

前面我们反复强调，无论是形式上的转型还是打法的升级，都要有所创新，其实产业园区的定位同样需要有创新，而园区的创新之源主要取决于两点：

其一是调研，就是需要一支专业的招商运营团队深入园区，包括走访周围的产业园，对同行产业园进行抽样走访调研，至少要先确保避免雷同。例如，阿里巴巴的招商团队具有阿里的基因；腾讯的招商团队具有腾讯的基因；抖音的招商团队具有抖音的基因，他们的基因属性是完全不一样的。那么，在具体调研的过程中，我们究竟要调研什么？

以下几点是我的方法建议。

调研的内容

- 调研优越的地理位置和资源优势；
- 调研企业文化及经营管理精髓；
- 调研当地目标产业链和产业核心价值；
- 调研园区已经入驻的企业本身；
- 调研产业相关的产业园、周围业态及同类园区情况；
- 对产业园进行抽样调研。

其二是术业专攻，就是要让专业的人做专业的事。现阶段大多数新建成的产业园还处于起步阶段，仍缺少产业的专业分工，特别是熟悉产业特点的专家型招商人才特别稀缺，这无疑会影响产业的招商效率。

那么，倘若作为地产公司的甲方已经把一个园区建造好了，却不具备对这个产业园招商与运营的能力和资源的支撑，此时怎么办呢？只有一条路，那就是借助专业的团队去做专业的事情。因此，组织一支高水平的专业招商运营团队是很有必要的。一是借助专家团队、专业的外脑和产业招商机构进行项目制合作；二是组建轻资产产业运营公司。产业园可以与核心的产业招商运营团队组建一个阿米巴模式的产业运营公司，甲方负责投资，乙方负责构建一支有能力、有思想、有资源的专业团队，双方要明确职责分工，加强协调配合，在当地政府的鼎力支持下共同迈向致富之路。

**二、园区主题定位需要明确、鲜明，集中力量营销宣传**

据了解，目前在我国大约有40%以上的园区主题定位不明确，如同一篇没有中心思想的文章，写得再多、辞藻再华丽也会让读者不知所云。要想让园区的主题定位更加明确、鲜明，同样要集结团队的力量，同时也要依靠地方政府协助做好统筹规划。这是因为产业园区不是以一个单独的个体孤立存在的，而是一个地方经济命脉中的关键一环，同时也是一个区域的重要组成部分。园区不仅需要地方政府协助产业招商来做统筹主题方向的确定，还需要在寻找土地资源方向上与当地政府产业定位方向相吻合。

综合来说，产业园定位一定要基于当地产业的特色，基于产业链差异化且有竞争力的环节，整合全产业链资源，以为当地产业集群赋能与服务，推动产业转型升级为宗旨，提炼主题特色，再集中力量进行营销宣传，进一步扩大园区的特色。

要知道，当我们梳理出整个产业园的鲜明主题，它就是唯一的，即使这个产业园还没开始招商，但它至少在产业中已经占据了第一位置。如果我们把产业园第一的心智定位进行营销、宣传、放大，自然而然就会获得成功。

比如，产业园区需要引入500家公司，当你了解了所要招商的目标企业的特征或优势，并制订出可指导操作的园区产业链招商实施计划后，园区招商部门就可以把有限的资源用在重点产业的招商上。这样产业才能很快找到500家公司并成功招其入驻园区。而这500家公司会聚集形成一个真正的产业生态，逐渐在同行领域里做出独一无二性，甚至做到冠军！

**三、在内容上更好地突出产业园区的“独特卖点”（USP）**

20世纪50年代初，美国广告界的大师罗瑟·瑞夫斯（Rosser Reeves）提出了USP理论，要求向消费者述说一个“独特的销售主张”（Unique Selling Proposition，USP），又称为创意理论。该理论的特点是必须向受众群体（消费者）陈述产品的卖点，同时这个卖点必须是独特的。

我们也可以将产业园区看作是一个产品，而不同的产业园区有不同的卖点（优势），产业园在定位时要充分考虑区位优势、资源禀赋、产业基础和区域分工协作等因素，要找到自己在当地城市乃至整个国家、整个世界的独一无二性。

具体来说，我们可以从人、货、场、政策、用户中挖掘园区的独特卖点。以直播新电商产业园来说，一个直播新电商产业园要做好，不外乎要有人、货、场、政策、用户。

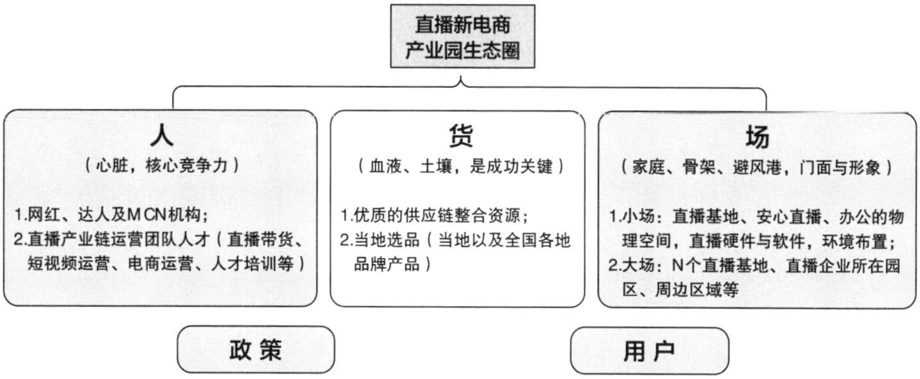


图8-3 定位系统之人、货、场

数字经济下打造直播产业运营服务体系解决方案，构建直播生态经济圈，进行整体的数字化升级打造，赋能于产业园入驻企业，让入驻企业更加省心省事，聚焦精力做好企业经营。

1. 人

人就像一个园区的心脏，是产业运营招商的核心竞争力，一方面包括网红、达人及MCN机构，另一方面包括直播产业链运营团队人才（直播带货、短视频运营、电商运营、人才培训等）。

2. 货

货就像一个园区的血液和土壤，是产业招商的成功关键，主要包括两个渠道：一是优质的供应链整合资源；二是当地选品（当地，以及全国各地品牌产品）。

3. 场

场是产业的门面和形象，就像一个园区的骨架和避风港。其中，小场包括直播基地、安心直播、办公的物理空间，直播硬件与软件，环境布置；大场包括N个直播基地、直播企业所在园区，周边区域等。

4. 政策

政策主要是指当地政府的招商政策，还有园区的自有招商政策。

5. 用户

用户主要是指园区已入驻的企业用户，以及潜在用户，包括园区招商企业的直播用户。

某直播产业园区通过梳理如下问题不断深入挖掘“独特卖点”

产业园区在运营招商时要考虑自己哪方面有特色，它到底是上游的人才、货源、供应链、品牌方和工厂有特色，中游产业园本身的软硬件、直播的主播、运营团队和MCN机构有特色，还是下游的各种平台（抖音、快手、京东、淘宝等平台）有特色，又或是说临安的产业招商政策有特色。产业园本身具备哪些非常优秀的产业客户呢？园区要给自己做一个优化定位，用自己的特色与其他弱势需求合作，在营销、运营和招商过程中，突显自己独一无二的优势。

**四、梳理出具有产业园特色的企业文化（愿景、使命和价值观）**

作为一个园区所在的甲方，也就是地产公司（园区所有权公司）的创始人，需要明确自己创业的初心、愿景和梦想，以及当初为什么要花几亿元甚至几十亿元投资这个园区，而这个园区未来五年、10年甚至20年以后，你希望展现给用户，展现给社会怎样一种状态。

以我曾经带着团队一起实际操盘招商与运营的杭州财通直播文化产业园为例，它定位于时尚产业基础，依托直播电商资源集聚优势和禀赋，“打造年轻、时尚、共生、共享的创业生活数字化未来社区，构建让入驻企业信任的财通直播文化产业经济生态圈”的产业愿景，正是我们当初为其做出精准定位的主要依据。

作为园区的管理者以及入驻园区的企业，同样要确定自己的愿景、使命和价值观，以凝聚人心，让团队更具凝聚力，这样才能形成合力，一起把事业做大做强。

在这个世界上，没有无缘无故的获得，更没有凭空产生的事物。园区建设非一日之功，搭建定位体系仅仅是个开始，其体系之庞大、细节之繁杂需要我们多一点耐心去领悟，多一点时间去学习，也多一点信心去顺势而为。

“天行有常，不为尧存，不为桀亡。”无论做任何事，都要遵循客观规律，不断地用道来充实自己，积蓄力量，等待时机，谨慎决策。

# 管理体系搭建

产业园区管理的好坏关系到其未来能否可持续发展，也关系到产业的招商与运营能否顺利地进行，它容不得半点疏忽与大意。要做好产业园区的管理，除了明确产业核心定位，还要搭建一个完整的管理体系和制度。这就好比一个孩子立志要取得好成绩，如果只有口号和憧憬，不去付诸实践行动，结果是很难达成愿望的。

产业园区分为工业园区、高新技术开发区、经济技术园区等，对于不同类别的产业园，其管理模式也具有很大的差别。多年以来，我国产业园区的管理模式大致分为三种：政府管理模式、公司管理模式和混合管理模式。各地产业园根据政府介入程度和企业介入程度的不同制定了多种多样的管理模式。

在明确管理模式、搭建管理体系时，一方面，园区需要“因地制宜”，即根据当地的区域环境、财务支配、政务环境等实际情况选择对园区建设发展有利的体制；另一方面，古往今来，做任何事都讲究天时、地利、人和。在确定管理体制时，园区还要注重“因时而异”，也就是说到了每个发展阶段，都要对管理体制进行升级，根据发展需要灵活地对其进行调整。而随着园区管理责任制的转移，很多关于园区管理的问题便不断暴露。

园区管理存在的主要问题

（1）很多产业园区有思维，有想法，可碍于市场态势的走向以及缺乏对同行产业园的深入了解，只好选择保守的做法，随波逐流。

（2）产业园区的筹建是重中之重，一步错，步步错。多数产业园虽然手握管理的王牌，却不知该怎样打好这张牌，对管理体系的构建心有余而力不足，最后往往因园区管理缺乏创新性而败下阵来。

（3）尽管很多产业园区依然由政府管理，但大部分地区政府在建设管理架构时存在架构不完善、职责分配不清、执行力不足等现象，严重阻碍了园区的发展。

那么，我们怎样去搭建一个有效、可行的园区招商运营管理体系呢？

### ◎ 园区管理体系重在有效可行

事实上，关于产业园区的管理，业内有多种做法，那么究竟什么样的构架才是高效、先进的管理构架呢？在多年协助全国产业园管理的过程中，我摸索出了一套自己的打法。简单来说，就是要围绕着目标统一思想，统一行动，优化岗位职责与工作流程，有条不紊地推进；将新老团队深度、完全融合，优化与完善专业化招商与运营团队，全面、系统地进行培训与实践，打造出一支极具凝聚力和战斗力的园区招商运营专业化团队。

首先，在产业招商团队的愿景、使命、价值观的驱动下，设计招商与运营目标和商业模式，确定岗位职责、角色构成等，进而展开后续工作。

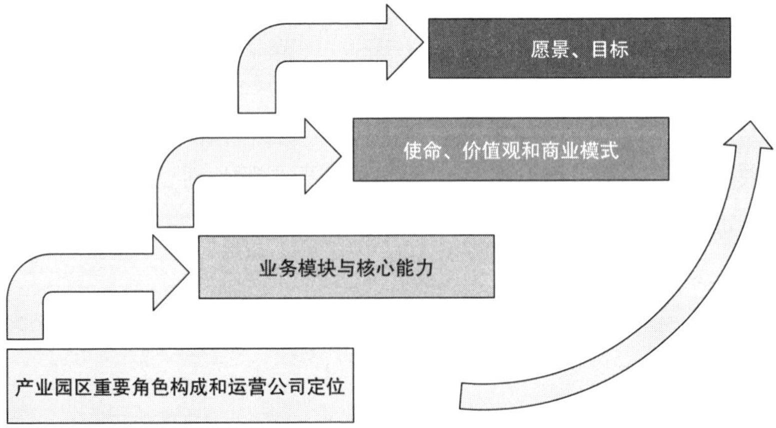


图8-4　愿景、使命、价值观、招商运营目标和商业模式

如图8-4所示，愿景、使命、价值观是园区整个管理体系的基本框架，可以说，确定了愿景、使命、价值观，也就基本确定了主体框架。犹如在海面行进的航船找到了方向，一来不会偏航，二来全员都向着一个方向努力，形成了凝聚力。那么，后续所有相关的工作都是围绕这些内容来高效展开。

其次，猛将必发于卒伍。在产业园区管理过程中，到了执行阶段，“人”非常之关键。前面我们说到企业无论是招商团队还是运营管理团队，都是由具备企业特有基因的核心成员构成的。

据我所知，有一些企业的老板背后的运营团队还是以前的传统团队，其运营渠道很单一。每当这时我就会想，如果是我，我会怎么做。

首先，我会把全杭州甚至国内最顶尖的做直播的渠道利用起来，做全员的渠道招商。跟公司制定好政策以后就大胆地对外宣传，渠道商帮你拓客的同时，还有上游、中游、下游，包括我们原园区内的老客户等，都可以参与进来，如此一来渠道就打通了。

其次，在招商方面，我会把我们浙江上市公司做成我们的“产品”，进行游学线路的开发。比如，有政府考察团的，有直播产业园的，有传统企业做转型升级的，有上市公司，有地产商，等等。然后，让客户来学习我们园区里这些企业做得好的地方，同时结合客户需要的资源进行对接。我们也可以带着这些公司去同行的产业峰会，分享直播的经验，在这个过程中让各方资源都有效对接。唯有这样的创新思维与打法才能带给企业新的发展契机。

在这一阶段，我们的“两大核心工作”，一是组建一支迎合移动互联网数字经济新时代发展需要的专业化招商与运营管理团队，成立一家产业运营公司；二是构建产业链数字经济生态圈，提升统筹思维，梳理出一套招商与运营系统解决方案，并能够将其有效地应用到实际管理工作中，提升产业园品牌的整体形象，实现模式输出和轻资产运营。以上不只是方法论或者说是策划咨询方案，而且是实际落地执行路径。

需要重点说明的是，围绕上述两大核心要务，我们在组建管理团队时，要注意以下几点。

### 一、明确管理责任制，确保职权到位

据我多年调研发现，全国有80%以上的新建园区，园区委员会顶多算是个“协调者”，其编制、职务、性质等或多或少都会出现落实不到位的情况，财政、劳动、建设、环保等职能大多分配不清晰，大大降低了管理和服务的效率。很多产业园因分工不明、职权不清而导致产业绩效大幅度下滑。一个轻资产园区团队大致可分为产业发展部、综合管理部、品牌推广部、园区服务部四个部门，产业发展部主要负责园区招商的规划、落实，收集、整

理相关政策优惠材料并与政府相关部门协调工作；综合管理部主要包括财政、法务、人事、行政等分支，负责园区的各项职能工作；品牌推广部负责园区的产业运营、创新增值、新闻宣传等；园区服务部负责搭建公共服务体系、为入驻企业服务、与客户关系维系等。总之，产业园区各个部门应各司其职，专业的人做专业的事，各部门都要牢记为了园区的持续发展而并肩作战。

**二、做到管理与服务并重**

4.0的时代，产业园只有管理没有服务是不足以让产业长久生存的。管理与服务园区并重是现代产业园管理体系搭建的主要特点，我们在具体的管理架构的设置上要突出这一方向，并整合政府资源和社会资源，统筹考虑。如果园区能够为企业提供其所需要且稀缺的服务，招商就具备了成功的基础，就能达到事半功倍的效果。

未来，企业化管理是园区管理模式的大趋势，尽管现在还没有确切的说法证实哪种管理模式最合理、有效，但是如果园区能够与企业一起搭台、一起唱戏，那么招商也好，运营也罢，均会收获颇丰。一言以蔽之，谁勇于创新，不断探索和实践，谁就有可能成为最后的赢家。

## 招商体系搭建

产业招商引资的核心问题无外乎就是去哪招商、和谁招商、能否顺利招商等。传统产业在运营和招商中存在着数据孤岛依然存在、招商模式过于落后、轻视产业运营管理等诸多痛点，导致产业园区无法锁定目标企业，难以实现精准招商。

想要搭建卓有成效的招商体系，产业园需要在现有招商体系基础上，优化招商服务体系，拓展招商渠道与客户，提升招商客户质量和数量。

### ◎ 通过精准招商实现产业园区收益翻倍

当前各行各业正处于国家鼓励创业的社会背景下，新兴产业园层出不穷，各地孵化器的建设方兴未艾，这意味着制订一个有效的招商方案势在必行。

的确，每个园区都希望做到精准招商，拿下更多上市企业级大客户，然而，真正实践起来却并非易事。一个产业园区想要进行精准招商，可以从以下七大路径切入，如图8-5所示。

图8-5 产业园区如何进行精准招商

一套高效可行的招商体系不仅能够为园区引进发展所需的项目、资金、技术和管理，成为园区经济发展的助推器，还可以通过提升园区的入驻率，让园区的收益实现稳定增长。总体来说，产业园区招商主要有“七大盈利模式”。

### 产业园区招商之“七大盈利模式”

1. 空间租金收入，这部分是大头，包括房租和活动场地费。以租金差价为运营目的的租金收益运营，是目前分包给运营商的主要收入来源。

2. 申报政府项目，政府补贴，收益返还。

3. 营利性企业服务收入，通过服务平台获取在平台运营中的增值服务收益。

4. 以整合园区企业产业资源，获取整合后的收益为目的的产业运营。

5. 好项目股权投资收入，以获取更大的资本收益为目的的投资运营。

6. 土地及资产增值，通过招商与运营及品牌营销宣传，提升产业园品牌价值，带动产业园固定资产增值。

7. 未来轻重资产合并开发模式，通过模式输出，依靠产业园品牌效应，进行轻资产运营，获取运营服务费。

想要顺利实现上述任意一种盈利模式，我们可以在招商过程中运用以下六个方法。

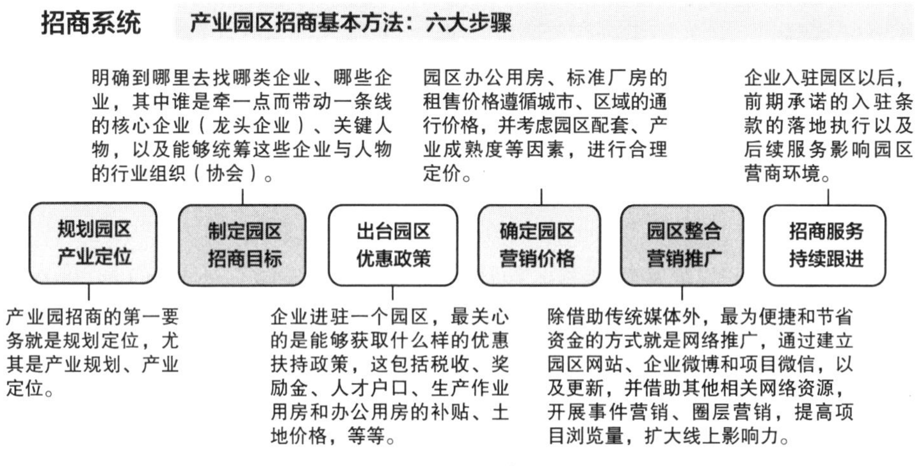


图8-6　产业园区招商基本方法

**第一步，确定园区产业定位**

从宏观角度看，定位是产业招商运营的首要任务，而精确到个体而言，定位同样是招商体系中最先需要考虑的要素。一个有生机、有活力的产业集群，必须具有一个精准的定位，这能有效地避免与其他园区同质化。例如，建设文化产业园需要选择有文化给养的地方，而不能随意选个地方就建园，如此才能让园区准确找到自己的定位；建设高新科技园，对地理位置要求更高一些，涉及物流、交通等因素，同时也要考虑到科研资源等是否完善，如果你的产业定位在当地恰好处于劣势，那么自然也会被淘汰。

根据科学、合理的分析研判，寻找产业的精准定位可分为三个步骤。

产业精准定位的三个参考维度

· 要对当地区域发展情况进行仔细分析，在产业大名单里找到当地可选择的产业；

· 从当地可选的产业名单中筛选出适合本地发展的产业，在选择时可以采取排除法，以地方政府当下诉求、区域发展情况、产业所处阶段的优势等为筛选标准，将在当地发展可能较小的产业排除；

· 因地制宜，确定产业定位，对筛选出的产业进行评估，确定核心产业，符合当地政府制定的产业定位与招商政策。

**第二步，清晰招商的目标企业**

产业定位之后的第二步是搜寻目标企业，毕竟产业招商的最终目的是吸引关键性企业来投资。因此，产业园区要根据产业定位，调研产业链结构、行业企业分布的情况等，清晰寻找目标企业的方向，同时，也要了解具有核心影响力的龙头企业和重要人物，以及他们所在的行业协会，根据这些内容来制定招商的目标企业和运营路径。

**第三步，制定招商优惠政策**

对于入驻企业来说，园区能为其提供哪些优惠扶持政策是投资者或创业者比较关心的一个问题，这些优惠政策包括奖励金、税收、房租补贴、土地价格、租赁价格等。因此，产业园区也应该制定相关的优惠政策以及采取措施落地实行。

尽管有些园区是“园中园”，因隶属于区域的高新区、开发区而依托于区域政府和管委会出台的政策，但为了满足企业更多的需求，园区有必要设定除政府政策以外属于自己的更优惠的政策，在企业创新、融资等方面加大扶持力度，用真诚的服务打动企业的“芳心”。

**第四步，对园区营销合理定价**

产业招商中还有一点是企业要关注的，那就是土地或房屋的定价，比如园区内厂房、办公室的租赁价格。在定价时，产业园要充分考虑到产业发展程度、园区配套等因素，根据本地区域的通行价格对其进行合理的定价。

另外，相比小微企业，行业的龙头企业所需土地面积要大很多，此种情况下营销定价时就要有灵活性。例如，根据企业需求面积调整土地或房屋的价格、园区运营发展成熟时可上调土地或房屋营销价格等。

还有些产业园区产权性质为工业性质，土地价格相对来说比较便宜，此时园区房产价格就可根据住宅价格而定。有些产业运营商会预留出一部分前期开发出来的地产，待后期产业营销趋势逐渐转好，以及土地或房屋价格上涨，再把前期预留的地产予以销售或出租，以获得更高的收益。

**第五步，引入“互联网 +”营销推广**

营销推广是产业园区惯用的招商手段，随着互联网经济的迅猛发展，很多产业园开始依靠企业微博、企业短视频、企业直播、园区专属网站、短信推广等新媒体的宣传方式来武装自己，通过开展事件营销、圈层营销，提升品牌的影响力。

同时，产业园区也可以结合线上线下公关营销、活动宣传、印发招商手册等组合营销方式进行招商。所宣传的内容不仅要突出园区的特点和优势，还要包含有新鲜资讯，直达目标企业，以此来增加广告宣传的效果。当然，营销方式并不是一成不变的，我们还要随时去观测，一旦宣传效果不佳，就要对宣传策略进行调整。

以我的战略合作伙伴——浙大网新科技园为例。

### 在园区数字化深耕数年的浙大网新科技园

浙大网新是与我合作过的比较成功的案例之一，我曾经在浙大网新招商运营的园区做过企业培训活动。浙大网新科技园在园区数字化方面深耕数年，可以说具备了运营大型城市科技园和新型主题产业园区的丰富经验。该园区乘着互联网火爆的东风，借助微信公众号、企业微博等各类新媒体平台进行推广宣传。比如，在微信公众号的官方平台中设置有“网新园区”“平台服务”“关注我们”等板块内容，并将其经营得绘声绘色，大大增强了广告的宣传效应。

不仅如此，园区还会定期为不同圈层的客户推荐最新的产业资讯，以此来博得各圈层客户的眼球，让其真切感受到浙大网新数字化运营的特色和内涵，让招商不再只是为了招商，而变成了扩大营销的新模式。

**第六步，对目标客户持续跟进，全员招商**

不得不承认，招商的确是个技术活。在招商的过程中，你稍不留神，目标客户就有可能悄无声息地溜走，打你个措手不及。因此，了解客户资料的下一步是招商后续的追踪服务，掌握客户的确切需求和本身意向。

对客户追踪服务时可采用两种方式：首先是电话跟进，通过谈话沟通获得企业的最新动态；其次是上门拜访，对电话跟踪了解的信息，选择意向性比较强烈的客户亲自上门拜访，在面对面交流中表明决心和诚意，采取“一对一”服务方式力争“拿下”目标企业。

当我们招到商以后，还要通过制定奖励机制，充分调动全员参与招商引资工作的积极性和主动性，以进一步获取招商项目的更多线索，吸引更多的人才、资金和技术，鼓励更多的客户来投资兴业。

不同的项目以及规模大小不同的企业，在制定相应机制时，同样要先调研自己的实际情况、目标及需求，以设置不同层级的奖励，制订全员招商政策。例如，可设立重大招商项目的奖励资金，对符合奖励条件的单位或者个人给予奖励；奖励也可以按年度或季度进行，由各单位的招商引资部门提出奖励意见，并通过委员会审核奖励；提供项目有效信息线索的单位或个人可作为招商引资项目的引荐人，并根据具体洽谈落地、投资建设、建成运营的情况，来对引荐人单位或个人进行奖励；等等。至于具体奖励的标准和金额则应按照项目实际固定资产的投资额或一定比例计算。

总之，“工欲善其事，必先利其器”。

无论是传统的招商方式，还是网络新媒体的传播招商方式，其本质并未发生多大的变化，招商无外乎就是弄清自身的优势是什么、如何找到精准定位、政府优惠政策有什么、招商企业的目标方向是什么，从而利用双方的发展优势实现互利共赢。

招商好，产业兴；招商败，产业衰。

## 企业服务体系搭建

产业园运营的核心是服务企业，构建新型产业链体系和打造全方位要素保障体系。

记得曾有一位业内朋友与我说过这样的话："我走访调研了多家产业园，发现一个现象，能够真正做到与宣传一致的服务平台少之又少，基本都是一种'噱头'。"或许他说的话有些以偏概全，但我不否认，在我多年来走访过的地方产业园区当中，真正把服务平台落实到位，拥有完整服务体系的确实不多。

园区服务体系是为入园企业搭建的综合服务平台，它是园区运营者通过对企业提供的配套服务实现共赢的核心载体，对调整经济结构和加速产业发展具有重大意义。自从我国产业园从"劳动生产为主"转向"技术创新为主"，各大园区就急需搭上时代的快车为自己构建一套健全、完善的服务体系，它是衡量产业园区核心竞争力的关键性指标，那么健全、完善的服务体系是什么样的呢?

### ◎ 产业园区企业服务体系搭建的"三个梯度"

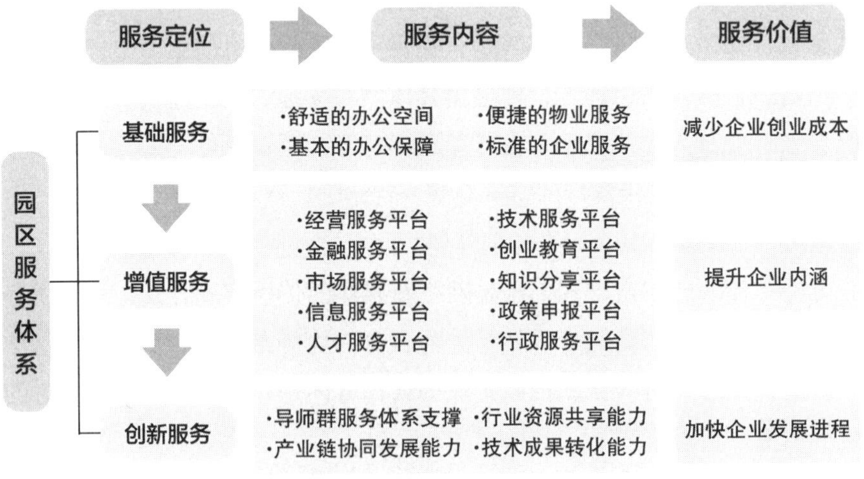


图8-7 产业园区企业服务体系搭建的"三个梯度"

当前，传统的物业服务已经无法适应新时代产业发展的需求，产业园服务过程中的矛盾问题越来越突出，比如“职住分离”、软性服务不到位、各类配套设施不完善等。为系统解决这些问题，我们团队对其进行了归纳总结，也许内容上会有疏漏，但如果园区能够尽量做到这些内容的一半，也足以能够成为同行里的标杆。

如上所述，园区的服务内容数不胜数，为什么有些产业园还停留在基础服务水平，有些产业园的服务却已达到至善至美？原因就在于有些产业园不知配套的公共服务平台体系究竟该是什么样的。我们认为，产业园区的企业服务大致可归纳为“一个中心、两套机制、三大服务”的运营管理服务体系。“一个中心”即招商运营服务中心；“两套机制”即客户需求保障机制和线上线下服务机制；“三大服务”即园区类服务、市场类服务和政务类服务。

基于这个体系，我们在服务的过程中可以进一步将其分为三个“梯度”来执行。

**一梯度：基础服务**

园区必须为入驻的企业提供相应的基础服务，而企业借助了园区的力量，办事效率也可以大大提升，比如舒适的办公空间、便捷的物业服务、标准的企业服务、基本的办公保障等，其中物业服务又包括供电、供水、供气等基础设施管理、物业报修和装修管理、物业租售和收费管理、停车位和车辆出入管理等公共资源的管理。

基础性服务是保障园区发展的基石，也是保障园区基本运行的前行动力。然而只有基础性服务是万万不够的，尽管这可以减少企业运营成本，但园区想要做到独一无二，还需要在服务方面再上一个梯度。

**二梯度：园区增值服务**

所谓“增值服务”，指的就是能够为企业提升价值和内涵的服务。打造园区增值服务平台，不仅可以科学合理地管理企业，还可以提升园区本身运营和招商的效率。因此，园区需要了解参股企业或进驻企业的服务需求，并为其提供深层次的服务，如经营服务平台、技术服务平台、金融服务平台、创业教育平台、市场服务平台、知识分享平台、信息服务平台、政策申报平台、人才服务平台、行政服务平台等。这些公共服务技术含量高、实施难度大，却又恰好是产业园区成长发展中必不可少的。

这些增值服务对园区运营者的管理能力提出了更高的要求，将园区服务从“保姆式”服务升级为“教练式”服务。园区为企业提供基础性服务的同时，企业也对其创新发展给出了未雨绸缪的指导性建议。显然，如果搭建这样复杂的增值服务体系单靠园区自己是难以完成的，所以，大部分园区不得不依赖社会资源、政府资源进行合作搭台，以便让企业能够享受更贴心、优质的服务。

**三梯度：科技创新服务**

创新始终是一流产业园在成长发展中追求的目标，既然一切服务都是从企业核心需求出发，那么园区经营者的思维也要与时俱进。园区需要围绕主导产业打造创新型服务，在构建基础服务和增值服务的同时设计能够体现创新、创意的服务内容。

产业园区想要做到创新，就要具备产业链协同发展能力、行业资源共享能力、技术成果转化能力等，比如，在产业链协同发展方面，专业化的园区应该知晓并运用公共服务平台把产业资源聚集起来形成一条产业链。同时，也应懂得如何帮助这条产业链上的企业对接产业资源、协同发展，并根据每个企业的自身特点提供定制的创新型服务平台。

“客户至上，服务至上”不是一句简单的口号，更应该成为园区经营的理念和宗旨。园区搭建完整的服务体系延展了自己的业务链条，树立了良好的口碑和形象，进而提升了园区运营的收益，无论对园区招商的成果，还是创业环境的改善都大有裨益。

目前，虽然很多园区对外宣称自己的服务平台是怎么怎么极致，但真正能做到服务极致，应有尽有的寥寥无几，大部分园区的公共服务还仅仅停留在低水平的层面上。现在各行各业在经营时都在遵循着一个真理：产品有多好不重要，只有服务好才是真的好。

## 好的服务是以心换心、将心比心

在第4章我们谈到，全社会信用体系的构建与维系，最终还是要靠“以心换心”“将心比心”，其实做服务也是一样。

有一次，我到某公司去做调研，这家公司曾经是优衣库全国前三名的供应商，可以说其供应链是非常好的。该公司租了我们园区的场地，经过了一个月的打造其团队还在装修。我当时就很纳闷，于是就专程过去和对方高管沟通，询问原因。

对方的答案是，他们本身有供应链，如今要在这里建设全产业链的团队，所以他们要做MCN机构，包括运营团队、主播团队都要一一搭建，然后才能去链接一些平台和渠道。

听完对方一席话以后，我们当即表示，这样一家本身具有产业链优势的公司，在园区里租了那么大的场地，还要继续做全产业链，失败率大概在80%。与此同时，我们提供了我们的参考建议：其实，想要成功也不难，您可以用您的供应链去跟我们的 MCN机构运营团队对接，和您的第三方平台公司去合作，如此一来，您的产品当天就能直播卖货了，第二天就可以发货了。就这样，后续我们为对方导入了相应的资源，一个月没有进展的项目如火如荼地迅速展开了，到了第二周其直播就能达到每场几十万甚至上百万元的销售额了。后来，据我们了解，他们还迅速在全国开了好几家加盟店。我们也没想到，只是一个小细节的调整，对一个公司发展而言却是如此重要的战略。

以前我们常听一些客户朋友抱怨说，他们入驻了某些园区后，人家便不管他们的死活了，因为对方觉得自己收了房租就万事大吉。而我们不一样，我们是挨家挨户去走访企业，通过大量的实地调研去挖掘对方的优势，然后再给出有效的建议。

可以说，在做服务的过程中，我们不是拿现有的理论去生搬硬套，而是真正站在客户的角度去思考。我们不是一定要额外给客户增加运营费用，相反，我还要想方设法帮助客户节约营销费用。我相信，唯有以心换心、将心比心，才能赢得更多客户的心。

面对发展日新月异的产业园区，当前园区经营者的探索似乎还只是一个开始，未来的服务体系仍需不断完善。园区的服务体系是企业选择园区时需要着重参考的要素，在这样的体系之下，各产业园区也可以结合自身特点照方抓药，搭建适合自己的配套服务体系，从而与新时代产业的发展需求相吻合。

## 产业园运营体系搭建

运营是贯穿于招商、服务与资产增值的全系列解决方案的策略与手段，是系统运作，与招商及服务是不可分离的。产业园通过运营来提升企业客户的黏性和租金的议价能力，以达到可持续性盈利的目的。为此，我们要通过系统化的运营，打造独一无二的生态体系，形成独有的运营模式，建立园区良性发展的闭环。

对于产业园来说，运营和招商同等重要。如果把招商看作产业发展的引擎，那么运营就是推动产业前进的操作系统，再好的引擎，倘若没有完整的操作程序和系统，企业也有可能会在中途下车。

曾经有位产业地产商老板被同行问道："产业园建好后接下来要做什么？"

那位老板淡定自若地回答："完善园区的配套设施，让园区走在时代的前沿，打造更贴合'数字化'概念的生态系统，使园区产值翻一倍。"

理想很丰满，现实很骨感。这位老板朋友的话听上去很不错，但是他有没有对园区做完整的运营规划就不得而知了。

经营产业园就像经营一桩婚姻一样，当岁月流逝，曾经的海誓山盟或许已不复存在，结婚后的生活是否幸福才是人们所关注的。而要想把婚姻经营好，两口子需要拥有很强的自理能力和默契的配合度。产业园的经营也是如此，招商带来的是短期效益，只有运营好了，园区才能获得长期效益。

差异化的运营方式同样是产业园区竞争的核心要素，那么产业运营体系怎样搭建呢？

## ◎ 数字时代的产业园运营——“无创意，不创新，毋宁死”

著名企业家亚柯卡曾因拯救了克莱斯勒汽车公司而名声大振，他有句名言令我至今都很受用：“无创意，不创新，毋宁死。”园区进入存量时代，缺乏运营创新是产业园的致命要点，尤其如今数字化当头，产业园运营者更要秉持创新运营的理念，以维持园区良好的经营态势和持续发展后劲。

什么是园区运营？简单来说，它是以产业为中心，将产业与园区产品捆绑在一起，建立起一种极度稀缺的黏性，这是对产业自身和客户的黏性，借此实现对园区的全运营管理，包括投资选址、规划定位、产品设计、建设施工、招商营销、运营服务等，整个过程贯穿了园区发展的全生命周期。

说到底，园区运营都是以服务企业为核心目标，为企业提供服务的同时，与企业互相融合，互相合作，一起成长。而运营的精髓是能够最大化地整合产业服务资源，结合区域禀赋和自身优势助力企业高效发展，能够通过全生命周期的精细化运营，创造最大价值。

而作为一名合格的园区经营者，需要具备以下几点能力。

**一、提升产业精细化运营服务的能力**

园区运营的好坏直接决定了产业发展的效能，而产业园的运营价值不只是靠跑个注册、点个外卖等基础服务或增值服务来衡量的，更重要的是要提供精细化服务，为企业提供精细化服务，成为助力企业腾飞的隐形助推剂。那么产业园区运营需要做到哪些精细化服务呢？

精细化服务的要点

（1）园区运营≠园区服务

“园区运营”不等同于“园区服务”。很多园区常常把运营和服务画上等号，其实不然。全生命周期的意义在于将运营前置，尽量要在前期选址、规划、建造时就着手介入，而不是等到园区建好了再去介入，因为到那时你就会发现产品和产业并不匹配，这顶多算是物业服务，而非真正的运营了。

（2）“三业”协同

产业园区的运营需要产业、物业与商业协同合作，相互辅助。毕竟产业园区不是一项短期的工程，它的周期长、投资大，很多不确定性因素是产业自身无法预估的。它不像传统地产项目，只要做好物业服务就万事大吉了。唯有“三业”并举，才能形成良好的品牌效应。

（3）大数据发力

以前产业园区总是“企业需求跟着园区走”，往后要变成“园区跟着企业需求走”，运用大数据的支撑不断更新对企业的服务，做到“企业所享，超出所想”。

## 二、利用个性化资源，做好创新型媒体宣传

运营即是招商，成功的营销推广方案是园区运营的有效手段，你的推广方案有新意，就能够吸引更多的企业入驻、个人投资以及人才涌入，就能提升投资商的满意度和信任度。

### 营销推广方案的四个要点

（1）塑造园区品牌

品牌是一个园区的Logo，也是谋求目标企业关注度和认同度的关键。产业园需要对园区功能、环境、价值、价格、政策、服务等多方面资源进行整合表述，针对区域和产业的发展现状、园区规划以及利益相关者的“卖点”，塑造适合园区的品牌。

（2）新媒体品牌推广

园区品牌推广的目的是让客户对产业园区、园区管理层形象、产业园服务等有一个全覆盖的了解。园区可通过微信公众号、视频号、今日头条、抖音、知乎栏目等新型媒体的宣传渠道，向客户传递管理层对行业的见解、各类场景服务的特色和理念以及园区如何做孵化器等内容，让品牌塑造“概念”吸引更多的企业前来投资与入驻办公。

（3）让客户信任品牌

园区可邀请潜在客户进行实地考察，从线上推广转为线下约谈，让客户更加信任品牌，激发客户的投资与入驻意愿。

（4）做到持续服务

园区推广不是一蹴而就的事，它需要持续不间断地保持跟踪运作，这样才能从量变积累逐渐发生质变。服务无止尽，创新运营无止尽。

### 三、以活动带动产业园营销与资源整合

园区活动是产业运营、品牌培育过程中不可或缺的一部分内容，主要由主题内容、参与人员、活动形式、组织质量四大要素构成，是独领风骚，还是乏善可陈，最终都会直接对品牌形象产生很大的影响。

近年，产业园推广活动的形式多种多样，主要包括以下几种。

产业园推广活动的主要形式

（1）行业展览会

行业展览会一般由行业协会组织，园区要抓住参展的契机，利用会前会后的产业交流时间展开线上、线下的猛烈宣传，以此来提升品牌的知名度。

（2）产业论坛研讨会

产业论坛研讨会是宣传园区品牌的绝佳时机。

（3）公共服务活动

公共服务活动是园区为了赋能企业高质量发展而举办的专题讲座、专业培训、服务对接说明会、行业俱乐部等各类活动，助推“高、精、专”企业在园区落地生根。

（4）项目启动开盘仪式

项目开盘活动不应只是单纯性地为了突出楼盘和地产而举办，更应该最大限度地展现园区特色、运营服务，借此来宣传产业园区的品牌

内涵。

（5）社会公益活动、社会文化活动

园区活动还包括社会公益活动和社会文化活动，此种活动多由社会和园区内部的个人或组织参与，通过富有积极社会意义的环境保护、社会服务、社会援助、文化宣传等活动，使园区增加新鲜的活力，对品牌信誉度的提升大有裨益。

## 四、搭建产业园区招商运营数字化平台

当越来越多的产业园区新星崭露头角，传统的运营模式也必将不再适用。产业园亟须要做的是以空间资源和园区服务为基础，针对园区特色的服务体系，搭建一套系统性的数字化运营平台，打造以企业和人才为核心的智慧园区生态圈。关于数字化运营平台构建的具体内容我们将在下一节展开，这里也就不再详细赘述。

“重商亲商”、一站式服务是产业园区运营管理的服务宗旨，并不是口头说说而已。从事地产招商运营项目多年工作的我不断总结和反思，发现很多产业园之所以经营得有声有色、持久不息，主要是因为产业聚集背后有了完善的运营体系，有了运营的内容，有了服务的人，这样产业本身才能具有生命力。

每个产业园有每个产业园的特色，因此，学习运营规划和策略不能盲目照搬，一定要在不断沉淀、不断迭代中，结合区域的市场经济状况以及自身的产业基础情况，合理地借鉴与学习。2021年12月17日，我受邀做客“2021年拱墅运河文创会客厅——新模式下的数字直播产业园”，通过直播形式，与其他电商产业园的操盘手们一起探讨新模式下的产业园运营方式。在讲到产业园运营体系搭建的时候，我举了财通直播文化产业园的例子，这个案例我将在下一章详细阐述。我想说的是，九堡是以带货为主，但如果是拱墅区，应该通过什么来撬动园区产业呢？是直播带货，还是通过运河文化、创意载体、文旅等进行文化传播？其实每个地方都不一样，这时我们就要回到前面所说的定位体系，结合地方特色来搭建适合自己的运营体系，而不是拿来主义、照搬照抄。

产业园区的运营过程注定不会顺风顺水，但我们对于产业园的建设目标绝不能轻易动摇。当我们拥有了一个“最强大脑”，把一个个厂房用灵活的运营服务系统活化成一个“具备产业发展化学效应的反应堆”，我们就会发现，无论经历多少曲折，都是值得的。

## 数字化：产业带（园）改造升级体系搭建

伴随新产业、新业态、新技术的日益兴起，作为企业重要孵化基地的产业园区也逐渐升温。“广连接”是4.0时代产业园区的核心理念，由连接设备到连接系统，再到连接园区里的人，通过万物互联来解决管理系统信息化落后、智能化不足等问题，以数据沉淀为人和企业提供更优质、更精准的服务，形成横向、纵向正向连接双循环，实现真正全连接的智慧园区。

打造一个智慧园区并不是轻而易举的事，它需要把园区内各个子系统或业务聚集、整合在一起，构建“数字孪生”产业园大脑，形成一个统一的综合管理平台。而这个数字化的综合管理平台支持各种“智慧化场景”运营和服务，包括产业服务、生活服务、园区管理、能源管理等，采用多网融合解决方案让园区运营者、入驻企业、产业员工、物业等共享智能服务带来的美好、便捷体验，赋能园区数字化转型升级。

### ◎ 通过综合管理，打造安全、高效、舒适的智慧园区

产业园区数字化转型的本质意义是为了未来拥有更广阔的市场前景，好的转型模式需要能够让园区的运营降本增效、减小风险。过去的政府型管理、企业型管理即将全部升级为数字化平台管理。在走访调研各地智慧园区的过程中，我发现，搭建统一的数字化综合管理平台大体需要七大板块。

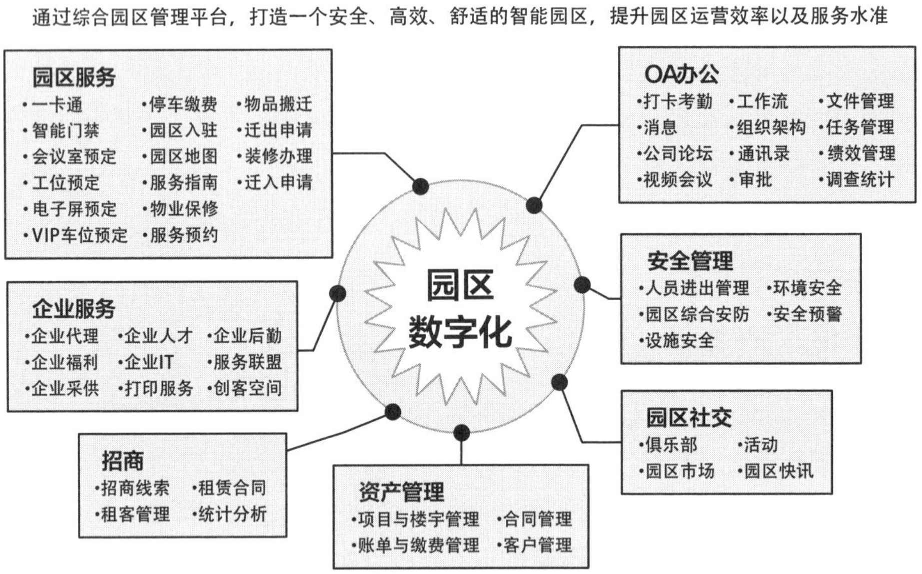


图8-8 直播新电商产业园——招商运营数字化平台搭建整体目标

## 一、园区服务板块

智慧园区的服务板块是所有区块中最重要的组成部分，在设置这一板块时，园区需要运用互联网生态圈思维，打造集生产、生活、娱乐、商业、商务于一体的、线上线下相结合的综合服务，包括无卡智慧停车、智慧一卡通、智能门禁、线上迁出申请、线上预定、智能园区地图、线上装修办理、线上工位预定、VIP车位预定等应用场景的智慧物业系统，通过数字化服务水平的全面升级，为客户提供全新的、智能化的贴心服务体验。

## 二、企业服务板块

园区在搭建企业服务板块时，要正确梳理入驻企业的服务需求，并且能够根据企业所提出的需求，利用物联网和大数据分析等一系列技术设计科学、合理的相关服务体系，包括企业代理、企业人才、企业后勤、企业福利、企业IT、企业采供、打印服务、创客空间等。从“企业跑腿”变为“智能跑腿”，让一切唾手可得，用“平台+服务”打造方便、快捷的智能服务。

## 三、招商板块

在以往的传统招商过程中，无论是搜集企业资源信息，还是与意向企业谈判、沟通、签合同，都需要团队成员线下亲自跑腿，人力付出比较大。因此，智慧招商板块对于产业园区来说其重要性毋庸置疑。

园区需要通过大数据、数据关联、数据挖掘、Deep Learning等技术解决无法共享、信息孤岛等问题，轻松实现园区与企业的互动互联，可在线上进行查询招商线索、签约租赁合同、管理租客、统计分析等事宜。

**四、资产管理板块**

产业园区的资产管理包括项目与楼宇管理、合同管理、账单与缴费管理、客户管理。资产的运行效率、运行成本、维护成本等因素对企业利润的回报率都会产生一定的影响。如果园区能够运用大数据等科学的信息化手段，就可对产业资产的走向进行实时监测，实现资产明细清晰化，同时也能大大地提升园区资产的运营效率。

**五、OA 办公板块**

OA办公系统，即通过系统的协同和自动化进行办公，可以使原本繁杂的工作变得简单、轻松，提升工作效率。

园区可以基于数字化技术为企业提供移动云办公、云营销、云电子商务、云物流等移动云商务服务，在公司的打卡考勤、文件管理、任务管理、公司论坛、绩效管理、会议、审批、调查统计等工作管理中融入智能化，满足企业各类服务需求，给入驻企业带来便捷，让员工满意，为企业减负！

**六、安全管理板块**

园区的安防系统同样需要智慧化新基建的加持，通过全息的智能可视化BIM系统，对园区实施智能安防管理、智慧消防、生态环境监测等，从车辆、人员的进出管理，到火灾、水灾的预防，进行实时监测，及时发现安全隐患，协同联动闭环管理，将危险以最快速度消灭在萌芽中。

**七、园区社交板块**

大多数产业园区内都设置有各种娱乐场所，为了给客户带来更好的服务体验，园区还需通过App连接线下的园内体育馆、企业社区、咖啡馆、俱乐部、线上交流平台等，与客户、企业员工实时共享园区快讯，使其了解园区的最新动态和活动详情。

综上所述，新时代所有产业园区都将面临数字化重构。不管是老牌园区，还是后起之秀，数字化转型都是各大产业园区的宿命，也是园区从4.0时代迈向5.0时代的关键节点。打造安全、高效、舒适的智能园区，需要园区与企业相互融合、相互促进，只有这样才能共建一个完美的数字化商业新生态。

# 园区共同富裕体系搭建

通过前面介绍的内容可以看出，产业园区与地方经济发展、入驻企业发展存在着不可分割的联系。对于地方经济来说，产业园培育和聚集的高科技产业，从根本上解决了税收和就业问题，并且通过招商引资也带动了当地经济的发展；对于入驻企业来说，产业园区通过搭建完善的“七大体系”，形成良好的商业模式，为企业成长发展助力。因此，三者之间存在共生、共赢的关系，搭建园区的共同富裕体系就显得尤为重要。

## ◎ 打造一个值得入驻企业信任的产业园经济生态系统，实现共赢与共富

在前面第6章，我谈到了企业品牌的资本化，以及通过全员持股、资本上市来实现共同富裕。其实，产业园区或者一个产业带也是一样的理念。因此，园区的共同富裕模式，更多体现的是一种思维、一种理念。

如图8-9所示，以某集团的文化产业园为例，这个模式的核心就是将园区内的企业、产业链上中下游，通过不同的模式或一种创新机制，包括围绕着产业主体、参与股权投资、业务合作、资源整合等，将所有成员的利益关联起来，最终一个园区甚至可以做成一家上市公司，真正实现共同富裕。

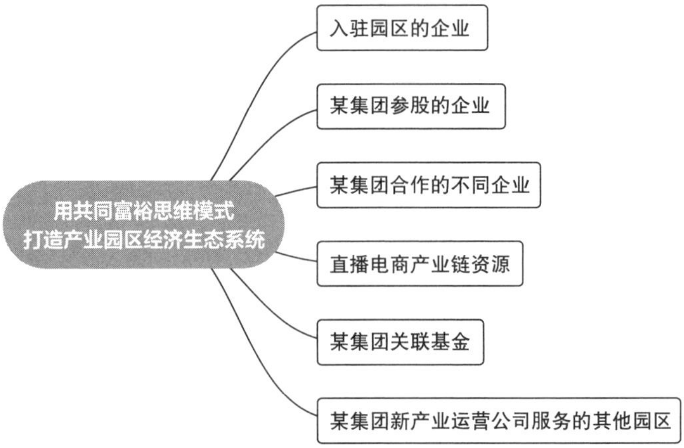


图8-9 用共同富裕思维模式打造产业园区经济生态系统

比如，一家有实力的大企业入驻到一个园区，该企业给对方带过去的是优质的资源，是口碑，是品牌效应。那么，园区通常不是以收租金来计算收益的，也就是说企业不需要支付租金或者支付很少比例的租金，这在某种程度上就相当于是通过股权或期权的方式参与了该企业的发展。再比如，如果我能在一个园区把300至500家优秀的企业都聚拢在一起，通过洽谈园区是不收我们租金的，而是让企业的客户全员参与进来，同时把企业的营业额以及我们的客户创造的价值结合在一起，我们就可以从每家公司获得一点小股权。我想说的是，作为客户是不一定非需要交钱才能入驻园区的。

这一思维体现的其实是真正的共同利益的共享，只要这个园区发展得好，这个企业发展得好，那么大家就都会越来越好。当所有人都抱团在一起取暖的时候，其发出的光和热，甚至能够推动成立一家拟上市公司，日后如果能顺利打通产业链，那么这盘棋只会越下越大，未来不可限量。

其实，无论是企业、园区，还是产业带，都是一样的道理。我们要利用共同富裕的思维，想办法通过不同的形式（股权、期权、分红等），让上、中、下游产业链的不同角色群体都参与到利益共享这个过程中。在未来，客户本身就是股东，我们还要努力让客户参与到一家企业的成长，包括企业的上市、利润分红等过程。

在此基础上，园区共富系统搭建的路径与目标主要有：召开当地园区数字经济峰会暨园区数字化商业生态圈发布会，打造本地园区特色的经济共富共同体。

具体来说可分为以下几个方面。

**一、打造出共同富裕模式，即从园区共同体到产业园共同体，最终到产业共同体**

在产业园共同富裕模式的基础上，建立品牌模式和实现品牌输出。集合“本地特色的共同富裕模式、本地新电商直播数字化模式、本地产业振兴模式、本地乡村振兴模式等多维度”，既满足政府导向，又吻合投资商导向，还融合当地老百姓致富愿望，这就形成了健康、良性循环的数字经济生态圈，通过投资置业、购房置业，安家落户，产业正向循环，打通产业链上、中、下游资源，真正实现共生、共创、共投、共享、共赢，共同富裕，共同赢利。

**二、结合当地的产业招商引资政策，召开一场大型的极具影响力的新电商直播产业的数字经济论坛活动**

例如，以“产业招商，推动楼盘销售”为策略，召开一场隆重的、极具影响力的当地产业经济生态圈、数字经济论坛峰会；在产业招商过程中，推动产业园销售（招商运营）营销升级：联合当地政府、当地全产业链资源，召开一场面向全国的、隆重的产业园直播数字经济论坛活动；等等。

**三、举办园区的共同富裕峰会暨年度节庆活动、产业数字经济峰会**

届时可邀请相关分管的政府部门、业内专家学者、连锁加盟的实体店与渠道商、大客户以及产业链关键资源合作伙伴、投资机构与股东代表、终端消费者等，一起参加峰会活动。

做成孵化上市公司的园区路径

（1）进一步优化园区产品服务体系、商业模式、数字化服务系统平台，融入专业资本，做大价值，做大数据；

（2）打造出属于园区品牌的特色模式，孵化与引导园区内企业面向世界进军，将该企业品牌做成世界级的民族品牌；实现园区品牌和模式输出，轻资产运营；

（3）孵化企业，产业报国，走上资本市场，将企业打造成享有国际知名度的上市公司。

综上，我们所做的一切最终都是为了引导企业产业报国，走上资本市场，将企业打造成享有国际知名度的上市公司；将产业做成全国独一无二、差异化的产业带，赋能当地产业高质量发展。因此，园区的共同富裕同企业一样，需要融入新资本思维，孵化本地园区招商引资进来的企业资本上市，将园区做成孵化上市公司的园区，将园区所在的当地产业做成上市公司集聚的共同富裕产业带。

第 9 章

CHAPTER 9

# 探索产业园区创新范式，形成产业生态圈和产业共同体

0101010101010101010101010101010101010101010101

产业园的运营关乎产业园眼前的竞争生存和未来的持续发展，园区运营商必须适度保持运营创新，使自己及园区均维持良好经营态势和发展后劲。

然而，今天绝大多数的产业园区，都是在割裂与变革中寻找方向和创新的路径。如果说 2022 年是园区的颠覆之年、开创之年，那么 2023 年则需要我们不破不立，破而后立，晓喻新生。

园区运营的大幕已经拉开，头部企业纷纷入场，探索运营模式的多样化发展，玩家们都要尽快跟上节奏，建立属于自己的“护城河”，深耕运营这张王牌，使自己在产业运营、资产运营等细分赛道释放更多的发展机遇。

洗礼过后，必是新生。

## 构系统：财通直播文化产业园，构建“万物皆可播”直播生态系统

近些年来，各地产业园呈雨后春笋般不断涌出，直播电商产业成为我国区域经济发展的新形式。直播电商行业的异军突起，给产业园发展带来了新希望，从素人到明星，从现实真人到虚拟偶像，众人皆可当主播；从日用品到奢侈品，从实体运营到网络营销，万物皆可播。

据统计，目前我国直播产业园一半以上建在一线城市，而二、三线城市的数量也在迅猛增长。直播电商产业园大多形成了“网红+直播+电商”形式的业务链，在产业聚集、产业运营中发挥了重要的作用。直播电商的兴起是产业园区建设的新风口，也是带动直播产业有序发展的新渠道。

作为我国推动“两个先行”的领军者，浙江省始终跟随互联网经济的产业热点，探索直播产业园的新发展思路和新经营模式，为当地直播产业园制定出了适合现阶段经济环境的有效路径。

### ◎ 财通直播文化产业园招商与运营创新操盘实践

财通直播文化产业园位于杭州钱塘智慧城，占地面积13.2万平方米，致力于打造数字时尚产业，以直播电商资源优势为依托，融合新零售、新媒体等方式，构建集网红培训、直播带货、产业链供应为一体的数字化直播电商产业园。

目前，财通直播文化产业园正在从传统产业园向“直播电商+互联网”转型升级，成了上城区集聚数字化时尚产业的根据地。园区入驻企业超过400家，其中直播电商机构与供应链相关企业约占70%以上，全品牌直播间总数达85个。

近年来，财通直播文化产业园在上城区商务局的引领下持续壮大，深度聚焦直播电商产业与其他产业的融合发展，促进数字技术服务新消费，这标志着园区已进入了一个全新的产业服务阶段。

那么财通直播文化产业园多元化的运营体系是怎样的呢？

2020年10月至2021年6月，我与朋友在杭州九堡的“直播的宇宙中心”合伙组建了一家产业运营公司，并成功操盘了财通直播文化产业园。

当时，受新冠疫情的影响，财通直播文化产业园附近有多家网红直播基地，包括七章公园、新禾联创等。处于中间位置的财通直播文化产业园好似“夹心饼干”一样，运营效率、园区发展全部陷入了低迷状态。此时，财通控股集团马董事长找到了我们，针对园区当时的困境进行了交谈，并与我们达成了合作共识——由马董事长投资成立产业运营公司，由我本人担任CEO，总策划总统筹，组建新团队，与老团队融合一起操盘该产业园招商运营工作。

2021年10月10日，我们正式驻场，我和我新组建的团队为财通直播文化产业园提供了一套产业招商运营系统解决方案，全程指导落地实操。截至2022年6月，产业园区在业内形成了良好的品牌口碑，出租场地出现供不应求局面，租金持续涨价。关于财通直播文化产业园的具体招商与运营实践打法，我做了一些系统的梳理。概括地说，一是团队要有创新的思维，二是要有系统打法。

首先，根据前面章节讲到的“两大核心工作”，我们提出了招商运营升级的策略与方法，准备启动项目。

### 项目启动前的准备工作

通过前期的初步实地访谈调研与头脑风暴沟通，我们建议财通直播文化产业园优化升级招商与运营“两大工作重点”。

一是财通直播文化产业园需要与我们专业团队合作招商运营，并组建一支迎合移动互联网数字经济新时代发展需要的专业化招商与运营团队；

二是需要联合我们专业的团队通过招商与运营，构建财通产业链数字经济生态圈，梳理出一套招商与运营系统并更好将其应用到实际工作中去，提升财通品牌形象，实现模式输出和轻资产运营。

其次，通过以下产业园招商与运营优化升级的“七部曲实现路径”，该项目取得阶段性的进展并广受好评。

表9–1 财通直播文化产业园“七部曲实现路径”

| 财通直播文化产业园“七部曲实现路径” | |
|---|---|
| 第一部 | 我们一起组建了一家新运营公司，组建了一支项目新运营团队，召开了项目启动会议。统一思想，统一行动，初步确定了阶段性工作目标、工作模块内容分工与工作策略方法等 |
| 第二部 | 调研并出具调研分析报告:《财通直播文化产业园现状调研诊断与改善建议报告》，具体内容包括财通直播文化产业园发展现状及财通控股集团企业文化、组织架构与招商运营团队等调研 |
| 第三部 | 全面、系统地梳理出一套《财通直播文化产业园招商与运营创新型服务体系方案》（用于内部战略打法培训与落地实施纲领）。<br>1. 《财通直播文化产业园主题定位优化升级方案》；<br>2. 优化升级《财通直播文化产业园规划设计建议方案》（最新版）；<br>3. 梳理出《财通直播文化产业园招商与运营服务手册》；<br>（1）突显园区实力和差异化优势，出台园区招商优惠政策；<br>（2）产业园运营核心是服务企业，提供一站式、保姆式服务，企业有困难，就找财通招商运营中心的企业服务团队 |
| 第四部 | 《财通直播文化产业园招商与运营线上线下全网品牌整合营销推广建议方案》——品牌整合营销推广执行，突出财通直播文化产业园UPS热点 |
| 第五部 | 财通直播文化产业园优化升级为数字经济产业园实施落地:<br>1. 《财通直播文化产业园优化升级为数字经济产业园实施方案》——软件硬件系统落地实施;<br>2. 财通直播文化产业园经规划设计改造后，举行“二次开园”活动：联合当地政府整合产业链资源，召开一场隆重的直播电商数字经济论坛活动，打响“财通”品牌影响力 |
| 第六部 | 未来轻重资产合并开发模式:提升产业园品牌效应，形成自有系统，实现品牌和模式输出，轻资产运营。<br>1. 根据集团转型升级战略目标，创新组织架构，优化和搭建独立招商运营团队；<br>2. 《财通直播文化产业园招商运营服务体系》——培训，执行；<br>3. 实现品牌和模式输出，轻资产运营，集团收益将实现N级别翻倍增长 |
| 第七部 | 最终实现财通直播文化产业园品牌和经济效益全面升级。<br>1. 产业园项目多种盈利模式:空间租金收入；申报政府项目，政府补贴，收益返还；营利性企业服务收入，通过服务平台获取在平台运营中的增值服务收益；<br>2. 整合园区企业产业资源，获取整合后的收益为目的的产业运营；<br>3. 投资收入，以获取更大的资本收益为目的的投资运营；<br>4. 土地增值等 |

当然，每个基地、每个产业园都有自己的特色，我们基于上面这套创新实践打法，成功梳理出了财通直播文化产业园的愿景、使命、价值观，并从搭建产业定位体系、产业管理体系、产业招商体系、产业服务体系、产业运营体系、产业带（园）改造升级体系、企业共同富裕体系入手达到“人通、货通、场通、财通”，实现财通直播文化产业园整体资产快速增值，打造了一个“年轻、时尚、共生、共享”的创业生活数字化未来社区，构建起让入驻企业信任的经济生态圈。

**财通直播文化产业园经济生态圈**

**愿景**

打造“年轻、时尚、共生、共享”的创业生活数字化未来社区
构建让入驻企业信任的财通直播文化产业经济生态圈

**使命**

提供“一站式、保姆式”企业服务
提供一种及时、高效、追求客户满意度的五星级服务
营造有爱、有亲情、有归属感的幸福快乐的“家文化”

**价值观**

健康 时尚 活力 信任 尊重 共享 共生 共赢

图9-1 财通直播文化产业园经济生态圈

事实证明，这套财通直播文化产业园经济生态圈打法是明智、有效的，现在的财通直播文化产业园可谓网红遍地开花。在此过程中，园区还会借举办游学考察、峰会论坛、政策解读主题沙龙等活动的机会与同行进行交流和学习，为入驻企业提供增值服务。

近年来，该基地在数字经济与实体经济深度融合的背景下，与杭州高校合作举办了专业主播培训，为园区培养了无数名优秀的网红主播。其间多家媒体还对财通直播文化产业园的“共享直播间”进行了集中报道，进一步突显了园区“产业集群+跨境电商”“专业市场+跨境电商”的特色，多方努力，共同打造出一个“共享、共生、共创、共赢”的未来数字化经济生态园区。

### 创新打法与优质服务赢得客户信赖

曾有个客户租了两层楼，每层楼都是2000平方米以上的。租下来以后，有一次我去走访调研，我发现每层楼的直播间装修得都非常好，但有一层楼的直播间没有人直播与办公。就问这个老板具体情况。对方告诉我，他说以前一天的直播带货能够达到200万元的营业额，但如今只有两三万元的营业额，以前员工就有200人，现在裁掉了100人，只剩100个人了，场地也是一样，用不完了，对方在犹豫是不是应该将场地退掉。实际上，该客户存在的问题并不在于场地，因为他把场地装修得非常好，而是在于没有一套完整的创新打法。

于是，作为招商与运营服务团队负责人，我提出了几点建议：

第一，我告诉对方可以帮其免费招租并且招满，因为他的租金在园区里面是最贵的，在收入上利润相对更高一些。例如，可以做共享直播间，将直播间租出去。据我所知，因为杭州直播氛围很好，许多主播来杭州一时间可能找不到直播间，导致很不方便，这就是契机。

第二，我为对方分析为什么其营业额会从一天200万元变成两三万元，因为他们不够专业。因此，我可以请专业人士为他们把脉，并给出诊断和建议。

第三，这家客户其实也有代理的两家国外的品牌，我站在品牌角度也给他一些建议。

后来，这个消息很快通过朋友圈在我们园区内传播出去，得到了《都市快报》和杭州电视台、浙江电视台的争相报道，共享直播间的概念就这样打出去了，而该客户租下的两层楼也很快得到了充分的利用，其找到了自己的使命和价值，将事业运作得越来越好。

在半年多的时间里（2020年10月至2021年6月），这份挥洒汗水背后的付出也获得了越来越多的掌声及肯定，收获了许多殊荣。

在2020短视频与直播电商年度颁奖盛典上，财通直播文化产业园荣获“2020年度优秀直播电商基地奖”，做直播来财通，全国直播产业园看九堡；财通直播文化产业园总经理陆永伟荣获“2020年度杰出人物贡献奖”。

财通直播文化产业园荣获“2020年度优秀直播电商基地奖”

图9-2　财通直播文化产业园获奖情况（1）

2021年3月13日，财通直播文化产业园应邀出席飞象新零售第56届千人峰会，并荣获2020年度优秀直播基地金象奖。

财通直播文化产业园荣获“2020年度优秀直播基地金象奖”

图9-3　财通直播文化产业园获奖情况（2）

2021年3月31日下午，由中国5G直播产业联盟联手浙江省电子商务促进中心，在中国移动通信联合会与浙江省商务厅的指导下举办的2021首届全国优秀直播基地颁奖盛典活动在杭州乔司圆满举行。本次活动聚集了数百名来自全国各地的直播基地、平台、网红、MCN机构与运营牛人们，通过层层筛选，在全国上百个基地中杭州财通直播文化产业园脱颖而出，荣获“全国优秀直播基地”奖项。

财通直播文化产业园荣获全国优秀直播基地

图9-4　财通直播文化产业园获奖情况（3）

2022年4月，在浙江省商务厅公布的“第二批省级直播电商基地”名单中，浙江省共有26处直播基地上榜，上城区财通直播文化产业园也位列其中。

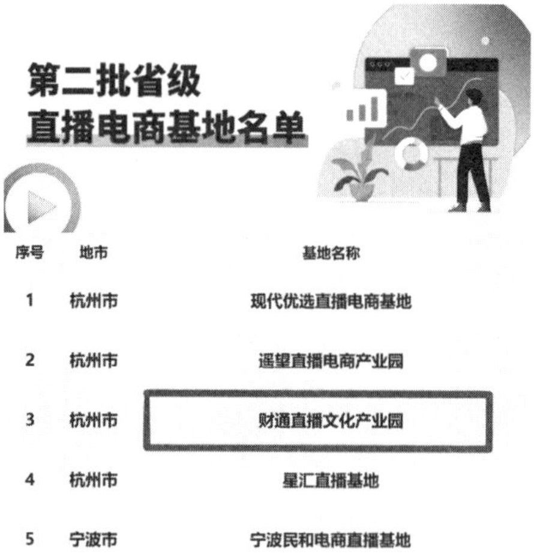


图9-5 财通直播文化产业园获奖情况（4）

我深知，这些既是荣誉，也是责任，作为传承了“仰望星空，脚踏实地”精神的财通直播文化产业园，任重道远。我们必须继续锁定数字化的新风向，在逐梦的途中，充分践行国家发展战略，吸引更多优秀数字化企业入驻园区，形成数字化产业闭环，奋力谱写数字经济高质量发展的崭新篇章。

## 建能力：西溪谷区块链产业园，渐成金融科技生态圈

当移动支付、共享出行为我们的生活带来了便捷，当产业互联、智慧城市为我们的工作提升了效率，数字技术应用拔地而起，成为各行各业的强劲引擎。如今，杭州作为“数字经济高地”的先发城市，聚焦“区块链+大数据”核心技术，将其当作数字城市高质量发展的重要支撑。

2022年3月，蚂蚁链产业创新中心在杭州西湖蚂蚁小镇正式成立。该项目拥有蚂蚁链全球领先的技术平台，结合丰富的运营经验、产业资源、场景应用，力争创建国际一流的区块链技术“创新+人才+应用”的聚集高地，打造

区块链产业发展的完美生态圈。

蚂蚁链产业创新中心在数智经济变革的引领下，抓住机遇，趁势而上，一步步探索产业创新发展的新动能和新趋势，让越来越多的区块链应用示范项目纷纷落地，通过园区数字化为杭州这座城市注入鲜活的动力。

## ◎ 蚂蚁链产业创新中心：链动未来，科技共创

细数杭州城最具有历史积淀又具有互联网基因文化的街道，我最先想到的是依山傍水的西溪路。

这条看似不起眼的西溪路，不仅曾经接待过宋高宗的御辇，而且在今天也见证了蚂蚁集团、浙商创投等一批批金融科技践行者是如何落户到西湖蚂蚁小镇，使整座小镇迅速腾飞，形成了闭环式的金融科技生态圈。

小镇以“新而活”的体制和“特而强”的产业为主要特色，聚合成以蚂蚁集团为龙头，浙商回归产业园、浙大科技园等平台为重要支撑的“蚂蚁产业生态圈”。大企业是带动产业发展、特色小镇的“牵头羊”，其作用毋庸置疑。蚂蚁集团则相当于西湖蚂蚁生态圈的“参天大树”，通过“金融+区块链”的深度融合，引领特色小镇产业数字化的高质量发展。

西溪谷数智产业园是由西溪谷管委会与浙商创投股份有限公司联合打造，聚焦数字经济成长型企业，与蚂蚁链产业创新中心形成产业链闭环。

蚂蚁链产业创新中心重点引入以“区块链+”为重点的产业垂直领域研发应用企业。自2022年“蚂蚁链产业创新中心”正式投入运营，园区已聚集100多家区块链企业，实现了首个区块链产业集聚区，运营成绩斐然。

蚂蚁链产业创新中心是西湖区政府基于区域产业资源联合蚂蚁集团打造的，以“互联网+区块链+人工智能”等数字经济聚合为导向的产学研一体化平台。该中心拟打造“一平台、五赋能、N个主题”，即基于区块链、智能风控、AIOT等技术，通过“数字产业创新服务平台、生态赋能、活动赋能、应用赋能、技术赋能、人才赋能”，为企业提供一站式管家服务和优质的营商环境，包括基础配套、新兴产业培育、政策对接、金融机构对接等，打开区块链产业发展应用的窗口，聚合生态伙伴，助推企业应用落地及加速成长，引领产业升级。

据了解，蚂蚁链具备的区块链技术连续四年在全球申请专利数处于领先

地位，其自主研发的技术平台具备强隐私保护的特点，能够承载近10亿元的账户规模和交易量，可迅速搭建各类业务场景下的应用，解决了大规模商业场景应用的难题。

**表9-2 蚂蚁链解决的商业场景应用难题**

| 蚂蚁链解决的商业场景应用难题 | |
|---|---|
| 医疗健康 | 通过医疗健康数据信息上链流转、追踪、审计，不但保护了个人隐私，还提升了医疗产业效率，通过安全、便捷的个人信息共享与流转，大大改善了人们的就医体验 |
| 政务民生 | 利用区块链技术的可追溯、不可篡改的特点，为政府部门、民生保障部门提供信息数据的安全保护屏障，让政务服务实现“一次成”，避免出差错 |
| 金融 | 依托区块链将产业资产、资产凭证数字化，提升金融行业的风控和信誉度，解决企业资产运营效率低的问题，使企业的融资贷款更加便捷 |
| 教育职业认证 | 将区块链技术作为基础，将职业资格证书数字化，实现电子证书大数据的管理和认证，提升教育行业信任能力和开放规模，办证效率高，省时又省力 |
| 区块链公益 | 通过公益善款的全覆盖，透明化、真实化，让人们捐之信之，提升公众的信任度，壮大投身公益的群众队伍 |
| 区块链合同 | 从签约、管理到履行，实行全流程合同上链，提升可信度的同时也简化了签约程序，减小了管理成本 |

蚂蚁链产业创新中心的落地，无论是对区块链产业集群和区块链产业基础设施的搭建，还是区块链场景化策略以及区块链成果转化平台的打造，都具有一定的推动作用，形成产业集聚、以商引商的效应，未来其将在蚂蚁集团的鼎力支撑下持续做大做强，尽全力打造成西湖大地上的“数字生态经济发展示范区”。

## 搭平台：海康威视、中科惠软助力产业园区数字化发展

很多人说，我们如今生活在一个充满不确定性的时代里，唯一不变的就是变化本身。尤其近三年来，全球疫情反复无常，外部大环境和政策的每一次变化，犹如南美洲的小小蝴蝶扇动一次翅膀，总能在产业园区的不同行业里引起一系列的连锁反应。然而，市场从来都是瞬息万变，或有黑马杀出重

重包围，或有巨鳄死于达摩克利斯。有时候我在想，或许，变化也是市场的魅力所在。面对未来的不确定性，在变化中找准方向是一项非常重要的能力。在撰写本书期间，我走访调研的企业中，海康威视和中科惠软很值得我们学习和借鉴。

说到底，无论外部环境如何变化，产业园区的落地，最终要回归商业的本质，即通过产品和数字化系统，解决用户场景化、差异化的需求，让更多用户享受到技术革新的红利，帮助用户实现业务价值回报。

基于此，海康威视、中科惠软助力产业园区数字化发展，根据产业园区实际管理需求，结合AI和大数据技术，打造了智慧产业园区解决方案，构建了产业园区数字化运营体系，通过各种创新产业园区管理方式，为客户提供以物联感知能力为核心的管理流程优化思路，助力产业园区运营提质增效。

## ◎ 海康威视，搭建服务千行百业的数字平台

海康威视成立于2001年，是一家专注技术创新的科技公司，致力于将物联感知、人工智能、大数据技术服务于千行百业，引领智能物联新未来。在全国各地的许多地方，都有海康威视产业园区的身影。例如，2022年7月4日，海康威视成都科技园开园，该科技园项目总投资20亿元，总建筑面积35万平方米，其中地上面积20万平方米，可同时满足超万人的研发办公需求，为相关企业开展大数据、人工智能、物联感知等技术和产品的研发，以及企业和城市的数字化解决方案落地应用提供实体空间保障，是海康威视单体占地面积最大的研发园区。可想而知，规模如此庞大的产业园区定能引领、带动产业链上下游协同创新发展，助力当地产业园区数字化发展。

据悉，通过以视频为核心，依托物联能力和AI能力，海康威视的数字平台实现了产业园区各个应用场景的方案创新，有效提升了产业园区各节点的运营效率和服务水平。此外，还通过业务数据深度融合，AI赋能各业务环节，打通了各子系统之间的数据壁垒，实现园区串联式业务闭环和业务管理智能化，从而降低了园区的运营成本，提高了园区运营效率。

值得一提的是，在平台设计方面，海康威视通过一中心一平台思路，向上积木式扩展智慧应用，实现一个平台向下接入园区物联感知设备，形成物联感知网络，有效解决了智慧产业园区业态复杂、业务多维的建设难题。

海康威视智慧产业园区解决方案不仅适用于产业园的数字化改革，也同样适用于办公园区、商贸园区、产业新城等类型的项目，通过一张多维感知网、一个指挥中心、一个管理平台、N个智慧应用等建设内容，全方位助力园区项目的数字化管理，赋能各行各业，让管理更智能、更高效。

## 一、医疗业

为全院各级管理者提供统一管理驾驶舱，向管理者直观展示全院多维度、多层级态势总览，广州中西医结合医院①与海康威视合力打造了智慧医院管理平台。

同时，构筑运控中心和查询中心，为医院提供业务管理界面和业务执行操作规范，打通业务壁垒，减少沟通成本，实现医院智慧门诊、智慧病房、智慧后勤等智慧运营。

一个在临床信息化和管理数字化上走在前面的改革先锋，一个“承中融西，创新致远”的愿景，他们联手以患者为中心，开启了创新的大门。

## 二、农业

农业历来是“看天吃饭”的行业，而科技的加入能帮助农业生产者及时且准确地感知环境的变化，更加科学、合理地进行农事操作，实现“知天而作”。

江夏区位于武汉南部，依山傍水，植被丰富，是武汉的农业大区。海康威视运用AI开放平台、云眸平台等多种智能物联技术与产品，为江夏构建多项智慧农业应用，全面提升农业产业的生产效益、服务水平、监管效率，为数字化种植业发展插上了蝶变之翼，让更“聪明”的数字农业在这里生长。具体包括：

表9-3　海康威视助力农业更加科学合理地进行农事操作

| 海康威视助力农业更加科学合理地进行农事操作 | |
|---|---|
| 大田种植 | 数字农业来线上，农户管田“不下田” |
| 设施栽培 | 云端有“大脑”，大棚有了保姆式的照看 |
| 水产种植 | 智能物联加持，水下“气候”可知可控 |
| 畜禽养殖 | 农民“慧”养猪，要安全也要降本增效 |

数字兴农，智惠民生，从会种到“慧”种，海康威视在武汉打造数字农

① 一家成立于1984年的国家三级甲等中西医结合医院。

业，让更多农民看见更多丰收的喜悦。当“聪明”高效的智慧农业登上了乡村振兴的“大舞台”，不得不说，数字化驱动农业农村现代化发展的步伐愈发铿锵有力。

### 三、养老业

随着我国老龄化程度进一步加深，摆在不少家庭尤其是独生子女家庭面前的养老难题越来越多。不论是机构养老还是社区养老，如何提升养老服务水平、让子女平日在外拼搏更为放心，都是我们需要共同面对的考题。

为此，海康威视将物联感知、AI等技术深度应用于养老领域，推出了智慧养老看护平台。例如，对老人来说，安全、健康永远是第一位。他们的身体各项指标是否正常，周边环境是否安全，都可以通过物联感知、AI算法搭建的智慧养老看护平台监测到。如果发现异常，及时通知护理工作人员处理，通知亲属并请其对服务过程进行评价，同时将详细信息记入老人档案。此外，在保护老年人隐私的前提下，为他们提供精准、有效的养老服务，也让社区、机构的养老服务工作更加高效，让子女更放心，以数字化助力智慧养老服务。

变化总在发生，每一刻都是新的开始。能够看清变化背后的本质，在变化中寻求机遇，明确发展方向是非常重要的。显然，海康威视在这方面为我们做了很好的示范。

## ◎ 中科惠软，在变化中迎接挑战

未来，行业的发展竞争会更加激烈，特色产业园区的推行等政策，都推动着行业加速迈入下一个发展阶段，对园区运营商的招商能力、资金能力、运营能力等提出了更高的要求和挑战。

江苏中科惠软信息技术有限公司主要从事智能物联网共性平台、智能网联汽车云平台的研发，以及智慧城市IOC、数字政府、智慧环保、智慧园区解决方案的开发和落地。依托中科创达智能IOT操作系统技术，聚焦人工智能、大数据先进技术，赋能智能产业，通过与上下游产业链紧密合作创建新型产业生态，加速推进区域内智能产业以及智能行业应用的创新与转型升级。

作为一家在国内技术领先的软件产品开发商，中科惠软公司始终坚持在提供成熟解决方案的基础之上，立足于自有技术，为用户开发具有完全自主知识产权的、一流的应用软件产品。

公司于2020年进入智慧园区领域，承建了南京软件谷云密城园区公共服务平台建设项目，该项目总投资1660万元，软件系统包括统一管控平台、物联网平台、信息发布平台、小程序、App、领导驾驶舱六个平台。该项目被顺利验收，获得用户一致好评，并被评为2021年度数字政府创新成果与优秀案例。

凭借产品实力和成功案例，公司与江苏、浙江、四川和重庆等地多个园区建立了合作关系，提供园区产品和整体解决方案，具体包括智慧园区建设，采用物联网、人工智能、大数据等前沿技术，以硬件为基础、软件为桥梁，整合盘活园区各项资源，将园区管理者、企业、员工形成一个紧密联系的整体，为园区管理和服务赋能，获得高效、协同、便捷的整体效益。

该方案可归纳为111N 工程，其中囊括了一个物联网平台、一个可视化平台、一套管理平台和 N 项智能化硬件改造提升系统。以物联网平台为标准支撑，向下连接 N 项智能化设备及系统，向上为可视化平台和管理平台提供数据服务，真正实现智慧园区建设标准化、统一化和集成化。

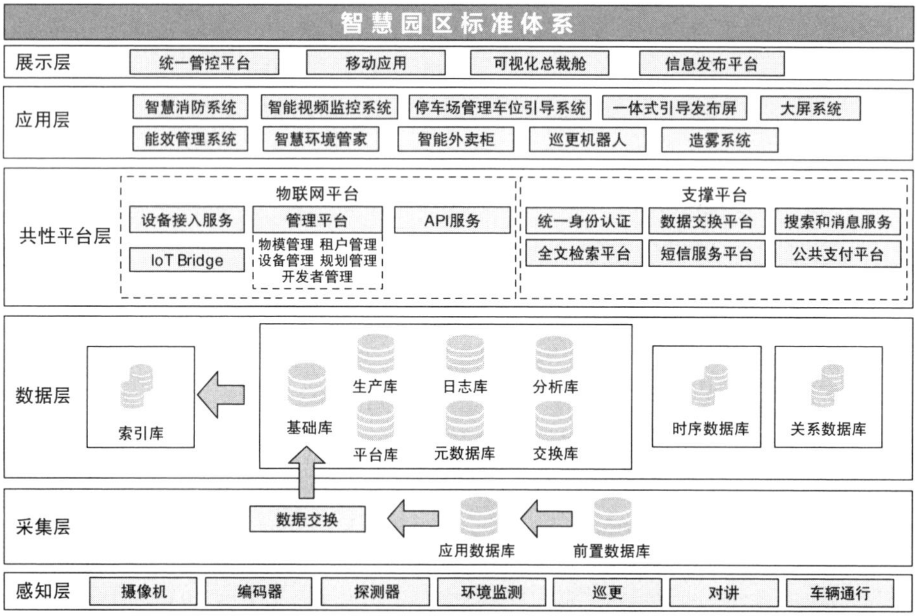


图9-6 智慧园区标准体系

该方案从服务、管理、运营等多角度出发，秉承“惠”生活、“慧”发展的建设理念，紧贴员工、企业、园区等切身需求，实现园区智能化、智慧化。

当然，每个企业对于数字化转型都有自己的理解，我们认为园区的数字化转型是一个逐步进阶的过程，场景化是路径，因此，通过系统的产品体系去支撑场景化应用至关重要。

未来，无论环境还将如何变化，拥抱变化者才有出路。我们已经经历了一轮又一轮惨烈的洗礼，如今看来，整个行业似乎也越来越“卷”，但同时产业园区也正面临前所未有的新格局，虽然发展增速可能不如预期，但政策支持与市场需求依然坚挺。

无论如何，旧的模式将穷途末路，以销售为主的发展模式渐渐走入死胡同，而新的秩序正在重建，园区的专业化发展也渐渐有了更加明确的方向。毫无疑问，真正有运营能力的操盘者才能掌握越来越多的话语权。

## 造生态：东谷、西谷，开启产业创新发展新引擎

从2018年到2022年的短短4年间，直播电商已经从100亿元跃迁式地发展到10000亿元的市场规模。未来，我们有理由相信，在崭新的产业生态中，总少不了直播电商的身影，为此，助力打造核心区域直播基地成为很多城市在产业园区创新上的不二之选。且不说远的，就说我们浙江省，除了本章开篇我介绍的由我亲自操盘的财通直播文化产业园，还有许多成功的直播基地如雨后春笋般涌出，比如东谷、西谷。

的确，园区数字化生态圈的构建不是靠一家之言，更不是一出独角戏。不破不立，唯有一起破而后立，强强联合，才能晓喻新生，共同推动整个生态圈的发展。

### ◎ 上城区新名片——东谷直播“数字赋能”新业态

2022年8月，随着中国直播电商联盟落户上城，为开发数字化创新生态新优势，杭州市上城区立足直播电商先行区，建立了直播产品品控鉴定基地、

直播达人孵化基地，打造网红孵化创作空间，推动直播经济集群式发展，同时引领全国直播行业标准制定。全国首个“直播电商数字治理平台”在上城区上线试运行。该平台将直播电商的数字治理分成了人、货、行为和治理四大部分来进行管理，为直播电商的综合治理、打造绿色直播间提供了浙江样本。

如今，在杭州科创大走廊的黄金南岸，位于杭州九堡的东谷聚齐了杭州电商领域的头部独角兽，组团开发西谷数字零售产业综合体项目，与当地一起打造富阳经济技术开发区银湖新区的新坐标。智能供应链中心项目、大数据交易平台项目、短视频内容传播平台项目、品牌优选项目以及化妆品研创中心5个项目在此集中落地。一时间，湖上直播间、直播清河坊和“金街直播间”等标志性直播间成为全省直播电商发展的新窗口和风景线。

### ◎ 生态西谷：聚焦数字新零售产业链打造

西谷，位于杭州三大数字经济产业带交汇处，作为富阳富春窗官方网络公益直播间的主要场地，西谷电商直播产业基地区位优势明显——东临西湖云栖小镇和滨江高新区，北接未来科技城，拥有快速路，彩虹快速路延伸段连接杭州主城各区，平均约20分钟车程。出行便捷，地铁6号线贯通主城南北、14号线与杭州火车西站战略相连。靠近小和山高教园区及转塘美院象山校区，坐拥三大高教园区，人才资源丰富。项目所在的银湖板块临近中国美术学院象山校区、浙江音乐学院、小和山高教园区、富阳科教园区，高校云集，人文、学术资源丰富。

西谷产业基地，作为杭州富阳银湖科技城总部核心区重点项目之一，汇聚了B2C零售与社交电商品牌和平台、私域运营机构以及流量商、金融数据公司还有B2B企业等，定位是：围绕数字新零售产业链，着力打造数字内容产业基地、新零售数据与科技研发中心、新零售社区商业体验中心、网红孵化培训直播基地、合作平台区域服务中心、新国货品牌孵化基地、跨境品牌孵化及研究中心、产业链生态服务伙伴八大业态集群。

西谷构建的数字新零售的生态，可以说是一次从无到有、从0到1的产业聚集过程，是一个新数字时代的“造城”运动。具体来说，即通过企业、平台、资本、产业、服务、政府多方的参与，产业生态圈和服务生态圈有机融合，不仅做到品牌集聚，更为杭州打造出“数字经济第一城”的国际形象，使其成为发展智慧城市的一个缩影。

数字经济本身具有极强的国际化属性。西谷，一个通过数字化为杭州人打造的，也是为新杭州人营造的数字幸福社区，工作、生活、社交、生意，朋友圈的一切皆可通过数字新零售的方式联通整个互联网生态。

我相信，未来西谷会站在更高的格局，敞开胸怀，热情拥抱世界，并以更加坚定的步伐推进数字经济第一城向着更为广阔的国际化方向前行!

综合来看，各类型的产业园区纷纷在运营发展上发力，园区运营的不断探索深化成为发展重点，由此分化出“特色产业园区运营”“数字化运营”等更多的细分赛道。未来，数字化还将进一步催化园区运营的细分发展，接下来园区便会正式进入“运营为王”的时代。

在本章的最后，我想补充说明以下几点：

首先，我们可以看到，如今，全国各地都是直播产业园，但实际上，产业园的定位需要根据差异化核心竞争优势来进行，不是什么地方什么产业园都可以搞直播，确切地说，直播只是产业运营的工具与方法，我并不鼓励大家跟风，脱离产业实际，人云亦云。

其次，每个产业园都需要根据市场需求与形势的发展变化而变化，无论是一把手的理念，还是团队，包括产业园定位升级等，而不应该固守原有的优势，故步自封。

最后，构建产业园数字化商业生态圈，需要与时俱进，根据当地产业实际情况和园区差异化核心基因优势，制定一套吻合园区的招商运营服务体系才是最佳的路径。

市场诡谲，头寸盲目，但那些勇敢的舵手们却勇于迎击新的风浪。

01010101010101010101010101010101010101010101010101010101010101010101010

010101010101010101010101010101010101010101010101010

第 10 章

CHAPTER 10

# 中国产业数字化转型升级正当时

0101010101010101010101010101010101010101010101

当我国数字经济跨过了“追赶期”，迎来下一个黄金十年的鼎盛期，产业数字化、数字资产化、资产数字化、产业命运共同体、产业大数据共同体也必将成为新时代的发展趋势。未来，除了我们所熟知的产业，“农业 + 产业互联网”“乡村产业 + 互联网”“数字乡村”“未来乡村”也将大有可为。

可以说，产业互联网渗透或嫁接到哪里，哪里就会产生巨大的变化。不管我国的产业数字化转型是怎样的，产业数字化共同体始终都是建立在“共生、共创、共享、共赢”基础上的。想要建设一个完整的产业生态圈，企业不仅需要具备产业数字化思维，而且还要懂得如何整合、利用、共享闲置的资源，从而为每个单体的企业带来更高的规模效应的红利，极大地提升资源的配置效率，这也是产业数字化、产业互联网、产业共同体创造价值的本质。

## 中国产业数字化转型：一半海水，一半火焰

股神巴菲特曾有个经久不衰的制胜秘诀："重复做确定的事，只做确定性的生意。"

而在今天的大环境下，"不确定性"却已经是常态，"确定性"已经成为大家追求的关键词。过去我们做生意、做产业项目，只要你有想法，无论结果如何，都会一个猛子扎进去，因为那时获得资金和人员的支持都相对更容易些，敢于去做就算赚了；到了现在，你必须先给出确定性的结果，然后经过多方讨论、验证后，才能作出判断。相比1%的炸裂机会，人们更愿意选择确定性的事情去做。毕竟，不确定往往意味着未知，而人对于未来的恐惧则正是源于对未知的恐惧。

如果说恐惧就像深不见底的海水，那么我们对中国产业数字化转型的热情就像火焰，在蓄势待发的蛰伏期过后，便有可能迸发出惊人的威力。

### ◎ 转型的十字路——产业数字化是产业升级的必然趋势

产业数字化是指以新一代数字信息技术为载体，以数据为关键生产要素，以价值释放为核心，对产业链上下游的全要素数字化转型、升级和再造的过程。至于为什么要在此刻适逢其时地进行产业数字化转型，我们先来看几组数据：

2022年，中国信息通信研究院在其发布的《中国数字经济发展白皮书（2022年）》（以下简称《白皮书》）中指出，2021年，我国产业数字化规模达到37.18万亿元，同比名义增长17.2%，占数字经济比重为81.7%，占GDP比重为32.5%。我国数字经济的持续攀升足以证明，产业数字化的发展正在从量变走向质变。

2022年1月12日，国务院发布《"十四五"数字经济发展规划》并指出，

要以数据为关键要素，以数字技术与实体经济深度融合为主线，加强数字基础设施建设，完善数字经济治理体系，协同推进数字产业化和产业数字化，赋能传统产业转型升级，培育新产业、新业态、新模式，不断做强、做优、做大我国数字经济，为构建数字中国提供有力支撑。

不仅如此，数字经济也成为2022年巴厘岛G20峰会上三大热点议题之一。大会上，我国再次提出了《二十国集团数字创新合作行动计划》，对全球经济发展提出了展望和倡议，数字经济是其中的重点合作领域；全球经济离不开数字经济，数字经济离不开国际合作；世界各国需要推动数字技术创新应用，实现创新成果普惠共享，携手构建协调包容、合作共赢、共同繁荣的全球数字经济格局。

在本次巴厘岛G20峰会上，我国也提出了数字转型的三点主张。

巴厘岛G20峰会关于数字转型的三点主张

· 坚持多边主义，加强国际合作；
· 坚持发展优先，弥合数字鸿沟；
· 坚持创新驱动，助力疫后复苏。

2022年11月30日，2022腾讯全球数字生态大会在深圳宝安举行。大会以“数实创新、产业共进”为主题，聚焦数实融合，探索以全真互联的数字技术助力实体经济高质量发展。

2022腾讯全球数字生态大会的三大要义

· 聚焦产业升级，共建智慧生态；
· 探讨数实融合的新需求、新趋势、新路径；
· 探索全真互联时代的数实融合新机遇。

通过近年来我国在各类国际会议上关于“数字经济”提出的议题，足见产业数字化转型的重要性。实际上，除工业经济、农业经济外，数字经济已经成为新一轮科技革命和产业变革的新机遇。目前我国数字经济正以前所未有之发展速度向各行各业辐射和渗透，不但深刻地改变着人们的生产、生活方式，还成为重塑全球经济格局、重构全球竞争局势的关键力量。

多项数据无不向我们展示着产业数字化转型的“确定性”。可以说，我国走到了这个转型的十字路口，恰好遇到了产业革命。这场百年不遇的、波澜壮阔的产业革命是由信息革命、能源革命、科技革命等相互融合而构成的，其中最重要的则是我们所说的产业数字化。因此，抓住产业数字化转型的历史机遇，编织起一个以数据为核心的生态大网，是当前的重要任务。

然而，目前我国的产业发展仍面临着许多问题和挑战，比如，不同区域、不同企业、不同组织之间存在数字鸿沟，创新能力有待提升，数据资源规模庞大，管理体系不够完善，等等。尽管有很多产业已经进入了该领域的前沿，但由于缺乏自主研发和创新，可供模仿的东西越来越少，没有了目标后或出现意外“搁浅”，或造成过量投资，产能过剩。

于是，那些处于风口浪尖的企业，有的成为了弄潮儿，有的则被拍入巨浪中。在产业革命的过程中，不是所有的企业都能够承担得起巨大时间、人力和财力等资源的投入的，因此，很多时候，这些因素叠加在一起，就极有可能成为压垮企业的最后一根稻草。

令人欣慰的是，我们在大数据、移动互联网、物联网、人工智能以及新能源、电动汽车、智能机器人等新一代核心技术与产品方面都有较好基础，另外，我国还拥有全球规模最宏大的互联网上网人数以及最丰富的数据资源，这些都为我国产业数字化转型创造了良好的条件。

因此，此时进行产业数字化转型正当其时，它在一定程度上开阔了我们的思路，让我们不再局限于“工业互联网”，而是以“互联网+”为基底，赋予各个产业的结构升级、高质量发展新的思路和新的途径。

未来，随着更多政策的出台落地，我们完全可以这样展望：到2035年，我国的数字经济有望迈向繁荣成熟期，力争形成竞争有序、成熟完整的数字经济现代市场体系，以至于我国产业发展水平也将得到前所未有的提升和跨越。

届时，数字经济将成为产业范式的变迁、新产业革命背景下的一种新经济形态，不只是各个产业的生产需要数字经济的支撑，全社会民企、民生的各个方面也都急需数字化的变革。

# 企业发展产业生态，要具备产业数字化思维

随着新一代技术与工业、生产与服务、硬件与软件的快速跨界融合，我们正经历着从业务数字化、管理数字化向产业数字化转变的阶段。如今的竞争模式已不再是以产品或企业为主体，而是以平台化为核心，以生态体系为竞争关键点，平台型生态企业成为新组织的形态。我们看到，华为、海尔、阿里巴巴、小米、中国电信、中国移动等龙头企业，都在努力与数字技术相融合，创建自己的数字化产业生态，用数据来打造新的战略性资产和生态商业价值。这无疑也为后来者提了醒：企业要想发展产业生态，就要具备产业数字化思维。

## ◎ 产业生态数字化，重塑产业增长韧性

自2015年年初，我创办anongbaba阿农巴巴至今，除了赋能企业发展，就一直专注于产业互联网和产业数字化的相关工作。据了解，近年来，浙江在大力推进产业大脑+数字工厂，已经有十几家企业被列为省级的“数字未来工厂”，智能家电、服装、智能传感器等行业产业大脑也在引领“智造”新方向。然而，我发现，一些企业在推进产业转型的过程中普遍存在一定误区和挑战。

表10-1　企业在产业转型过程中普遍存在的误区和挑战

| 企业在产业转型过程中普遍存在的误区和挑战 | |
|---|---|
| 三大误区 | 三大挑战 |
| 产业建设和转型没有目标和蓝图，所以顶层设计出错，贪大求全，缺少针对性 | 很多企业和企业家需要从工业思维转变为数字化思维。应该围绕数字经济，建立创新性、融合性的数据经济性体系 |
| 重建设轻运营，很多企业干成了交钥匙工程，却忽略了迭代升级 | 既然我们的思维要升级，那么我们就要更多地关注资金链和人才链，一方面解决中小企业融资难、融资慢的问题，另一方面招揽本地人才，以支撑整个产业数字化平台的运营与迭代升级 |
| 体系不够完善，没有具体标准，不能互联互通，形成了数据孤岛 | 面对近年来我国的数字新基建，企业怎么以产城融合的战略驱动城市生长？怎么助力当地的特色产业集群，特别是很多的千亿产业集群完成转型升级 |

产业数字化时代也可称为“数字文明新时代”，它的时代背景与农业文明和工业文明都是不相同的，所以数字文明时代下的产业生态，本质是以数据为核心，所有的需求“云满足”。

具体来说，云可以通过大数据、人工智能挖掘和收集消费者潜在的个性化、多元化的需求，然后再将其分配给后端的数字工厂。正如我们在前面谈到的，未来的工厂其实都是数字工厂，数字工厂能够解决供应链柔性的问题，极大地满足人们的个性化需求，使人们心甘情愿付出更高的价钱。当我们脱离了价格战，许多工业生产的弊端，比如资源浪费、生产过剩等，自然而然就可以被完全避免。因此，数字化是我们未来必须走的一条路子，打造数字“内核”指日可待。

那么产业数字化，这个数字内核怎么打造？我根据多年的经验，并以近年来服务最多的乡村产业为例，打造了产业数字化招商引资样本，以此构建出了产业生态圈的系统解决方案，这个系统解决方案的“内核”包括以下几个要素：

**第一个要素，上链——产业全链条数字化**

我们研究传统产业升级的第一个问题，就是不单单要关注单个企业，更要关注到产业的全链条，这既包括企业上下游，也包括其上游的上游、客户的客户，换句话说就是全链条如何上链，如何数字化。

另一个研究的问题是，未来的企业要放眼长板业务，除了可以调用别人的长板能力，也能让别人调用，这就构成了一个协同创新的新体系。今后的企业是开放式的，要基于新的体系来构建我们的数字化技术架构。

**第二个要素，大数据——赋能产业链协同发展**

在大数据时代，我们的数据一般是流动的而非静态的，而海量的数据一旦流动起来就能真正地赋能实体经济。但是为了确保数据的真实性和可靠性，我们可以把数据上传至区块链上，以防止数据在传输的过程中丢失或被篡改。未来大数据处理主要采用分布式计算方法，最终让我们的商业智能化、金融智能化、产业智能化，让整个产业的生产过程是敏捷的、有效的，这就是全产业链的数据协同。

**第三个要素，双循环——建立统一的产业生态圈**

我所理解的未来的产业生态圈，其实就是一个全新的数字化的大市场。

2022年4月，《中共中央　国务院关于加快建设全国统一大市场的意见》正式发布，提出了一个全新的概念——大市场，“常思大局，其去有向；常观大势，其为有力。”我国将从市场设施建设、基础制度建设等方面打造全国统一的大市场。

我们的市场经济循环在过去存在许多卡点、堵点，那么我们要如何让资源在更大的范围内畅通流动，如何形成开放式的、融合的一个市场体系，在“破”与“立”之中最大程度满足市场的供和需，这就是我们国家提出统一大市场的一个主要战略意图。

那么，我们究竟该如何构建一个产业数字化商业生态圈呢？应该遵循怎样的原则呢？

### 构建小而美的产业数字化生态圈需遵循的五大原则

总的来说可以概括为——利他、共创、共生、共享、共赢。

第一，利他。

我们做事业必须有“利他”之心。

利他，不单单是利于我们的消费者、员工、公司，还有我们企业所在的地区、社会、国家甚至整个宇宙。我们要构建一个共同富裕的生态圈，并在其中融入全员持股的机制。

第二，共创。

我们要整合所在产业相同主题的资源来立项。

第三，共生。

在立项过程中，要把我们整合进来的产业上游、中游和下游的资源予以共享，同时要有“共生、共创、共享、共赢”的理念，开放共享才能把价值做得更大。

第四，共享。

我们要建立以信任为基础的生态圈机制。在这个生态圈开始之前，要有自己的游戏规则，要有职业操守，在这个生态圈里面的个体以及企业赚了钱，也要有共享，这样才能够持久和长远。

第五，共赢。

我们要维持生态圈的品牌独立性和品牌的统一对外性，谁主局，谁主导，谁的项目，谁的规则，都要有科学、合理的设计机制。专业的人做专业的事情，不以强势压制弱小，只有这样才能构建一个小而美的幸福、健康、快乐的生态圈。

基于所有要素，基于这个全新的市场，由这个产业数字化的“内核”打造出来的产业生态圈到底是什么样子？

2022年9月初，我拜访了龙之子产业数字化服务联盟、龙之子企业家俱乐部、阿农商学院、阿农乡村产业振兴服务联盟战略合作伙伴——杭州复恒科技有限公司副总裁范广法，同时就为当地政府构建资产数字化商业生态圈、提供创新型产业数字化招商运营服务，赋能当地资产共同富裕与产业高质量发展等方面作了充分的沟通交流并达成战略合作。

### 麦滴资管云的服务生态链路

杭州复恒科技有限公司成立于2015年，行业深耕7年并获多轮融资，获得国家高新技术企业，雏鹰企业，创新型、科技型中小企业等资质，麦滴资管云是公司重点打造的核心战略级产品，主要面向各级国资国企和拥有多元化不动产的大型企业集团提供一站式资管数字化解决方案，为各级国资委提供资产监督和管理、为国有企业和大型企业集团提供资产管理、资产运营、个性化定制服务等，打通线上线下服务生态链路，推动行业信息化转向数字化。

具体而言，麦滴资管云可通过数据中台与政企原有系统进行无缝对接，实现数字技术与国资经营管理深度融合和共享。通过资产数据1+1+1+N的模式，赋能N个数据使用组织，从数到事，用数据解决下情问题，实时指导工作，打破不同部门信息壁垒，形成政府、社会、企业、个人的全新链接，全面构建开放共享的产业生态。

可以说，产业生态系统模型是我们数字经济的一个新引擎，当我们把其中的各个要素连接起来就形成了一个切面，而当一个个切面被重新组合起来后便像是钻石一样。这颗钻石它不同于普通的石头，它的结构是完整的，是系统的，是有机的，所以它才弥足珍贵。而当我们赋予产业数字化思维，这颗钻石就可以闪闪发光。大家不妨到下一章去寻找这颗钻石。

## 从产业1.0到产业4.0，anongbaba阿农巴巴做对了什么

时光飞逝，许多人、许多事一不留神就成为过往云烟。正如朱熹《春日》里所言——“胜日寻芳泗水滨，无边光景一时新。等闲识得东风面，万紫千红总是春。”

有很多人问我：“陆总，您对‘企业如何做好产业数字化，如何让企业越活越好’有什么专业性建议？”

其实，这就要归功于我们在上一节谈到的产业思维了。我们浙江阿农网络科技有限公司发展至今，从产业生态的角度而言，主要经历了四个时期。

### ◎ anongbaba阿农巴巴从产业1.0到4.0的进化之路

2015年5月，我在浙江杭州成立了阿农网络科技有限公司，意在重点打造数字乡村产业振兴平台、“美丽乡村+互联网”综合运营服务平台——anongbaba阿农巴巴，后来在临安落地实践，正式开启了乡村产业振兴模式的探索。

遥想当年anongbaba阿农巴巴创办之初，它还是首个面向中国农村移动互联网O2O（线上连接线下）的体验式精准消费与投资平台，其具体运营模式是利用“互联网+农村”“互联网+农民”“互联网+农业”创新模式，整合农村田地、山林、房屋、土猪、土鸡、土鸭、有机蔬菜及土特产等优质资源，通过移动互联网平台（手机），让城市人在平台上根据自己的喜好去选择甚至去定制产品与服务；到农村去享受绿色环保的农家生活，深入农村体验不同的农村生活，体验不同的乡村民俗，享受好山、好水、好空气，返璞归

真，寓教于乐，玩好、吃好、住好，掀起了“城里人下乡”大浪潮。

这一模式使得农村资源真正地与城市人的需求有效匹配，让农民从传统的农业种植与养殖模式中解放出来，颠覆了传统农业耕种模式，有利于实现农村全民创业，也增加了农村与城市的互动体验，双方都获得了财富、健康、快乐，幸福和谐共成长！

这个漫长的发展过程主要可以分为四个阶段。

**1.0 阶段——2015 年至 2017 年**

这一阶段，主要聚焦于创办与运营“互联网+美丽乡村”生态圈平台，即乡村产业数字化平台anongbaba阿农巴巴，创办临安乡村产业振兴运营模式。

表10-2　anongbaba阿农巴巴2015—2017年进化史

| anongbaba阿农巴巴2015—2017年进化史 | |
|---|---|
| 发展阶段 | 主要内容 |
| 2015年至2016年 | 成立国内首个城乡互通的O2O平台——anongbaba阿农巴巴，即“优质农村产品与资源精准匹配城市消费与投资”的模式。在临安区湍口镇落地，效果备受各方认可。“去农村，上anongbaba阿农巴巴”的品牌意识，深入人心。浙江阿农网络科技有限公司全资投资临安阿农网络科技有限公司 |
| 2016年至2017年初 | anongbaba阿农巴巴联合临安区农办、乡镇街道、行政村落等首创四方签约运营模式，打造全国领先的临安区“互联网+美丽乡村”1.0平台模式。在首批14个乡镇，21个村落落地运营，积极助力临安旅游、农产品上行和招商投资等活动 |

**2.0 阶段——2017 年至 2020 年 9 月**

这一阶段，anongbaba阿农巴巴重点输出了创新模式，为全国各地的乡村产业振兴培训与咨询服务。

表10-3　anongbaba阿农巴巴2017—2020年进化史

| anongbaba阿农巴巴2017—2020年进化史 | |
|---|---|
| 发展阶段 | 主要内容 |
| 2017年至2018年 | 阿农乡村振兴学院成立，赋能全国农产品上行、村落景区、特色小镇、田园综合体等项目，构建投资、建设、运营三位一体的全产业链生态发展模式 |
| 2018年至2020年 | anongbaba阿农巴巴“1+5+9”整体模式输出与阿农乡村振兴学院项目赋能共同发力，坚定致力于城乡协同发展和乡村振兴战略，为全国各地18个省、市、地区乡村赋能 |

3.0 阶段（2020 年 10 月至 2021 年 6 月）

这一阶段，anongbaba阿农巴巴生态圈模式以“农村包围城市”战略打法，在直播产业园领域创造了奇迹。

2020年10月至2021年6月，anongbaba阿农巴巴“1+5+9”整体模式（这一模式我将在下一章详细阐述）输出，我们承接了财通控股集团项目，成功操盘了杭州九堡钱塘智慧城财通直播文化产业园（详见第7~9章内容）。这8个月里，应用anongbaba阿农巴巴“创新型综合运营体系模式”，我们为财通直播文化产业园提供了一套产业招商运营系统解决方案，组建团队并全程指导落地实操，在业内形成了良好的品牌口碑，场地出租订单供不应求并实现了财通直播文化产业园整体资产快速增值，打造出“年轻、时尚、共生、共享”的创业生活数字化未来社区，构建起让入驻企业信任的财通直播文化产业经济生态圈。就这样，财通直播文化产业园成为全国首屈一指的、上市公司直播基地最多的网红产业园。

4.0 阶段（2021 年 7 月至今）

这一阶段，我们创办了阿农乡村产业振兴服务联盟，为乡村产业振兴服务，构建起乡村产业共同富裕生态圈，赋能当地“三农”产业转型升级，助推当地乡村产业高质量发展。

从2021年7月开始，我将公司战略重心调整为打造农业产业数字化招商运营服务，坚持以“三农”产业为中心，以“三农”产业链企业转型升级的培训、咨询及系统性解决方案为核心主切入口，运用“三农”全产业链资源+“三农”产业互联网数字化+“三农”产业资本创新模式与“政府产业基金+产业整合平台+产业创新联合公司+产业链孵化”打法，立足解决现有产业痛点，为当地政府、农文旅产业链企事业单位提供产业招商运营服务系统解决方案，构建当地“三农”产业经济生态圈，搭建产业数字化综合运营服务平台，赋能当地乡村产业转型升级，并为此构建当地产业命运共同体，打造共同富裕联合体公司。

一路走来，我最大的感受是，这个时代没有被淘汰的产业，只有落后的模式。放眼国内的各大产业，除少数几个行业外，大部分行业都有长期甚至永久存在的理由，只有“升级”是这些行业必不可少的一项内容。于我而言，无论是我自己的创业公司的升级，还是赋能其他企业转型升级，我都认为，唯有在自己熟悉的领域充分发挥自己的核心差异化的、具有天赋的基因优势，通过不断地“创新”，奔着产业链上游前进，才是所有在海水中挣扎的人们，保持热情的火焰永不熄灭的最现实的出路。这个漫长的过程，不仅要靠情怀驱动，更要有一种意识，明白自己肩负的是一种使命，要耐得住寂寞、挡得住诱惑，用心精耕细作，只有如此，方能拾得一路花香！

## 乘着数字中国的时代东风，持续为乡村振兴赋能

2005年8月15日，习近平总书记在安吉余村考察时提出了“绿水青山就是金山银山”的理念。时隔15年后，2020年3月30日，习近平总书记再次来到浙江省安吉余村考察，如今的余村已凭借自身的实践，推动绿色产业发展，成为生动诠释这一理念的典型样本。

### ◎ “互联网+农文旅”让农村与城市紧密联结、携手并进

在我国，产业发展是乡村振兴的基础，“产业振兴”是中国“三农”工作的重心，也是乡村振兴的重中之重。在“加快构建以国内大循环为主体，国内国际双循环相互促进的新发展格局”下，乡村无疑是国内大循环的主角。许多城市周边的乡村正跟随区域发展而不断壮大，一边继续推广销售农产品，一边因地制宜，深度挖掘生态文化，让城市用户感受属于乡村本土特色的农文旅。尤其近年来，国家各项政策出台落地，国家领导人更是多次强调指出：要坚持精准发力，立足特色资源，关注市场需求，发展优势产业，促进一、二、三产业融合发展，更多、更好惠及农村农民。

追溯到早期的城乡关系，我国主要以“重城轻乡”为主，农村多呈现自我封闭状态，其中农业经济占主要地位，各种资源向城市集中，农村与城市被分割开来，不合理的城乡二元结构产生了不平衡的城乡关系。后来，随着城市范围的扩大，农村人口逐渐向城市迁移，当城镇化建设发展到一定阶段之时，实施城乡融合、乡村振兴战略将成为一场波及全社会的深刻革命。目前，我国农村与城市面临着四大机遇与挑战。

我国农村与城市面临的四大机遇与挑战

- 城市里人们生存与生活环境问题：用户需求大；
- 中国农业大国优质资源闲置：超66万个村+近6亿农民；
- 大环境、大背景、大趋势：国家政策好；
- 移动互联网掀起农业大革命，更加便捷用户。

总之，乡村既在支撑生态涵养建设，也在推动民族地区的发展，既蕴含着产业升级和数字化赋能的方方面面，又是内循环的主要增量空间。然而，乡村振兴的道路并不平坦，似乎总是交织着方方面面的问题。

据我多年的观察，发现乡村百姓常会问："绿水青山我有，土地房屋我有，剩余劳力我有，闲置土地、房屋，农产品、人力等，如何变成金山银山呢？"

"三农"企业、农场农庄民宿、田园综合体等经营管理者常会问："农产品怎么卖？销售渠道怎么对接？如何规划设计运营、管理、服务体系？"

地方政府常会问："我们想牵头，能出钱，可出力，但是美丽乡村的专业打造和运营团队在哪？乡村振兴到底怎么振兴？产业振兴到底怎么搞？"

"三农"项目投资开发商常会问："如何更好地整合当地资源，更好地落地项目，确保收益？"

消费者常会问："想去美丽的乡村游玩，购买农特产品，如何能找到你？"

其实，在以城市为中心的城镇化发展大潮中，中国的乡村开始呈现出与过去较为不同的鲜明特色。而对于农村的问题，首先需要从利益机制源头上着手，然后再融合互联网工具去解决。而在融合互联网工具的过程中也不能为卖货而卖货，那样只能使一部分懂互联网的人富裕起来，而非"共富"。我认为，想要实现"共同富裕"，只有线上线下充分调动人力，进行合理的专业分工，才能实现最大利益。

未来，中国农村需要以农民利益为出发点的综合运营服务商，通过综合运营服务创新模式的落地执行，以及利益共同体生态圈的构建，形成助推前进。

下一个十年，全球产业都将发生新的命运转变，我们在激发产业内生动力的同时，也要从产业协作、资源共享、市场融合、生态共建等方面，积极推进产业数字化建设。未来，线下实体经济将全面向线上电商经济转移，产业与产业、企业与企业之间也将从单打独斗转到共商互赢，从而实现产业共同体。

### ◎ 为建设美丽乡村赋能：永远像星星那样，为下一次发光做准备

2022年4月29日，在人间最美的四月天里，我带着老婆孩子提前来到了家乡临安区湍口镇度假。当我驱车至三联村头七年前立的“anongbaba阿农巴巴原生态农村合作村庄”牌坊时我刻意多看了几眼，如今三联村已经是全省学习的共富村、产业振兴示范乡村。

犹记得那天的午后，我驱车在新修的乡间小道上，来到赤坞源头，在绿水青山中呼吸新鲜空气。俗话说，要致富，先修路。一转眼，穿插于山林之间原先的乡间泥路已经变成水泥马路。

没想到，我的家乡——第一个anongbaba阿农巴巴原生态乡村，已经在大健康、大农业乡村产业振兴方面有了新创举：这里已经有数百亩中医药食材基地，村民被动员发展林下经济，被动员认种药材苗木。若干年后，这些原材料又被回购供应于各大中医药品牌公司，创新制作出药食同源的中医药产品与健康时尚类产品……

一路上，我遇到的都是村里的父老乡亲，有在种植药材苗木的，有参加活动的，我们也都乡音未改，或热心问好，或随访调研。父老乡亲们亦有关心，亦有开玩笑地问：“anongbaba阿农巴巴何时给我们申请一个项目做做，带着我们一起致富？”

正是父老乡亲无意中的一句话点醒了我，让我更加坚定了想要为家乡为百姓出力的这颗初心。未来，我将继续沿着我们龙之子4.0时代的产业发展脉络，计划构建10个以上产业生态系统，构建当地产业经济生态圈，搭建产业数字化综合运营服务平台，赋能当地产业转型升级，同时继续通过阿农乡村产业振兴服务联盟在大健康与农文旅产业为anongbaba阿农巴巴原生

态乡村赋能！

产业兴才能乡村兴，经济强才能人气旺。我国在全球领域属于农业大国，尤其是农村资源极其丰富，它亟须各大产业前去挖掘和开拓，以努力实现美丽乡村的新愿景。如今，既然我们已乘着数字中国的时代东风，如果再能够借助数字化的力量为乡村振兴赋能，为家乡贡献一点点自己的力量，何乐而不为呢？

然而，除了情怀以及对家乡的这份热爱驱使我不断前行外，我也深深地明白，无论是经营企业还是推进产业发展，都不是空中楼阁。我也曾经历过一些疲惫不堪而又见不到光的日子，可是我没有轻言放弃，无数个夜里，我总是用《你的孤独，虽败犹荣》里的这段话勉励自己："如果你停止，就是谷底。如果你还在继续，就是上坡。"我深知，要如星星一般，每一次黯淡都是为了今后永恒地发光作准备。

0101010101010101010101010101010101010101010101010101010101010101010101010101010

010101010101010101010101010101010101010101010101

第 11 章

CHAPTER 11

# 以乡村产业为数字化招商引资样本，构建产业生态圈系统解决方案

1010101010101010101010101010101010101010101010101

诚如我在上一章谈到的故事一样，家乡父老的一句话点醒了我，让我再次意识到自己肩上的重任。实际上，这些年，想要为家乡为乡村振兴出份力的梦想与行动始终没有改变，并且一直在努力践行中。因为我是大山之子，心怀家乡、心怀乡村是我的使命。

正因如此，多年来，我的工作中心都是围绕持续为乡村振兴赋能展开，无论是“互联网＋美丽乡村”模式，还是临安样本，抑或 1+5+9 方案落地……无数次的咨询服务都让我汲取了宝贵的经验。

我国的产业千千万万，我无法将所有产业的系统解决方案覆盖进来。对此，我们不妨尝试寻找一个通用的模板。在这一章，我将专门以我最熟悉和最专业的乡村产业为例，全面讲解如何通过数字化招商引资，构建产业生态圈系统，以便触类旁通，全面赋能其他产业。

## 管理系统搭建：打造“数字乡村”新样板

前面我们谈到，产业数字化是整个乡村振兴的基础和前提。无数成功的实践告诉我们，凡是乡村建设做得好的地方，都是因为背后有产业数字化的加持。随着数字化、智能化在我国乡村被运用得越来越广泛，它不仅让农民整体的生活方式拥有了新面貌，也为乡村治理模式提供了新的路径。

数字乡村是乡村振兴的战略方向，也是建设数字中国的重要内容。数字化建设是推动农村全面发展、农村全面进步的关键性一环，进一步挖掘数字化在乡村振兴中的巨大潜力，建立灵敏、高效的数字乡村管理系统，对于提升乡村治理水平具有重要意义。

然而，美丽乡村不是“盆景”，再诱人的风景最终都要在乡村振兴产业真正落地那一刻，才有观赏的价值，否则就是无源之水、无本之木。口号式的管理作风必须引起我们的高度警惕，在实践中引以为戒，慎之于行。

在多年的调研实践与服务过程中，我在乡村产业数字化的招商运营方面总结归纳出了一套完整的产业生态圈系统解决方案，如图11-1所示。

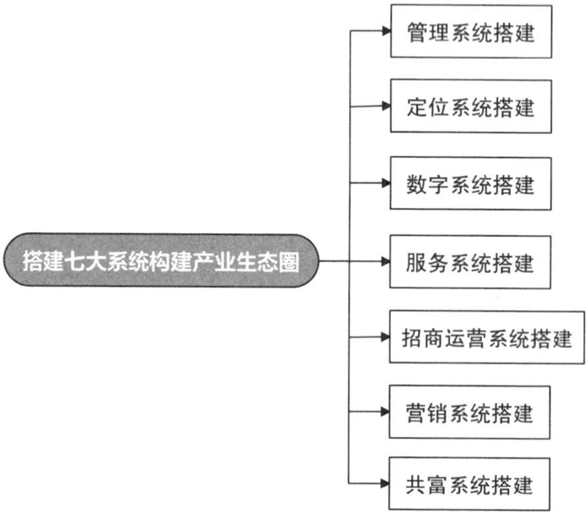


图11-1　搭建七大系统构建产业生态圈

接下来，我就以乡村振兴产业为例，围绕这一模式来分别讲解在产业运营的各个环节如何搭建系统，首先是管理系统。

## ◎ 数字赋能乡村治理，提升百姓获得感、幸福感、安全感

据了解，中国约有5亿多农村人口和60多万个乡村。进一步利用数字化手段完善农村管理体系，加强农民基层组织的支持力量，是解决这一问题的关键。关于“数字乡村标准化建设”，中央一号文件也多次提出了重要的部署安排。

表11-1　2019—2022年国家数字乡村相关政策

| 2019—2022年国家数字乡村相关政策 | |
|---|---|
| 2019年2月 | 农业农村部印发《2019年农业农村市场与信息化工作要点》 |
| 2019年5月 | 中共中央办公厅、国务院办公厅印发了《数字乡村发展战略纲要》 |
| 2020年1月 | 农业农村部、中央网信办发布《数字农业农村发展规划（2019—2025年）》 |
| 2020年5月 | 农业农村部制定了《2020年农业农村部网络安全和信息化工作要点》 |
| 2020年5月 | 四部门印发《2020年数字乡村发展工作要点》 |
| 2020年9月 | 中央网信办正式公示国家数字乡村试点地区名单 |
| 2020年11月 | 中共中央、国务院印发《中共中央关于制定国民经济和社会发展第十四个五年规划和2035年远景目标的建议》 |
| 2022年4月 | 中央一号文件《农业农村部关于落实党中央国务院2022年全面推进乡村振兴重点工作部署的实施意见》 |
| 2022年9月 | 四部门印发《数字乡村标准体系建设指南》 |
| 2022年11月 | 中央网信办、农业农村部启动联合制定《数字乡村建设指南2.0》 |

自各项政策出台后，许多地方政府开启了数字化转型之路，广泛运用大数据、云计算、区块链等先进的科技手段，将技术优势和制度优势结合起来，进行数字化构建和表达，从而更好地提升乡村治理效能。

简单来说，数字系统管理平台是以数字化管理为核心，借助三大运营商的网络平台和智慧大屏，联合网格化管理机制，形成镇、村、组三级管理网格。该平台具有实时远程综合管理、云存视频回放、数字化办公、云广播和乡村电视台等诸多功能，可满足乡村平安联防、防汛值守、定时播放政策宣传、数字化应用等方面的需要，是推进集成化管理服务模式、构建网格化社会治理体系、打造新时代数字乡村治理的创新管理之举。

anongbaba阿农巴巴是“互联网+美丽乡村（田园综合体）+文旅”综合运营服务平台，通过输出整村服务体系，整合农村相关农旅、田园综合体等资源与项目，构建生态圈，推动城市高端消费者与投资商到农村里来消费与投资，并提供量身定制、精准匹配的线上线下便捷服务，建立大数据平台，为农户、政府、用户以及投资人更好地提供服务。

所谓“互联网+农文旅”，就是“互联网+农业”“互联网+文化”“互联网+旅游”合在一起整体输出的一个系统模式。想要使“互联网+农文旅”的运营方案有效落地，作为承担乡村振兴重任的我们，就需要学习毛泽东思想，学习习近平新时代中国特色社会主义思想，学习中国传统优秀文化、互联网时代思维与工具。只有将这些融合在一起，我们的项目才不会走偏，才不会被资本化，才不会为了资本而资本，为了制定招商政策而制定政策。

表11-2 anongbaba阿农巴巴创新服务平台的特色

| anongbaba阿农巴巴创新服务平台的特色 | |
|---|---|
| 产业融合 | 制造业与服务业融合，三产融合；服务型经济快速发展，服务业占主导 |
| 新理念 | 合作、共享、免费、轻资产、零成本 |
| 新模式 | 产业链、跨界融合、解决方案、增值服务 |
| 新业态 | 平台、共享、体验、定制 |

在管理系统搭建的过程中，我们还可以通过技术、资源、智库的整合，在数字管理、数字治理、数智农业、数字旅游、数字文化、乡村运营等领域进行深耕，全面服务乡村数字化建设，提供整体解决方案，数字赋能助力乡村振兴。

我们顺利打造了数字化管理平台之后，管理的“硬件”跟上了，但这些最终还要靠人在制度中对其进行管理，使其落地。

### ◎ 统一管理，建立相关利益机制与招商运营管理团队

曾有很多人向我咨询，在乡村产业的管理中最大的痛点是什么？

我想说的是，其实这个问题不能用一个答案来回答，如果说最大的痛点，就是大家都不是特别清楚到底怎么干才能成功。无论是政府还是同行，甚至是一些巨头企业，都没有一套非常可行的成功模式能够让后来者直接复

制采用，可以说我们都在摸索中前进。

此外，我们普遍面临的一个大问题是，这个行业里缺乏专业的团队和专业的管理人才，尤其是本地化的人才团队极为短缺。我发现一个很奇怪的现象：有个别政府部门和企业投资数千万甚至数亿元资金的项目，理论上并不缺少规划设计，但他们往往不重视管理和运营服务，甚至没有运营预算，当然管理人才也很少。因此，作为管理者，我们首先应该意识到，那些懂农村、懂互联网，又能落地于乡村去运营的团队和人才非常值得我们去重点培养。

最后，还有很多美丽乡村和田园综合体投资上千万、上亿元，但就是没有终端消费者、没有用户来消费、来体验。即使有了用户，却不知道如何去管理和运营，以至于用户还是吸引不过来，吸引过来的用户也留不住，那么，项目主体想要赚钱就很难了。

从管理层面来看，这个问题涵盖了两个关键点：一是没有人才来管理运营项目；二是没有一个合理的利益机制来招商运营与管理项目。而在“互联网+”时代，单靠企业自身的资源已经很难满足越来越个性化、零散化的市场需求，为此，我们要寻找合作伙伴，打造专业的管理运营团队，形成聚集模式，打造生态系统，实现“互赢共生”。

具体来说，就是要统一管理经营，除了上面谈到的构建数字化平台，还要高效激活农村闲置存量资源，打通城乡共享经济，将农村里原来分散的、闲置的资源集中起来，形成一种规模效益。

如何才能形成规模效益呢？

首先，在我们的管理系统中建立起“资源入股”“四方签约”利益机制。

让农民资源入股，确保农民利益，用户至上，整合“三农”服务商，这是对农村进行整体性改善和使其托举式发展的必由之路，也是避免在单点突破中陷入泥潭的关键所在。我们要向村民和当地政府人员普及“资源入股”的长远思想意识，将村庄资源化零为整，站在全村和当地经济健康发展的高度，通过“四方签约”战略合作共同成立公司（或合作社），做到一个口径，多方参与地讨论、决定外来人员进村消费与投资项目。做深村庄资源产品化工作，加强村民宣传、接待、营销和管理培训。

这里的“四方”指的是联合县市（区）、乡镇、村庄（包括合作社）还有乡村产业投资与运营商，整合“三农”服务商，包括民宿、农产品、“三农”投资项目以及乡村体验项目，其目的在于通过“资源入股全村根本利益股权制总动员”，积极链接美丽乡村建设产业链上的全部伙伴。

其次，建立公司化产业招商运营管理团队。

例如，anongbaba阿农巴巴为了广纳天下人才，采取各种方式合作，有业务项目层级，也有股权合作、合伙开公司等模式。我想据此为大家提供一种思路，企业不妨根据自身情况来做了解与匹配。如图11-2所示，是anongbaba阿农巴巴的三大战略合作模式。

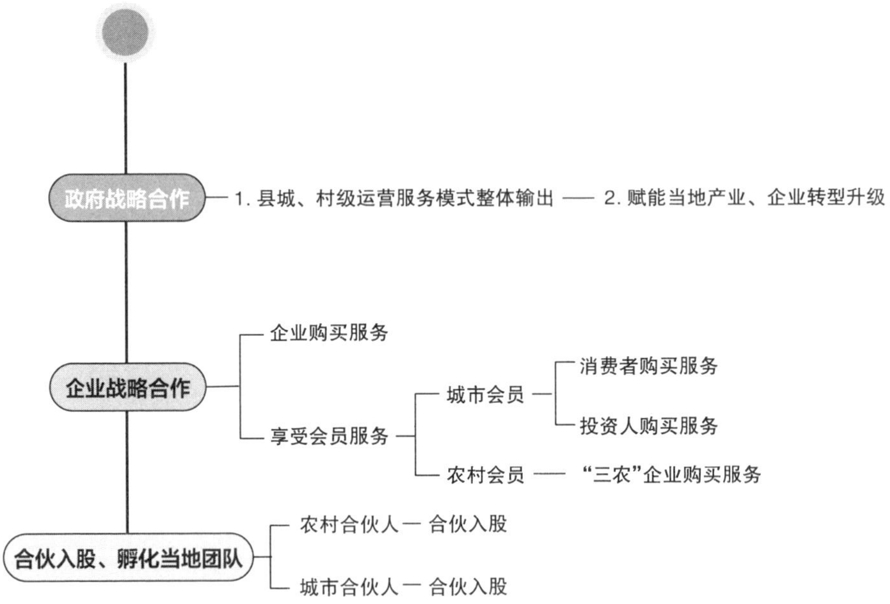


图11-2　anongbaba阿农巴巴的三大战略合作模式

另外，在组建团队的过程中，农村团队最好本地化，包括合伙人及运营团队，其团队成员甚至可以是村里的村干部、乡镇干部、农民及大学生；资金方面，可以通过成立产业基金、股权众筹、政府立项与政策补贴支持、市场化运营等多渠道解决；资源方面，争取以合作的机制，整合产业链各类合作伙伴，既要有本地化接地气的资源，也要有全国战略的甚至世界格局的全球资源；将不同等级的人才吸纳为不同等级公司的合伙人，也可以成立不同类型的子公司，打造一支公司化发展的产业招商运营管理团队，给予人才以股份，共同成长，共同将产业生态做大做强。而我们最终的目标只有一个，即乡村治，百姓安，国家稳。

毫无疑问，数字化为现代化乡村建设带来了更大发展空间和更广阔的前景。不管管理模式如何变化，我们都要坚持以农民为中心，取之于农民，用之于农民，着力解决农民增收、农业发展等最直接、最现实的利益问题，建立新业态、新模式的数字乡村发展平台，让老百姓都能收获满满的获得感、幸福感、安全感。

## 定位系统搭建：杜绝“千村一面”

在现代农村建设和产业运营过程中，在建设美丽的中国背景下，想要构建生态宜居、宜建宜业的可持续发展的新农村，最有效的途径就是乡村旅游与美丽乡村建设融合发展。然而，我国很多乡村只顾着美丽，注重外观硬件设施的完善，重“现代”轻“传统”、重“城味”轻“乡味”，却忽略了内在文化主题和互联网软件的融合，这样千篇一律的人居环境整治，结果就会造成千村一面，这些村庄也难以真正地“美起来”。

因此，建设美丽乡村，首先要弄清楚一个问题，即“要建设一个什么样的村庄？”这是乡村振兴的定位问题。定位不弄清楚，其他问题都无法得到有效解决。因为乡村建设不是儿童堆积木，失败了可以推倒重来，它的实施好坏与否关系到几代人所处的生存环境和生活经济。因此，在乡村建设中，找到一个准确的定位依然不容忽视。

### ◎ 赋予美丽灵魂的外衣，精准定位是王道

光靠砸钱是造不出美丽乡村来的，但如果我们能通过精准定位，赋予美丽的外表以灵魂，则至少能在一定程度上避免“千村一面”。我们可以基于“景村融合”的发展理念，对村域建设进行精准定位，进而实现乡村规划整治、城乡旅游融合发展及乡村文化品牌塑造，从而让置身其中的人们“望得见山、看得见水、记得住乡愁”。

首先，现代化新农村建设主要分为三种类型。

新农村建设的三种类型

第一种——生态农村

利用农村自然的生态条件，运用生态农村建设的管理理念，打造农村“宜居宜养”的特色，发展生态旅游、康养服务等。

第二种——文旅农村

通过挖掘农村的历史文化特色，或建设市场主导的特色小镇、田园综合体，来推进民宿经济、农家乐、文创旅游等发展的形式。

充分挖掘乡村自身的文化价值，通过文旅+农业、体育、疗养等方式建设田园综合体的数字乡村、特色小镇，有效推动民宿、农家乐、文创产业等经济发展。

第三种——建筑农村

乡村可对当地历史存留的古建筑、古民居进行重新修缮，深度挖掘其文化历史底蕴，将其修建成为具有代表性的旅游景观，吸引更多游客前来参观旅游。

对此，乡村振兴的定位要围绕“互联网+生态+农文旅”三方面内容展开。其中，为村庄建设寻找产业运营定位时，可采取按照功能定位、按照价值取向定位、按照发展走势定位、按照当地资源与民俗文化等综合定位四种方式进行。

### 一、按照功能定位

首先，乡村要知道自己的文化特色以及地理资源是什么，包括海滨文化、农耕文化、田园文化、山水文化，等等。在深入挖掘乡村文化内涵、修缮现有民居建筑、开发乡村旅游产品和优化农业景观结构的基础上，结合乡村规划的总体布局，对乡村进行准确定位，并将乡村打造成集当地农村文化体验、休闲度假和生态农业休闲等多功能于一体的宜居、宜业及宜游的复合型旅游新村。

按照总体功能定位，乡村建设要依托现有的耕地农田、自然景观、古民居、海产资源、民俗文化等资源，遵循分期开发、滚动发展的原则来进行。

比如，滨海城市的村落就可以将“渔家乐”作为核心，深度挖掘海岛的海洋文化内涵，整合乡村景区的休闲度假资源，打造拥有渔村文化特色的幸福渔村，力争将其建设成为全国乃至世界美丽乡村的样板和典范。

## 二、按照价值取向定位

根据价值取向定位，进行乡村建设时需要重点突出三大价值，即“生态价值、经济价值、美学价值”。生态价值，说的是凭借乡村净化空气、调节气候等能够改善生态环境的自然特点，注重开发和利用好乡村产业与景观的价值；经济价值，指可借助城市的人才资源、市场资源等，承接更多元的经济发展功能，更加有效地走科技农业、品牌农业、精品农业的发展之路；美学价值，指通过生态价值的突显，让春天的油菜花、夏天的荷花、秋天的稻谷、冬天的麦浪成为令人向往的农村美景，使城市用户感受到美丽乡村的农耕文化、田园风光和自然之美。

## 三、按照发展走势定位

现代农村建设大体分为十种模式：产业发展型、生态保护型、城郊集约型、社会综治型、文化传承型、渔业开发型、草原牧场型、环境整治型、休闲旅游型、高效农业型。整体来看，美丽乡村建设的最终目标是要将农村打造成为有文化魅力、有主题特色、可持续发展的现代化新农村，这必然要与数字化技术全面而高度地融合起来。

数字乡村发展呈现哪种模式，与当地社会发展阶段具有直接关系，例如城市消费趋向、城市自身环境与所属乡村地形地貌、居民消费能力、当地发展状况与人文环境，等等。因此，乡村建设也要根据当地整体发展趋势来定位，因地制宜、扬长避短，差异化规划、特色化建设、个性化发展。

根据发展走势定位，可以结合村庄的实际情况来给乡村定方向、定基调、定风格。乡村有了定位，有了风格，才更容易形成自己的特色，推动乡村全部产业的发展，尤其是能将新农村建设与乡村振兴、产业融合发展结合起来。如我们杭州的某乡村坚持走“原生村”特色发展路线，结合现代农业产业化策略，建成了集果蔬采摘、旅游观光、美食品尝为一体的体验式美丽乡村。

这样打造出来的村庄才是真正的美丽乡村。当村庄兼具灵魂与美丽的外衣后，自然会吸引大量游客前来观光，接着我们便可以进一步培育、壮大各类消费新业态、新模式、新项目，比如文旅主题餐厅、文创商品店铺、具有当地特色的工艺品DIY体验等。这样，通过乡村文创与产业的结合，又走出了一条产业兴村的新路子。

**四、按照当地资源、人文特色、民俗文化等综合定位**

最后我还要补充一点，在挖掘产业定位过程中，除了基于当地特色产业基础，还要重点挖掘当地的地脉、人脉、文脉、民俗、文化等综合因素，提炼出具有当地产业特色的、独一无二的差异化基因，这样的乡村产业定位将会更加匹配当地的资源，也更能凸显当地的人文特色。关于这一点，我还将在后面章节详细阐述。

说一千道一万，我们都渴望踏入如诗如画的美丽村落，走在乡村的林荫小道上，头顶是蓝天、白云，脚下翠绿稻田迎风摇曳，花香扑鼻，景色宜人，墙头的艺术作品隐藏着艺术家的创作巧思，一边品尝着具有当地特色的美食，一边体验着土乡土色的民俗文化，真正让我们流连忘返。这样的美丽乡村就有了灵魂，人来不想走，人走感乡愁，人流的消费涌动才是促进乡村产业永续发展的最好动能。

## 数字系统搭建：全面数字化改造升级

中国是典型的农业大国，在相当长的一段时间里，自给自足的小农耕模式是支撑农村发展的重要推动力，这不仅让农村生产技术、数字化水平均处于落后位置，还直接导致农村与城市之间出现了明显的“城乡分化”“乡乡分化”的数字鸿沟。

而数字经济又是我国未来乡村振兴与农业现代化的必经之路，在乡村振兴进程中扮演着重要的角色。可以说，乡村发展离不开数字经济的驱动，只有打破二者之间的数字鸿沟，才能实现农业强大、农村美好、农民富裕的“三农”目标。这个命题的破题之处就在于要搭建一个数字化、网络化和智能化的数字系统。

## ◎ 全面数字化升级，绘就“数字乡村”与“未来乡村”智慧画卷

近年来，随着国家一系列支持乡村产业发展政策的推动，乡村产业发展如火如荼，但同时我们也看到，乡村产业发展中仍存在发展质量和效益不高、产业要素活力不足、产业链条延伸不够、产业基础设施薄弱等问题。而数字化浪潮为乡村产业振兴带来了无限空间和广阔前景，同时也为解决这些问题提供了新的思路。如果想要对本地的乡村产业进行全面数字化改造升级，可以尝试从以下几个方面着手。

**一、注入新的数字动能，让乡村更有“科技范”**

“数字乡村”的主要特点就在于在乡村建设中注入了新鲜的科技动能。乡村的发展离不开农业，在传统农业中，生产、加工靠的是个人经验，结果往往收效甚微，很难做到精准、高效。而应用物联网、大数据、区块链、人工智能等数字技术则可建设相应的产业园区智能管理系统或大数据中心，形成标志性的智慧农场、无人农场、立体农场等，在农业生产过程中帮助人们对大棚里的果蔬的温度、湿度进行实时监测和调控，实现温、光、气、土、肥、药的可视化，从而降低农作物种植风险，让农业生产更直观、精准、高效。

**二、实现数据互联互通，打通农产品销售渠道**

随着数字乡村的深入推进，数字技术作为新的要素，在生产端、销售渠道和消费端发挥着明显的作用。越来越多的合作社、农户、农业企业等通过抖音、快手、京东等直播带货的形式，向全国各地销售自家的农产品。为了更方便、更快捷地追溯农产品的产地、生长过程、加工流程等相关信息，我们可以构建农产品质量安全监控系统、电子销售系统等，实现数据的互联互通，提升消费者的信任度，推进中国农业向高质量发展。

**三、切实解决乡村产业发展的数字短板，对传统场景进行改造升级**

具体内容如表11–3所示。

**表11–3 全面数字化改造升级，弥补数字短板**

| 全面数字化改造升级，弥补数字短板 | |
|---|---|
| 加强数字技术在生产、生活、生态中的应用 | 利用数字技术加快农业生产、农民生活智能化，特别是在粮食生产领域、电网、物流、水利的应用方面，加快推动智慧旅游、农村电子商务等新业态的发展 |

续表

| 全面数字化改造升级，弥补数字短板 | |
|---|---|
| 开创民企合作、共享共赢新局面 | 对相关企业在财力、物力以及人力上加大支持力度，促进农民与企业的合作，使双方形成互利互惠、共享共赢的新局面 |
| 开展数字化知识与技能培训，带领农民共同致富 | 根据“需要什么、缺什么补什么”的原则，对农民进行关于数字化农业生产、数字化农具应用等的新技能培训，让农民从劳动生产转变为智慧应用、智慧生产，让农民充分享受数字时代的发展红利 |

## ◎ “乡村元宇宙”，让乡村振兴之路走得更远一些

近两年，数字技术的发展带火了元宇宙这个概念。很多人说元宇宙将会成为商业界的下一个风口，不过也有人说实现它依然任重而道远，毕竟很多技术至今仍处于探索期，我们无法在短时间内掌握这些技术的应用。当然，元宇宙究竟能否快速实现，我们暂时不去讨论。但是，它却提醒了我们：现实世界与虚拟世界似乎并不遥远。也让我们不得不去思考，元宇宙概念的兴起，能否为乡村产业发展带来更广阔的探索空间？未来的乡村能否乘着元宇宙的东风，实现新的跨越呢？

用创意赋能智慧乡村，用创新实践探索乡村发展新业态、新模式。那么面对如此伟大的“乡村元宇宙”梦想，怎样才能让乡村振兴之路走得更远一些，元宇宙时代的乡村又会是怎样的场景呢？

让我们乘着想象的翅膀，努力拓展乡村振兴之路。

根据《中共中央　国务院关于做好2022年全面推进乡村振兴重点工作的意见》，可以在以下几个方面，将“元宇宙”与乡村农业进行完美的融合，以实现乡村元宇宙的构想。

表11-4　乡村元宇宙未来应用模型

| 乡村元宇宙未来应用模型 | |
|---|---|
| 农业科研应用+元宇宙 | 利用数字孪生技术，将乡村农业生产场景模仿出来，模拟种植、模拟虫灾等，可以大大缩短周期，降低成本 |
| 农产品经销商+元宇宙 | 运用VR（虚拟现实）技术能够让经销商更清晰地对农产品进行追踪溯源，在降低农产品质量信息获取成本的同时，还能给予经销商便捷管理的体验感 |

续表

| 乡村元宇宙未来应用模型 | |
|---|---|
| 食品加工+元宇宙 | 采用MR（混合现实）模拟制定食品加工流程，将数据信息映射到现实智能设备，实现全生产加工链的自动化，积累相关数据，提升口味/品质与标准化 |
| 客户体验+元宇宙 | 用VR虚拟技术模拟全景式现实农场，让客户沉浸其中，更形象、更直观地体验驾驶拖拉机、农作物采收等农活，为客户带来身临其境的非凡感受，提升客户群的黏度 |
| 农村电商+元宇宙 | 虚拟主播、虚拟偶像、虚拟身份，通过网络直播带货、全天候快捷客服服务、品牌代言等，提升销售营业额和客户的体验感及其信任度 |
| 休闲农业+元宇宙 | 元宇宙认养模式，为客户提供沉浸式的种植乐趣，客户通过VR/AR眼镜可实时观察认养果树的种植情况，并通过物联网进行远程浇水、施肥，观察其生长实况与信息记录，加强社交属性，让客户提前体验农家乐 |
| 农家菜+元宇宙 | XR（扩展现实）支持线上菜品订购服务、学习烹饪技术、模拟制作养生药膳场景体验，让客户能够看到农家菜成分、配料，在沉浸式体验中感受高端农产品的销售增值服务，使客户乐享其中 |
| 农业+NFT（元宇宙数字资产） | 利用区块链技术，将农村相关产品转换成NFT，让所有数字农产品可收藏、可交易，激发农业元宇宙的关注热度，吸引更多投资人参与到农业中，探索农业NFT艺术藏品、虚拟农田贸易等数字新业态，促进社群链接、文化链接、商业链接，实现多元化的元宇宙盈利模式 |

未来元宇宙对于乡村振兴的意义与价值绝不仅仅是单纯的概念导入和应用炫酷，而是更多的新价值发展、新价值体验与新价值沉淀。由于元宇宙仍然拥有无限巨大的探索空间，未来它所赋予乡村振兴的价值也将是无法估量的。

尽管如此，实现乡村元宇宙的路径仍是一个漫长的过程，既需要完整的落地实施策略，又需要可数据化的操作系统等一系列技术和规范。任何一种科学技术想要充分发挥其自身的最大价值，都需要依附于当地的乡村产业，元宇宙亦是如此。“产业+元宇宙”“乡村产业+元宇宙”必将是未来元宇宙在乡村产业振兴道路上最佳的实践路径。不管这条路有多坎坷，我们都要展望未来，一步步靠近我们理想中的美丽乡村！

# 服务系统搭建：产业数字化服务运营平台

当前，全国各地产业带普遍存在很多困惑与痛点，急需转型升级，寻求解决当地产业发展根本问题的路径和方法。近年来，杭州有来自全国各地的政府、地产商、园区业主、行业协会及实体企业（包括上市公司和品牌企业等），每天接待考察和游学接洽的用户也是层出不穷，他们都迫切需要帮助其产业通过系统解决方案与数字化运营工具，赋能当地乡村产业转型升级。

我和我的团队正是为他们搭建连接桥梁、助力乡村产业腾飞的中流砥柱。多年来，我们赋能过许多企业，运用AI、大数据分析、区块链等创新技术，建立供给侧与需求侧的有效联结，形成从A端到B端高效协同的数字化乡村产业供应链；通过数字分析处理，对企业平台的沉淀数据进行重新整理，帮助企业建立标准的运营服务体系，使企业从生产、服务到运营、营销更加科学、精准，以销定产，降低采购成本，全方位赋能农资上下游产业链，满足了多方需求。如表11–5所示。

表11–5　赋能产业升级的数字化服务运营平台

| 赋能产业升级的数字化服务运营平台 | |
|---|---|
| 市场需求方 | 1. 当地政府部门：产业招商+产业转型升级；<br>2. 当地产业带、行业协会：行业龙头企业，包括上市公司与品牌企业；<br>3. 当地地产商、产业园 |
| 产业数字化运营服务平台 | 1. 提供精准的招商运营系统解决方案（培训+咨询+全案项目）；<br>2. 产业数字化运营系统落地；<br>3. 通过运营，解决当地招商运营需求痛点，推动当地产业转型升级；<br>4. 招商引资、投资当地产业带平台搭建、投资优质项目；<br>5. 提供量身定制的数字化平台：<br>（1）第三方产业数字化平台：阿里、京东、腾讯、抖音、快手、拼多多等（第三方平台）；<br>（2）综合性数字化服务平台（自主研发）；<br>（3）十大产业创新型产业数字化运营服务平台（自主研发） |
| 供应方（平台优质资源数据库） | 1. 十大产业优质产业企业：包括独角兽、上市公司，需要往全国投资发展，拓展市场；<br>2. 十大产业行业资源（企业、优秀模式）；<br>3. 第三方平台数字化运营团队；<br>4. 杭州产业招商与运营服务团队；<br>5. 产业链资源及服务商（包括直播与传统电商） |

## ◎ 搭建全产业链数字化服务平台，助力产业腾飞

表11–5大家应该都很熟悉了，这是我们龙之子的产业数字化运营服务平台，在本书所述的数字化商业生态圈三大板块中都可窥见一斑。

从服务运营的角度来说，我又具体作了如下设计。

**一、不同服务赋能产业数字化商业生态圈：培训、微咨询，提供系统解决落地方案服务**

如果把过去10年看作消费互联网的黄金10年，这10年中，有太多的消费互联网平台相继涌现，那么未来10年，迎接我们的将会是产业互联网的黄金10年。

在我看来，产业数字化服务平台应以大数据平台为核心运营的枢纽和依托，通过培训、微咨询、产业招商运营全案项目落地服务、技术投资参股等创新业务模式，整合有形资源和无形资源，帮助农资服务企业挖掘终端市场潜在需求，从而形成平台的核心竞争力。

说白了，这套服务体系就是我们平时所说的场景化服务，它的精髓在于打破传统线下的地缘经济概念，让互联网平台充分发挥运营服务的作用，并与线下客户资源优势有效融合为一体，全面打通产业链，用新的生产关系、新的产业逻辑、新的运营模式，打造全新的产业互联网平台，集合行业资源，以场景化、智能化提供新的供需服务模式。具体模式如下：

**表11–6 不同服务赋能产业数字化商业生态圈**

| 不同服务赋能产业数字化商业生态圈 | |
|---|---|
| 培训 | 内部培训、游学、数字化培训班、峰会 |
| 咨询 | 按需定制，提供不同模块的系统解决方案 |
| 产业招商运营全案项目落地服务 | 数字化管理：创新思维升级团队<br>数字化运营：经营系统性生态圈<br>数字化共富：股权运作资本上市 |
| 产业数字化数据增值服务 | 提供产业链资源，提供数字化培训、代运营、联合运营 |
| 技术投资参股，联合运营 | 以技术（包括团队、人才资源与技术）参股甲方优质项目；<br>推进社会资源与产业基金参股于优质项目 |

产业数字化服务体系的构建主要以用户需求为核心，将供应、采购、物

流、管理、运营、服务、数据等供需两端的各个环节串联起来，环环相扣，打造“线上+线下”场景化的合作模式，创建覆盖项目全生命周期的一站式服务。当然，这是我们龙之子研发的产业数字化服务体系的模板，不仅适用于乡村建设，还可以套用到任何产业运营中。

**二、调研、规划设计出具有当地特色的“互联网 + 农文旅”产品与服务**

刚创业时，我重读了毛泽东在革命时期发表的《湖南农民运动考察报告》，颇有感触，从中获得的最大感悟是——没有调研，就没有发言权；同样，没有调研，就没有具有当地特色的乡村运营特色产品。于是，我和我的团队将其活学活用到了浙西农民创业调研的实践中，从市场调研资源整合到特色文化推广产品上架营销，再到营销策划重大活动、打造特色名片，最后到城乡互通共享、促成消费与投资，环环相扣，开放胸怀，尽力汲取当地地脉、文脉、人脉资源和灵感，打造出与众不同的特色产品与服务。

那么，如何做好乡村资源调研，提炼具有不同农户特色的标签与需求体量呢?

我们可以建立一个深入乡、镇、村的运营服务机构，以便立足地脉、文脉、人脉三脉资源做调研的实践应用，主要包括：收集当地文史资料、访谈当地主事官员、书记和村主任、乡贤和年长的老人牵头梳理当地三脉资源，以此来明确乡村的文化特色，梳理产品灵魂。比如我们在2015年6–7月，成立了第一个农村服务站、第一个众创之家、第一个乡镇运营中心。

除此之外，在调研阶段，我们与农民一起插秧、捡垃圾、体验农活，并挨家挨户做好访谈，访谈以后同农民签订合作协议。当然，并不是所有农民都心甘情愿与我们签这个协议，因为他们对于协议的作用、风险等并不是很了解，所以心中不免会存在很多疑惑，此时我们就需要让已经签约的村干部带头，通过对全村的培训和总动员，把整个村庄的资源整合起来，使签约率达到99%以上（除了个别农户常年在城市不在农村的）。

换句话说，调研的目的是为了把一个原生态的村庄打造成为一个农文旅结合的样板村。

农文旅结合的样板村——塘秀村

2016年3月，anongbaba阿农巴巴团队在临安区农办、旅游局、湍口镇政府及塘秀村两委领导班子成员的带队下，到当地村庄开始了调研。调研结束后，我们在企业公众号和朋友圈发表了企业策划的“塘秀村风情游主题线路”宣传文案，仅仅两个星期，就吸引了大量的游客慕名而来，他们当中有退休老师，有政府干部，也有家庭团队，截至目前累计客流量已达上万人次。此次乡村旅游线路活动不仅包括各类有组织有纪律的活动，还让游客们体验到了当地的民俗文化特色，获得了旅行团成员的高度好评。

截至当年年底，我们anongbaba阿农巴巴团队通过这种具有当地特色乡村旅游产品的规划设计与开发方案，在杭州市临安区调研了2000家农户，服务了20多个村庄，举办了200多场活动，服务2万多人次，吸引200多万粉丝，效果及反响非常可观。

作为农业产业互联网数字化的先行者，未来我们将持续注入新的力量，为推动农业产业数字化发挥带头作用，大力研发更多高效、创新的运营服务模式，助力中国农业产业数字化转型升级持续、加速进入快车道。

## 招商运营系统搭建：“1+5+9”落地解决方案

乡村产业发展，是关乎百姓生产、生活的根本性问题，也是实现共同富裕的关键短板与核心着力点。2014年11月22日，我和我的团队从提出概念并注册域名，用半年时间的市场调研，再到一年多的实践摸索，最后终于在杭州临安区湍口片区（湍源村、塘秀村、三联村等）首创并大力推广了基于“互联网+农文旅”的anongbaba阿农巴巴——农村优质资源共享与城市消费及投资生态运营服务系统平台。通过有机联结市场力量与乡村本土力量，融入了共同富裕的发展格局，助力了一批乡村产业实现了振兴发展。

## ◎ 制定有特色、有干货、有亮点的产业招商政策

其实，无论是互联网+农文旅也好，还是互联网+文化、互联网+万物也罢，最终目的都是为了更好地招商引资，赋能乡村振兴发展。

**一、深入调研，集思广益**

怎么才能更好地制定出一个有特色、有干货、有亮点的招商政策呢？

答案是：让所有的人都能参与进来，在制定政策过程当中，大量地做调研，集思广益。

看看那些服务于我们当地产业带的企业，如龙头企业，有产业带和产业园的企业，有商协会的企业，等等，听听他们的声音，听听他们的痛点和需求，以及他们希望获得政府的哪些支持和帮助。同时，包括即将要参加工作的大学生，听听他们的声音，看他们是否愿意留在你的地盘。

也看看外围的这些来到当地投资的企业、在外地创业做得很成功的本土籍的企业，以及也希望被招商引资过来的一些投资资本，包括围绕着数字化运营服务的人才团队，也听听他们的声音，然后再考虑怎么更好地制订招商政策吸引点。

企业来到当地发展，一定不是为了某个部门而来的，而是为了企业能够越做越大、发展得更好而来的，那么，来到你的地方以后能够享受哪些一条龙的服务，也是值得挖掘的亮点。

结合本地产业招商与运营系统解决方案，努力让政府的其他部门参与进来，获得一些服务和职责分工，或者说换个角度制定招商引资政策，比如，站在这个地区的市长、市委书记角度，看看招商引资政策是否能够解决一些真正的问题，如此一来方能让投资、创业与就业的企业和人才更愿意参与进来。

**二、围绕产业特色，制定产业数字化招商策略**

我们在园区数字化板块讲道，直播其实就是一种工具、方法和手段，然而，我们各个地区的产业若想更好地招商和运营，只靠某一个工具、一个方法和一个手段直达目标是难以实现的，只要销售额和税收，同时给予奖励，这并不能解决当地产业招商与运营的痛点问题。那么，该如何做呢？

1. 制定具有本地特色的招商策略

对此，我们应该结合当地产业与众不同的特色来制定招商策略。值得一提的是，我们不能为了制定政策而制定政策，而应该关心本地的产业如何更好地招商引资及转型升级。

2. 找到政策面向的目标群体

也就是说，政策制定出来以后，面向的是谁呢？其一，这个地区的企业（包括企业人才、大学生）；其二，外围的企业和人才。我们要想办法让他们到这个地方来投资、来发展、来创业和来就业。

那么，我们推出的政策应该是围绕着我们产业招商与运营这个大方向，围绕着我们当地产业如何数字化转型升级，如何把我们的产业优势发展到全国各地甚至全世界。

**三、吸引人才**

在这个过程当中，我们更希望吸引外地的大学生和企业来到本地投资发展，问题是如何才能把对方吸引过来呢？

首先，要想把企业请进来，当地的政府就要做好引导工作，包括当这些龙头企业、上市公司来到本地后，如何助力使其更好地发展。

其次，作为当地政府部门本身，要明确未来三至五年内的当地产业发展目标是什么。也就是说，我们希望这些企业怎么参与进来——对他们来说有什么好处和奖励？这些大学生怎么留下来——对大学生来说，留下来以后，有什么好处，有什么帮助，又有什么理由不到其他地方去？

因此，这就需要一个非常系统的产业数字化招商与运营解决方案。

只有提出了这个系统化的招商解决方案，政府才能更好地针对产业的上游、中游和下游等企业在当地进行产业转型升级，包括融入进来的这些主体，他们也更清楚企业应该做什么，团队应该做什么。在此基础上系统地梳理出一些配套的政策方案，这是最关键的，而不是为了制定政策而制定政策。也唯有如此，制订出的政策方案才会让人拿到手以后感到热血沸腾，因为这样的方案跟每一个人都息息相关，这样的产业招商运营方案才是有干货、又吸引人又有亮点的。

### 龙之子为政府、产业协会提供产业招商运营系统解决方案、赋能产业转型升级

2022年5月13日下午，杭州西子湖畔，细雨朦朦胧胧，在临湖居茶庄聚集了十余名政府领导干部、杭州市企业家与创业者代表，还有部分新零售营销的专家学者，共计13人有余，历时三个小时，我们无暇赏识西湖美景，而是为杭州市企业在新时代里的“市场营销”服务出谋划策，肩负起为中华民族产业数字化新市场、新营销、新模式、新理念谋划新出路与新方向，以新“市场营销”服务为切入点来赋能于新产业、新园区与新企业转型升级的时代使命。此次头脑风暴让我们更加明确了未来五年杭州市市场营销协会发展与服务的愿景、使命与行动纲领！

在不久的未来，作为协会副秘书长与产业智库导师，我和我的团队将一起更好地为杭州市市场营销协会企业会员服务与赋能，并且在此平台指导之下，我们将与杭州市企业一起更好地为全国各地的产业数字化、园区数字化与企业数字化构建当地经济生态圈，助推当地产业招商运营，促进当地产业转型升级赋能！

在此，请允许我小小地表达我无限的谢意，非常感谢主办方的邀请与信任。我深知，所有与会者都任重道远，我们欢迎有志于为“市场营销”服务与发展贡献力量的，或者有“市场营销”服务需求的企事业单位、专家学者与新媒体新营销导师们，以单位或以个人身份申请并加入我们的大家庭，一起在新时代里为“杭州市市场营销”服务出力！

## ◎ 未来是产业生态圈的天下：构建“互联网+”创新生态圈系统

未来是生态圈企业的天下，我们要运用互联网+的思维，更高效地连接各方需求，把牢土货进城、网货下乡的咽喉要地，与跨区大电商平台形成功能互补，在当地政府部门指导下，众筹农村合伙人、众筹农村资源、众筹农村产品、众筹服务商、众筹城市合伙人、众筹城市渠道商、众筹城市消费者、众筹城市投资人，构建起“互联网+美丽乡村”合伙人生态圈。

建设美丽乡村，需要吸引更多的产业资本与商业运营商来投资加盟，他

们的加入具有非凡意义，除了能够产生连锁效应吸纳社会资本，还能够运用自身成熟的运营经验，加快乡村发展建设的脚步。所以，我们在做乡村建设的过程中，也应围绕搭建产业生态圈系统的思维展开探索，专注地区化“互联网+农文旅”“互联网+田园综合体”运营服务模式，即全国乡村产业振兴创新服务模式，搭建某个田园综合体“互联网+”综合运营专属平台。

从供应产品资源的农村端，到消费投资需求的城市端，从土地资产、农家乐、农场、田园综合体、农业大企、乡村干部、企业老板等，到老乡会、同学会、乡贤会、社区、商超、会所、大型企事业单位、机构或个人投资者等，两边融会贯通，形成一个完整的产业共同体模式。

“三农”问题，主要指的是农村稳定、农民增收、农业发展。从类别上看，它们的研究对象分别属于居住地域、主体身份和所从事的行业，这是个三位一体的问题，只不过三者的侧重点不同，我们需要将其融合为一体去整体地考虑问题。那么，怎么去做农、文、旅三产融合呢?

在这里，我们有必要了解并运用S2B2C模式助力互联网+“三农”产业融合新发展。

“S2B2C”模式是由时任阿里巴巴“总参谋长”、湖畔大学的曾鸣教授提出的一种全新的电子商务营销模式，S即是大供货商，B指渠道商，C指顾客。S2B2C就是渠道商在多个供货商的赋能下共同为用户服务的模式。曾教授认为，尽管行业里不乏许多高度分散的小商户b（小b表示体量），拥有搞定C端用户的强大能力，但是如果少了供应链平台S的支持，想要做大做强是很难的。唯有三者形成一个完整的产业链，让供应链平台S赋能于B集群的商户们，才能扩大C端用户的体量规模。

想要更好地运用这一模式，我提供以下几个路径供大家参考。

### 一、融合农村资源特色

中国地大物博，尤其是农村资源更是极其丰富，不同的农村拥有不同的文化特色。对农村资源的充分挖掘是三产融合的关键，我们要善于挖掘农村独一无二的乡村特色，通过农村所特有的绿水青山、田园风光、乡土文化等独特优势，加快这些资源与旅游、文化、教育等产业的深度融合，加大对农村非传统功能的挖掘力度，提升农村产业的价值创造能力，从而使其成为农村农业发展的新型支柱产业，同时也繁荣乡村文明。

### 二、融合农民力量

现在很多资本方、投资方在做乡村建设项目时习惯于把农民置于一边，其实，这是绝对错误的。

我是农民的儿子，我出生于农村，生活、成长在农村，我深知农村的一切建设都离不开农民的力量。农民收入水平的提高是三产融合的根本。三产融合的农业主体和利益主体应是农民。我们可以不断地从农民身上挖掘能够运用到田地、山林、房屋、住宿、餐饮、导游等方面的技能与特长，还包括链接农民在城市里工作的子女。每户农民的标签是不一样的，我们可以将为我们项目所用的资源统统整合起来，通过整合农民需求信息、农民资源入股等把就业、创业的机会和产业链增值收益更多留给农民。

### 三、融合乡村农业资源

农业所包含的不外乎“养殖产品”和“种植产品”。在乡村建设的时候，我们要了解当地养殖和种植的体量有多大，农产品有什么，以及如何做好农产品的预定销售。我们要以科技创新为驱动力，打破传统人力、土地、资本等农业资源的限制，让新技术充分渗透到农业生产的各个角落，加大二者融合的力度，提升农业加工及生产等技术共享和传播的加速度，激发乡村农业发展的新动能。

总而言之，“互联网+农文旅”的本质就是以乡村自身环境、文化等特色为基础，以“S2B2C”技术模式为依托，通过农业发展收益、农民就业创业、农村生态环境三大产业资源的渗透融合重塑产业结构体系以及经营体系的转变，加快优化与整合农村资源、技术、资金以及市场需求等相关要素的效率，重构乡村产业布局，实现生态宜居、产业兴旺的农村繁荣景象，促进乡村振兴战略的落地实施。

## ◎ 乡村产业振兴“1+5+9”招商运营服务体：一个平台、五大载体、九大服务

只有模型和理论，还不足以完成“互联网+美丽乡村”的伟大愿景，再好的想法如果未经落地实践那都是枉然。为了真正实现落地运营服务，我又搭建了一套“1+5+9”乡村产业招商与运营服务体系解决方案。

“1+5+9”又是什么意思呢？如表11–7所示。

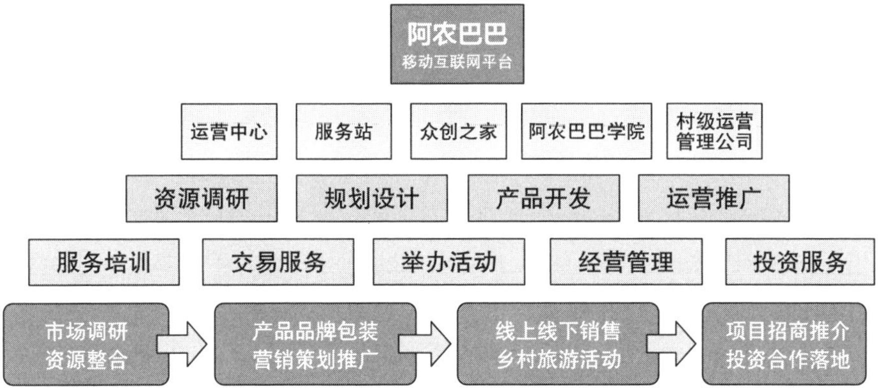


图11-3 “1+5+9”乡村产业招商与运营服务体系解决方案

**表11-7 “1+5+9”的深刻内涵**

| “1+5+9” | | |
|---|---|---|
| 1个平台 | 比如，搭建一个农文旅产业共同体平台或是产业融合平台，这个平台可以升级为市级的，也可以是乡镇级的，或者说村庄级的，甚至是一个公司的都行 | |
| 5个载体 | 运营中心 | 一个村庄的每个项目要做好，运营是必须先行的，只有运营做好了，接下来的很多事情才能够盘活。运营中心大多是由具有很多高水平的专业型人才的运营团队组成的 |
| | 服务站 | 服务站里涵盖为农民服务的人员以及特色的农特产品，它的作用共有两点：一是摆放农特产品和通过线上线下的不同销售形式，把农特产品推广出去；二是接待与服务全国各地来当地旅游、考察的客户。对于这个服务站，我的建议是，无论对消费者还是对老百姓，都是越接地气越好 |
| | 众创之家 | 把我们当地农文旅产业所需要的从业者人才聚拢起来，从而形成一个众创空间，甚至一个产业园，然后分工合作 |
| | 阿农巴巴学院 | 建立一个培训机构，当地的农民、服务团队、服务商、渠道商都需要进行专业的培训，以便于更精准地满足客户的服务需求 |
| | 村级运营管理公司 | 现在社会上很多组织都可以被形象地比喻成“公司”，那么做乡村振兴，村级也要有村级的公司。建立村级公司需要设计一些相关机制，然后提出运营理念，以当地乡村的资源为根本，把村级的合作社、乡镇、县、市以及运营团队多方组合，设计规划好股权。在这里，我不建议乡村被运营方控股，而应该是当地的资源方（比如，当地的乡村集体经济、乡村合作社等）控股，毕竟运营方是来服务你的，而资源和资产本来就是你的 |
| 9个服务 | 具体包括：资源调研；规划设计；产品开发；运营推广；服务培训；交易服务；举办活动；经营管理；投资服务 | |

基于这一体系，我和团队成功地为多个乡村振兴项目打造了数字化落地运营解决方案并落地实践。我认为，这样的农文旅乡村建设思路，是乡村生活和农文旅三产融合的有机结合的好模式。乡村旅游规划需要跳出旅游来规划旅游，让游客同村民共生共存。

2016年4月10日，anongbaba阿农巴巴正式在北京中关村创业大街大屏幕上亮相，这次亮相对我们来说具有非常深刻的历史意义，不仅是北京中关村对anongbaba阿农巴巴数字化运营方案的认同与鼓励，也标志着企业向全国拓展运营的战略即将打响，更是首创了中关村大屏以乡村产业互联网平台联合创始人同时亮相的先例，首次打上了“中国农村合伙人”的标签。

2017年，时任中华人民共和国科学技术部办公厅某领导干部在内蒙古自治区主办的“大众创业，万众创新”活动周上，对我们这套数字化产业招商与运营服务方案给予了高度的肯定。他说：“anongbaba阿农巴巴是中国农村轻资产改革很好的创新模式，坚持创新思维，从服务业到农业，三产融合，跨界整合，创新系统，我很看好anongbaba阿农巴巴未来的前景。”之后，他的讲话还一并提到了产业的融合、新理念、新模式、新业态，许多观点都与我们的运营理念不谋而合，让我深深感动的同时也受益匪浅。

这些来自社会各界的肯定，是中国乡村故事走向国际舞台的良好开端，相信未来会有越来越多的国际友人关注到，在中国广阔的乡村大地上，正上演着一出出有活力、有温度、有希望的乡村振兴故事，乡村百姓们的生活也在日益蓬勃向上。未来，作为农业大国的中国必将诞生一家“互联网+乡村”的农业“独角兽”。

## 营销系统搭建：“互联网＋农文旅”互联网思维营销

时代变了，什么是互联网思维不重要，重要的是玩法真的变了。

如今的农村已从“小米+步枪”的革命年代进步到了“小米+手机”的创业年代，革命年代人们喊的是“枪杆子里出政权”，和平年代的互联网数字化时代里人们呼唤的则是“手机里玩财富”。新时代乡村产业运营良性循环的路径靠的不再仅仅是独自营销，而是发动农民力量。唯有发动农民力量，具有不同特色的农户，量身定制匹配城市用户的运营，才能使农村发展更有生机。当数字成为新农货，手机成为新农具，直播成为新农活，乡村振兴产业宣传营销模式也在互联网的助力下有了新的思路、新的打法。

## ◎ “互联网+农文旅”思维营销：线上线下综合运营与宣传

我们做乡村农文旅事业，不单单要在农产品营销模式上有吸引力，有足够的特色，还要拥有一个“互联网思维”的营销头脑，这种高纬度的头脑风暴是决定营销方案是否成功实现的全新手段。

2016年5月，我和团队成员到姑妈家做客，当看到姑妈一家勤勤恳恳“挖笋”“晒笋干”，每天全家人忙得不亦乐乎时，我们突发奇想，想要帮他们做些事。于是，我们在《今日头条》推出了一篇原创文章，名为《妈妈味的笋干》，没想到这篇原创文章在短时间内就获得了高达300万的点击率，热评如潮。小小的笋干，不知唤醒了多少人的儿时记忆，每一根笋干都表达了真挚的爱。自从我们推出原汁原味的农家自制笋干后，口碑爆棚。互联网思维营销的魅力可见一斑。

**表11–8 “互联网+农文旅”思维营销的六个维度**

| “互联网+农文旅”思维营销的六个维度 | |
|---|---|
| 便捷 | 要为用户带来便捷的服务，这需要建设一个移动互联网平台，与用户形成良好的互动，而且平台的版本要不断研发升级，推陈出新，以满足用户的更高需求 |
| 参与感 | 让粉丝与用户参与到乡村活动中来，表达参与感 |
| 免费体验 | 通过一些免费活动带动用户更深的体验，让用户感受到你的优惠和真诚，甚至产生“占便宜”的感觉，当然，活动也不是全过程免单，只是部分环节免费 |
| 数据思维 | 要学会通过农村大数据对用户进行精准的分析与预测，熟知用户的习性爱好，为其提供精准的服务，尽最大努力满足用户的需求 |
| 用户体验 | 哪里能满足需求，客源就流向哪里，只有让用户获得“超级爽”的新体验，客流量才能源源不断 |
| 量身定制 | 通过为每个用户进行私人定制，帮助用户获得梦想产品，对于以家庭为单位的用户来说，我们可以根据他的个性化需求设计其服务模式；对于企业团建的用户来说，我们也应该有不一样的团队服务设计 |

基于上述六个维度，我们就可以更有针对性地进一步展开营销。

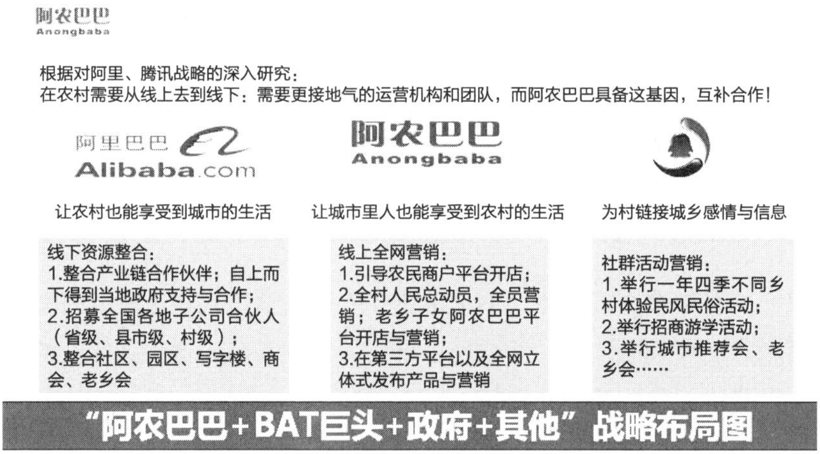


图11-4 anongbaba阿农巴巴裂变式快速全国发展

## 一、整合农村资源——做农村经纪人、做农民培训

中国5亿多农民，在未来，得农民者得天下财富。

农文旅，自然离不开农产品的销售，而农产品营销的第一项任务就是整合农村资源，做个“农村经纪人”。第二项任务是为农民做培训。既然一切营销靠农民，那么我们就需要以农民为主要宣传力量，让农村的农民父母成为服务员，城市里的子女成为营销员，组建属于农民自己的服务组织。在签约合作的农民基础上，让愿意加入组织的农民入会，组建生产队，让农民集合在企业生产队的组织中，有规范、有纪律地带领着各路人马，通过培训增加服务城市朋友用户的服务意识和服务技能，培训亲人式服务体系。

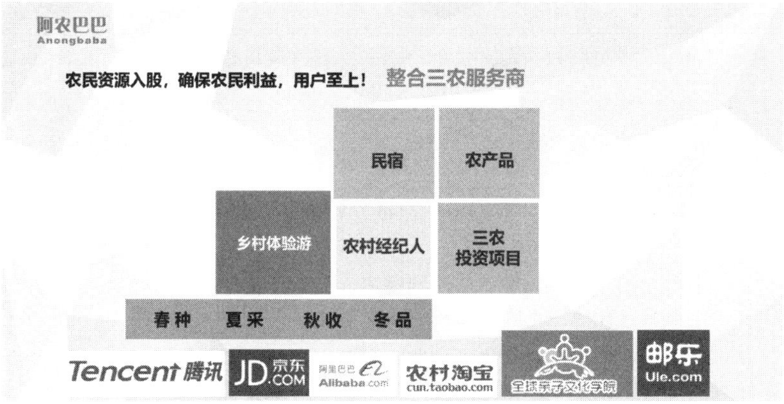


图11-5 农村资源如何整合——农村经纪人

anongbaba阿农巴巴就提出一个“六陪”服务，包括陪吃、陪喝、陪玩、陪乐、陪住、陪行，旨在团结当地的农民，挖掘他们真正的价值，输出当地农民“朴素、真诚、有人情味儿”的亲人式的服务，这种服务让许多用户流连忘返，至今提起来依然记忆犹新、感动至极。

## 二、拓展城市用户的三大营销

近年来，从农村到城市的休闲之旅也成为了与农文旅产业相结合的大热门。为此，我们不仅要留住农村用户，同时也要拓展城市用户到农村中来。

表11-9　拓展城市用户的路径

| 拓展城市用户 | |
|---|---|
| “城乡等值” | “城乡等值”，从字面意思理解就是用户在城市与乡村所享受到的服务几乎是差不多的、相同的。为了吸引更多的城市用户来到农村体验本地文化特色，我们可以运用“粉丝经济效应”，采取“小投入换大回报”的策略，运用社群营销、媒体营销以及产业集群资源扩展营销的方式来拓展城市用户 |
| 社群营销 | 通过老乡会、同学会、旅行社、社区家庭、企事业单位、俱乐部、知青团队等组织分享朋友圈，动员朋友圈的相关社群人员，吸引城市不同组织的人群到农村做客，让人才下乡、大学下乡、公司下乡，把乡村的产品与服务提升起来，缩小与城市的差距 |
| 媒体营销 | 可以与传统媒体和新媒体联动，比如各大视频平台、媒体新闻报道、杂志报纸等，扩大宣传力度，增加城市用户的兴趣度和情怀感 |

我是杭州临安湍口人，2020年正月，我受邀来到湍口众安温泉酒店，通过与酒店董事长和顾问金教授的交谈，我了解了这家酒店为何能在新冠疫情期间独树一帜，两天订出了210套度假别墅，原因就在于它的数字化营销策略。

杭州临安湍口温泉度假酒店，于2020年2月15日复工，是临安区首家复工的、由国家颁发证书的天然温泉度假酒店。湍口众安温泉在2020年2月17日、18日推出1666元低价享住温泉别墅的活动，两天订出210套，它的营销战略有三点：一是降低价格，但服务和配套餐饮不打折扣。二是全员营销。酒店在受到疫情冲击时，全体员工利用朋友圈众多的粉丝在线上发力，推送销售。三是利用分销模式，运用小程序好友加盟转发促销信息，谁转发谁分享，每一单可拿10%的现金提成。这种全员数字化营销方案不仅为酒店带来了不小的收益，还因此登上了各大新闻报道，彰显了属于它的奇迹佳话。

乡村的很多酒店、民宿和农家乐生意惨淡，请我去帮忙指导与赋能。我曾经大胆地提出，乡村的酒店与民宿已经不是旅游目的地了，而是企事业单位团建、开会、办公和休假的目的地，围绕着为当地相关产业基础的企业提供办公服务才是出路。提供集“办公、健康养生、运动、娱乐休闲、住宿与餐饮”等功能于一体的、健康安全的全方位一条龙度假养生式的办公服务，这将是民宿发展的最佳出路。

运营是不会中规中矩的，是需要根据市场环境和时代变化而不断创新的，但是，始终离不开全心全意为客户服务的宗旨。

**三、农特产新营销模式：如何通过一款索面来撬动乡村振兴**

三联村的集体经济收入曾经在全湍口镇排名倒数，而今其却成为了全临安、全杭州，乃至浙江乡村产业振兴学习的共富示范村。那么，2015年至2016年间，在当地政府主管部门（包括临安区政府、农办、旅游局、商务局与湍口镇政府等部门）指导下，我们通过什么样的方法帮助这个村打了一场漂亮的翻身仗呢？秘诀在于——一款索面。

第一步：调研三联村当地特色产品，锁定索面，包装、宣传索面，立足三联村三脉资源挖掘索面爆点内容，塑造杠杆产品。

第二步：集合杭州及临安等地媒体力量，持续预热索面与索面节举办时相关活动及组合湍口温泉优惠券等，利用“索面节活动+温泉度假”双产品组合，最大化地吸引客流。

第三步：索面、索面节、温泉度假等农特产品全部实现线上阅读推广、购买预订并支持线下活动现场提货体验等。我们运用传统索面节+互联网思维，打通线上线下，实现民俗产业新零售体验效果。营销效果俱佳，引入上万人次到场客流，线上粉丝百万，为三联村索面节及索面民俗产业发展奠定了良好的基础。

第四步：索面节现场文艺表演、线上优惠活动等应有尽有，充分调动用户消费者的主动推广和宣传积极性，为三联索面加油添火。

第五步：应用互联网思维，实现订制化服务，提供订制化产品，比如土猪肉现杀现卖、祈福春联现场书写等。

第六步：央视《味道》特辑专访，打响全国知名度。一炮打响以后，第二次，第三次，第四次……这款农产品很快在全国产生了极大的影响力。

就这样，一碗小小的索面，被做成了一个大大的产业，撬动了全村“共富”。

后来，三联村以三联索面为“金字招牌”，将村委会旁的乡村客厅打造成了农产品展示馆，其中代表家乡特色的农产品琳琅满目，如馆内索面、土鸡、香肠、腊肉、笋干、土烧等，还开辟了直播间。不久后，三联村储存农产品的冷库也正式投用，进一步完善了索面的产业链。而随着种植、制作、储藏、展陈、销售等环节的完善，三联索面陆续在临安城区、湍口镇、昌化镇开设分店，三联索面馆的“全产业链共富”模式也正式开启。

乘着新时代美丽乡村建设的东风，三联村成功创建并成为了浙江省AAA级景区村庄，一步步将其产业优势转化为共富优势。

但我相信，“三联模式”只是湍口镇在共同富裕实践中的一个缩影，而我们运营的终极目标是凝聚机关部门、高校、企业、农村党组织等力量，发挥乡村产业的带动作用，开展各类共同富裕实践行动，让更多的乡村以及更多的村民参与进来，真正达到强村富民、全域共富的目标。

互联网的诞生，压缩的不只是交流互通的时空成本，更激发和释放了海量多样的个性需求，让长尾理论在这个移动互联的时代，发挥得淋漓尽致。零散、闲置的农村资源与货品现状，是一个不争的长尾现象。看懂、积蓄和释放农村里的长尾势能，需要一个有农村基因又懂互联网的团队。在新商业文明时代，我和我的团队希望全国各地区产业都能为乡村振兴共襄义举，分享“互联网+美丽乡村”建设成果！

## 共富系统搭建：构建城乡命运共同体、共同富裕模型

现如今，产业数字化已经从城镇产业集群逐渐向乡村产业集群转移，它不再是某个单体企业或某个城镇区域单打独斗的垄断时代，而是产业链中所有个体齐力合作而形成的“共生、共创、共享、共赢”的黄金时代，这就是所谓的“产业数字化共同体”，其本质主要体现为，在整合、共享闲散需求和资源的基础上，也能为企业带来规模效应的红利，大大地提升资源的配

置效率。

既然产业互联网是一个从单打独斗到产业共同的时代，那么我们就需要团结一切可以团结的力量，构建城乡命运共同体。尤其在数字经济的大背景下，由于政府部门、金融机构、数字科技企业等不同组织之间拥有打破数据孤岛、激发数据价值的共同利益，因此，整个产业链上、中、下游，需要极力做到有闲钱的出钱、有闲房的出房、有闲货的出货；有闲人的出人，有闲智的出智，有闲力的出力；吃苦扛风险在前，享受分利益在后。

由此可见，产业数字化、数字资产化、资产数字化、产业命运共同体、产业大数据共同体是未来发展趋势。产业数字化平台模型的精髓，在于打造一个完善的、成长潜能强大的生态圈，它拥有独树一帜的精密规则和机制系统，能有效激励多方群体之间互动，达成平台企业的愿景。平台生态圈里的一方群体，一旦因为需求增加而壮大，另一方群体的需求也会随之增长。如此一来，一个良性循环机制便建立了。

基于上述机制，乡村产业想要实现共同富裕，就要结合产业项目搭建一个共富系统，在实操策略方法上可参考企业共富和园区共富的板块，举一反三。我简单概括了以下实操方法供大家参考：

简单来说，搭建产业项目共富系统，阶段性成果展示与爆发点在于召开当地产业项目数字经济峰会暨产业项目数字化商业生态圈发布会，打造本地产业项目特色的经济共富共同体。

## 一、打造共同富裕模型：从产业项目共同体到产业带共同体最后到产业共同体

我们倡导构建产业共同体的理想模型——全产业链资源（联合当地产业龙头企业）+产业创新运营团队+产业数字化平台+产业资本（包括本地资本+全国型资本+产业基金等），联合成立产业基金、产业数字化平台、产业创新联合公司、产业孵化平台，以“产业数字化管理、产业数字化运营、产业数字化共富”为核心工作，构建产业数字化经济生态圈，构建共同富裕共同体模型，赋能当地产业转型升级与高质量发展！

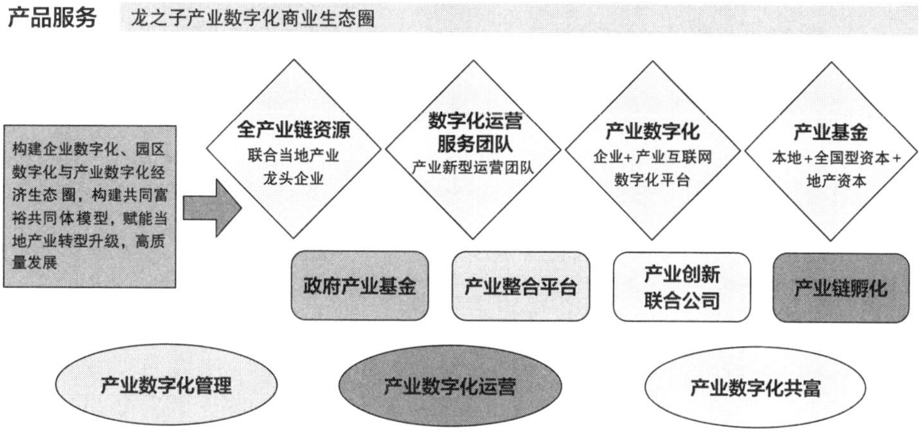


图11-6 产业数字化共富系统搭建

如图11–6所示，我们要打造出产业带共同富裕模式和品牌输出模式：集合“本地特色的共同富裕模式、本地新电商直播数字化模式、本地产业振兴模式、本地乡村振兴模式等多维度”，既满足政府导向，又吻合投资商导向，还融合当地老百姓致富愿望，这就形成了健康、良性循环的数字经济生态圈，投资置业，购房置业，安家落户，产业正向循环，打通产业链上、中、下游资源，真正实现共生、共创、共投、共享、共赢，共同富裕，共同赢利！

## 二、结合当地的产业招商引资，召开一场大型的极具影响力的新电商直播产业的数字经济论坛活动

例如，以“产业招商，推动楼盘销售”为策略，召开一场隆重的、极具影响力的当地产业经济生态圈、数字经济论坛峰会；产业招商过程中，推动产业带销售（招商运营）营销升级：联合当地政府、当地全产业链资源，召开一场面向全国的、隆重的产业带直播数字经济论坛活动等。

## 三、举办产业项目的共同富裕峰会暨年度节庆活动、产业数字经济峰会

可根据实际情况邀请相关分管的政府领导干部、业内专家学者、连锁加盟的实体店与渠道商、大客户以及产业链关键资源合作伙伴、投资机构与股东代表等，一起参加峰会活动。

### ◎ 模型1　举办“互联网+美丽乡村”品牌生态圈发布会，获得资本青睐

目前，乡村产业数字化招商运营综合服务平台多以“直播电商+产业、产业+直播电商、数字乡村、未来乡村”为主要形式。为了实现乡村振兴多方共富，越来越多的企业开始通过召开乡村产业振兴项目数字经济峰会暨该企业品牌生态圈发布会，以获得更多资本的青睐，同时构建本地小而美的生态圈。

例如，2016年11月26日下午，anongbaba阿农巴巴和临安区农办共同主办的杭州·临安“互联网+美丽乡村”峰会暨anongbaba阿农巴巴生态圈发布会，于杭州市梦想小镇互联网村召开。12个镇街和16个建制村主要负责人、中国农业新闻网总裁、农村资源商户代表、金融投资机构、服务商代表、渠道商代表、粉丝代表、新闻媒体等共300余人参加了会议。

这场以“乡村让生活更美好”为主题的“互联网+美丽乡村”峰会，也是全程高能、干货满满的生态圈发布会，集中分享了anongbaba阿农巴巴近两年来在农村资源端与城市需求端探索的实践经验，向外界展示了其完整的、可复制的、实践性强的“互联网+美丽乡村”生态圈并将其正式发布。

无论是乡村还是产业，其根本利益都应牢牢把握在村民手里，anongbaba阿农巴巴向村民和当地政府人员普及“资源入股”的长远思想意识，站在全村和当地经济健康发展的高度，将村庄资源化零为整。本次峰会成果丰硕，五项战略合作协议顺利完成签订，包括：四方战略合作协议、农村资源商户协议、服务商协议、渠道商协议、分公司协议。

anongbaba阿农巴巴构建数字化招商运营平台高效激活农村闲置存量资源，打通了城乡共享经济。为使“互联网+美丽乡村”线上线下无缝对接，打通农村发展的“最后一公里”，更好地为顾客制定专业服务，使其享受到纯正的农村风情，anongbaba阿农巴巴与多家农特产品公司签订了合作协议。

“互联网+美丽乡村”链接美丽乡村农村资源端与城市消费者，其投资过程离不开渠道商，正是他们专业的服务让农村的产品和资源得到了价值的体现与发挥，这些渠道商包括旅行社、互联网社群平台、新媒体、新电商等，anongbaba阿农巴巴与多家渠道合作伙伴签订了合作协议。

峰会以“乡村让生活更美好”为主题，当在促进“互联网+美丽乡村”的宣传引导、经验交流和落实推进，加速农村（农产品）电子商务发展，建设美丽乡村，发展乡村美丽经济，创造乡村美好生活；同时助力临安实现经济转型升级，成为全国一流的美丽乡村示范区，推进临安 “农业更强，农民更富，农村更美”。

### ◎ 模型2 策划举办乡村旅游特色活动，撬动乡村振兴产业发展

除了乡村产业振兴项目数字经济峰会，举办旅游特色活动也是实现美丽乡村“共富”愿景的主要方式。阿里巴巴集团学术委员会主席、湖畔大学教育长曾鸣曾经在湖畔大学说道：“无人超越，原创的，最具有核心竞争力的驱动力；越是愿景导向的企业，其孕育期也是越长（2—3年）。”

2015年年终岁尾，anongbaba阿农巴巴通过线上线下在湍源村策划举办了与众不同的成千上万人次的民俗年货节，大家载歌载舞，在享受乡村文化气息的同时，也找回了儿时的记忆，玩得不亦乐乎。那么很多人会疑惑，如此百人千人大团的下乡活动是如何成功举办的呢?

而在这次anongbaba阿农巴巴乡村民俗年货节活动中，我们通过线上线下相结合的方式，联合媒体、旅行社、商协会等多方组织，集聚了上万名粉丝，举办了首届年俗年货节暨粉丝答谢宴。活动中，我们对各个组织承诺：只要你能为我们召集一定数量的粉丝团，我们就兑现吃、住、行“你请客，我买单”的承诺，并且免费为大家升级VIP用户。在《杭州日报》《青年时报》等多媒体渠道的宣传报道下，此次活动也获得了很大的社会反响，不仅掀起了城里人下乡的浪潮，也为当地农民带来了经济收益，真正实现了“城乡融合”“城乡共富”。

其实，早在2015年国庆节，anongbaba阿农巴巴第一次举办“体验湍源村，欢度国庆节”原生态农村体验活动时，就已经取得了非常圆满的成功，有了丰富的经验。那次活动邀请了300多位城市忠实粉丝作为首席体验官参与活动，与1000多位村民互动。据初步统计，当晚活动用餐桌数量95桌，住宿房间108间次，晚会消费烧烤2482串、奶茶600多杯、鸡尾酒100多杯，这是一场湍源人民与城市朋友齐聚一堂的狂欢盛宴。这次三天两夜的欢庆活动吸引了来自杭州、上海乃至全国各地的城市群众以及当地村庄周围的老百姓。

据统计，到2016年年底，anongbaba阿农巴巴利用2年时间已经调研了2000家农户，服务20多个村庄，举办200多场活动，累计接待游客近2万多人次，吸引线上粉丝200多万，这标志着其范围试验的阶段性成功，也让我们通过实践和互联网思维的升级，摸索出了后来的城乡命运共同体、共同富裕的模型。

为了大家更好地理解产业共同富裕的思维，我再分享一个小故事。

### 如何以产业共同富裕的思维，为温州当地产业高质量发展赋能

我在2021年6月中旬时，曾以咨询师的角色陪着朋友到温州去考察，并与温州的一个产业带负责人进行了交流。

当时这位负责人带我们考察了五六个温州当地的产业带，到了第二天快要结束的时候，我们开了一个座谈会。会上，代表提出了产业带发展的痛点：一是如果当时温州开始做直播电商，在全国范围内可以说是排名靠后的；二是很少有人去做投资、做直播。通常都是温州人跑到外面去直播，返乡创业的投资者也很少。即便来了一些大学生人才，毕业后也留不住。对于温州政府来说，直播培训立项基本上是没有什么服务预算和经费的，相应的政策立项也没有很多。

如此一来，这似乎就成为一个打不开的死结：由于没有足够的投资预算费用，那么就只能向企业收费，但是对方也会反问，我付了钱，谁又能保证一场直播带货下来一定能赚到几十万、几百万甚至上千万呢？若不能赚到钱不就赔了吗？

面对这样的困局，最后我只是用简单的三句话提了我的建议。

第一，我们做直播也好，做电商也罢，都只是一种工具和一个方法，作为温州人，如果想要在全国甚至全世界脱颖而出，就应该拿出独一无二的差异化的基因优势，而不是靠直播工具和方法。

那么，温州人差异化的基因优势是什么？是温州人的商业精神和创富精神（或者可以概括为中国式的犹太人精神）。

因此，直播只是一个工具。最终谁来播？我认为，最好是让第一代

创业的企业家，让那些成功的老板去播，由他们来讲自己的创业故事和造富神话，然后顺便带货。

这样，直播的风格和味道首先就不一样了，没有了所谓的戾气，自然更受人欢迎。毕竟，全国的朋友都想和温商学习创造财富的精神，此时顺便卖货，卖的其实不是货，卖的是一种精神——温州人创造财富的精神和文化，抱团取暖的精神。

第二，我们每个产业带可以抱团成立产业基金。这一点很好理解：在没抱团之前，这些公司都是单打独斗，莫不如大家一起抱团取暖，以解决预算不足等问题。

此外，还可以在现有的企业转型升级基础上成立相应的数字化转型升级的事业部门。这个部门是怎么构成的呢？

首先，由现有团队中最优秀的销售团队构成，最优秀的这些骨干力量在部门成立后就是老员工；

其次，把大学生作为事业部里的重点培养对象；

再次，把我们杭州以及全国各地最优秀的直播电商运营人才引进来，包括将数字化转型升级的一些专家、老师和运营直播团队等融进来；

最后，这个事业部门成立以后，这些一代企业家都成了投资人，而所有那些传统企业做得非常优秀的产业带都是投资商。接着我们就可以告诉全国，我们温州商人就是要投项目，你们过来我们就做投资，让你们成为我们的股东，投资我们成立的这个事业部门。

这样一来，对方过来了，就解决了钱的问题，因为本身有产业基金，同时又有专业指导，能够让传统企业做好直播带货，赚得利润。有资源、有人才、有专业指导、有客户、有钱，还愁走不出困局吗？

说白了，沿着上述发展思维和路径推进，最终我们就成为一家产业运营联合体公司。其实在这里我们就完全可以进行改造升级：一个产业带就是一家上市公司，将产业带中不同的主体组合起来，就变成这家产业联合体公司的股东。最后，我们还有产业基金。这就不单单是服务某一家公司，还带动了整个政府产业带的转型升级，从而实现高质量的发展。

第三，有了这样的基础，后续的招商引资也就有了着落。我们可以集合不同的产业带，在线下举办直播展览会，并通过线上面向全国甚至全世界的商人做招商引资，吸引投资者和客户来参展。

回到原点，其实还是通过来自全国的这些温州的企业家，让第一代商人在展会上聊聊自己的创业故事，聊聊企业的发展及其文化的变迁，将展会打造成为一个社交场合，同时还可以为政府做推广，例如举办“温州20年的发展变化”主题会等。这样一来，全温州商人就都聚集在了我们线上和线下的展会中，

你看，温商又回归了！温商精神永不落幕！

就是上面这简简单单的三句话，解决了对方提出的吸引人才问题、招商引资问题、没有预算和政府资金的问题，顺带连企业转型升级、产业带转型升级的问题也解决了。对方负责人听后感到非常欣慰，认为在听了我的这些建议后获得很大启发。

而我，更因为能带给对方一点点切实的帮助而感到欣喜。不只是温州，我希望全国所有的园区及其入驻的企业、辐射的产业，大家的发展路子越来越宽。未来，愿我们来自五湖四海的伙伴，能够一起拓展合作领域，共创发展平台，提质增效，让共赢共富的发展成果越来越多，共同织就共同富裕的繁华图景！

未来是生态圈企业的天下，生态优势不追求“为我所有”，而是“为我所用”，企业价值的创造不再是企业内部的活动，而是与外部伙伴共同创造。而这一章提出的以乡村产业为例的产业数字化样本，仅为抛砖引玉之用。但无论何时，anongbaba阿农巴巴必将继续赋能企业与产业协同发展，赋能产业、帮助企业更好地连接城乡美好生活。

第 12 章

CHAPTER 12

# 探索产业互联网转型的中国路径，擘画产业数字生态共同体

1010101010101010101010101010101010101

当前，我国消费互联网所取得的高质量发展的成绩有目共睹，基于此，很多互联网头部企业相继提出了发展“产业互联网”的思路，并开启了实践的先河，这是继工业互联网、消费互联网之后新一轮的探索。

从整个产业生态圈的角度来看，产业互联网作为重要的生产组织创新方式，通过整合全产业链上下游的个体企业，形成新的产业链治理机制和利益分配机制，变相互竞争为协同合作，变内部管理为开放共享，从而建立产业命运共同体，实现多方共赢的新格局和产业生态的良性治理。

虽说产业互联网整个流程既复杂又漫长，涉及的技术和领域范围非常广泛，但是并没有固定的模式说必须要按照上面的步骤进行，也没有规定说一定要从哪个层次切入。没错，要实现全生产流程的产业互联网化是有难度的，但是我们可以选择从某个环节切入，而如此做获得成功的应用案例还不在少数。

为此，这一章，让我们把视线从乡村产业延伸到医疗、教育等时下几个最热门的产业，借鉴其经验，共同探索产业互联网转型的中国路径，擘画产业数字生态共同体。

# 风至云起：产业互联网时代到来

当前，数字革命和能源革命、交通革命相互融合共促，构成了这场百年不遇的波澜壮阔的产业革命。今天，我们已经走过了工业互联网、消费互联网阶段，为了实现高质量发展和快速城市化进程，正在迎来新一轮的产业互联网的重要时期。对于这一轮产业革命，相比其他国家我们拥有更迫切的需求、更热烈的渴望、更强有力的动力。

其实，除了上一章重点谈到的乡村产业，产业互联网的触角还可以向各类产业和服务业扩展，例如可以涵盖工业、能源、交通，以及医疗、金融、教育，等等。被视为互联网经济“下半场”的产业互联网已然拉开了经济发展的新的序章。

## ◎ 未来企业的增长点在产业互联网

数字化时代，科技创新刺激了新的产业集群向外扩展，新一轮产业革命是以数字技术的广泛应用为主要特征的。从其发展趋势看，我们的企业经历了流程机械化、管理数字化、生产自动化，未来将达到企业智能化。而提到“互联网+”，我们知道，其包括了消费互联网、产业互联网和政务互联网，而且这三者存在很大的区别。

产业互联网的发展涉及产业、服务业企业，互联网企业，以及政府部门，它们之间无论是解决问题的角度和理念，还是主体的知识结构，都有很大的不同。企业，需要协同互助，各自扮演好自己的角色。比如互联网企业就需要提供数字化技术支持，产业、服务业企业需要提供场景服务、提出问题，而政府部门则负责给予必要的政策和环境支持以及市场大环境的监督工作。其中，互联网企业可以进行先行先试，主动成为某些试点行业的“数字化小帮手”，为其提供解决问题的思路、技术和方案。当“运营模式”逐渐成熟、稳定，并使这些数字化技术广泛应用于各行各业，未来真正的增长点将一定出现在产业互联网。

那么，我们中国的企业如何才能在产业互联网的风口乘风而起呢？

放眼全球大大小小的企业，凡是进入500强的中国企业大多是大企业，而除了这些大企业，中国的中小企业也有几千万家，但是大企业和小企业的产业互联网路径是有所区别的：对于那些管理比较薄弱的企业，可以先从数字化软件做起，然后再进行生产环节的数字化；对于数据基础比较好的企业，可以从引入产业大脑开始，运用大数据、物联网、人工智能等技术完善管理体系。具体大家也可以参考我们前面提到的三个板块的系统搭建相关内容。

总之，发展产业互联网要从企业的实际出发，脱离自身情况盲目追风就无法成功。比如，我们浙江前些年开展的“机器换人”，很多地区也赶着这股热潮提出“机器换人”的建议。可是，“机器换人”是什么情况下都适合吗？并不是，因为购买机器人后它并不能马上就干活，而是需要先按照工作岗位流程输入编程，如果是委托第三方编程，开发成本和后期维护成本就相对比较高，一些经济比较落后的地区根本无法承担这笔费用。

再如，针对存在痛点、难点的产业或行业，腾讯公司采取了“单点突破、小步快跑”的做法，不得不说它是非常实用的路子。他们先选择一些产业或行业作为试点，然后进行升级优化，当“模式”逐渐被投入应用，并被认为高效、可行，他们便将其布局到教育、医疗、制造、零售、地产等行业，现如今这一模式在某些领域已经被推广使用。

话说回来，尽管很多互联网巨头已经积极布局各大产业，但我国产业互联网发展水平距离消费互联网的发展水平还很远，仍有很长的路要走。我们正处于新动能和旧动能的升级接替期。而后疫情时代，我们即将面临的发展产业互联网的最主要的问题是创新的“从零到一”的突破。很长一段时间里，我们的技术都是选择引进和跟随，复制别人走过的路，这样的选择既稳妥又可靠，通常情况下不会出现什么大问题。可创新却是一个试错的过程，稍有不慎，就有可能满盘皆输，总体上说失败是常态，成功概率少得可怜。

即便如此，产业互联网的发展模式也不能被全盘否定，它最终不仅要覆盖企业全生命周期和信息管理系统的各个环节，还要从企业内部拓展、辐射到上下游的所有企业。这是一个长期的过程，因为每个企业的发展情况、生产规模、行业性质都有很大的差别，想要通用一个产业互联网发展模式几乎是不可能的。可见，发展产业互联网，没有必要按部就班，但这并不是说任何企业随便选择一个环节就可以轻易起步。

下面，我选取了几个热门产业，以此为例来重点谈谈可行的转型路径，企业可以从自身的实际情况出发，从中找到适合自己的“数字化能力”。

## 数实融合构筑智慧医疗创新底座

新冠疫情就如同一个加速器，倒逼行业发展进步的同时，也将医疗行业推至产业互联网的风口快速生长。这次，数字技术还能否与医疗领域更好地互融互通？未来医疗健康产业如何跟上数字化时代的步伐？数字技术如何有效解决医疗供需的难题？

### ◎ 数实融合构筑互联互通的医疗生态系统

曾经有位互联网界的大佬在自己的演讲中感叹，在所有产业中，医疗与教育算是最难与互联网融合的行业，这不仅是因为其产业自身的特殊性，更包括互联网技术的复杂性和创新性。为此，互联网医疗常被人们称为是“叫好不叫座”的行业，也有很多人压根就不看好它未来的发展形势，一度持有怀疑与否定的态度。

罗伯特·瓦赫特在《数字医疗》一书中将医疗数字化分为四个发展阶段。

医疗数字化可分为四个阶段

第一阶段，让整个医疗卫生服务体系实现数字化。

第二阶段，实现不同医疗信息系统的融会贯通。

第三阶段，充分发挥医疗大数据的价值。

第四阶段，在前三个阶段的基础上，从提升医疗用品质量、完善医疗制度、完善医疗文化等方面加强大众就医的效率，进而保证大众的身体健康。

从目前的发展趋势来看，未来，新一轮信息技术将向医疗健康领域逐渐渗透、融合和延伸，具体路径为：先从健康、非核心医疗业务入手突破，然后逐渐向医疗产业的核心环节发展、延伸，进而与各个医疗服务机构、健康保险公司、医药公司等形成产业链接，通过多方的共同协作，打破医疗“数据孤岛”，线上和线下一体化，最终建立一个“以消费者为中心”、互联互通的医疗健康生态系统。

例如，在抗疫过程中，为解决资源互通、数据共享、生态开放等问题，医疗行业在大数据、人工智能等数字技术的融合下，开辟了传统医疗系统之外的“第二战场”，通过健康码、云端问诊、线上开方等实现医疗卫生信息资源的集中统管、按需服务。

那么，如果撇开疫情“滤镜”，未来互联网+医疗健康产业又能体现哪些价值?

首先，互联网医疗并不是要替代传统的医疗系统，而是在其基础上的补充。像是线上问诊、线上开药等，均是对线下现代医疗系统所做不到的服务的一种填充。互联网能够对医疗资源数据进行传输、储存、处理等，满足医疗工作者在应急情况下能够灵活地调动资源的需求。

例如，阿里健康为了满足疫情期间大量的医疗资源需求，开启了全国范围内的医生招募，只要具备医生资格证并有意向的医生，都可以直接向平台提交申请，经过审核后即可在线接诊、开药。这样，即便许多人足不出门，也能享受到最好的在线看病服务。此种做法不仅很大程度上缓解了线下医疗机构的压力，而且还为百姓看病提供了方便。

其次，互联网医疗的价值还体现在以用户需求为视角的创新服务，比如，线上远程医疗解决了消费者看病难、排队久的问题；网络平台售卖药品解决了慢性患者配药难、健康预防的问题；网络医学科普工具为消费者提供了专业化的防疫知识图谱，让消费者可以高效学习健康医疗知识，从而构筑起一个新的“健康”产业生态。

或许有些人认为，线上医疗永远无法触及医疗的核心环节——诊疗，人们迟早还是要回归线下看病、就诊。实质上，抱有这种想法的人主要是没有意识到互联网的核心优势，也忽略了医疗健康需求的多样性和其链条的漫长。那些疫情以前互联网医疗未曾体现的价值部分，在这场疫情不断涌现一些需求的时刻，完全发挥了它的实际作用。这些部分，将成为未来互联网医疗产业加速变革的定位和发展方向。

至少，在未来医疗需求持续增长的10至15年里，我们仍可以对数字化健康医疗产业抱以希望。

## 数字化为教育插上全面转型的翅膀

沿着上一节的脉络，我们继续来谈谈另一大和我们民生息息相关的产业——教育业。自2019年新冠疫情席卷全球以来，“停（线下）课不停（线上）学”已成为教育行业常态化的教学模式。像这样温暖的故事数不胜数，它们其实是近年来教育领域在互联网浪潮中探索与创新成果的微小缩影。

过去的40年，随着我国义务教育的普及化与高等教育的大众化，教育行业取得了举世瞩目的卓越成就。教育业是产业数字化途中不可或缺的一项重要任务，人才的需求倒逼教育系统必须快速、彻底地进行转型和升级。然而，在此之前，中国教育仍有不少问题需要解决。

教育存在的几个亟待解决的问题

1. 教育资源投入和使用效率低。
2. 教育资源分配不均衡，城市和农村教育差异过大。
3. 个性化教育需求难以得到满足。

教育数字化是解决现代教育体系问题的重要路径。对于校园系统的信息孤岛，基于大数据、云计算的“互联网+教育”能够通过构建数字化校园体系有效地解决此类问题。比如，智能化是数字技术的综合应用；信息化是产业链数据资源的互通和共享；数据化是对校园资源信息进行整合与管理。随着信息技术推动教学环境、教学流程、供给方式、评价体系等变革，使业务流程数据算法越来越自动化、精准化、个性化，整个教育体系便会逐渐发展成为全新的教育模式和教育生态。

### ◎ 共谋产教融合创新合作，塑造数字化教育可持续未来

《教育信息化2.0行动计划》指出，到2022年要基本实现教学应用覆盖全体教师、学习应用覆盖全体适龄学生、数字校园建设覆盖全体学校、信息化应用水平和师生信息素养普遍提高、建成“互联网+教育”大平台的目标。

在“互联网+教育”的大趋势下，以数字化为支撑的高质量教育新模式成为了中国特色教育信息化全新探索的方向。

**表12–1 基于互联网的数字化教育模式探索**

| 基于互联网的数字化教育模式探索 | |
|---|---|
| 在教学内容方面 | 教育数字化必须从“人”和“物”的层面协同推进，比如支持机器人教育、人工智能教育等，培养创新型人才，促进学生个性化培养，构建线上线下混合教学模式 |
| 在教学环境方面 | 深入打造虚拟现实、3D资源、VR/AR等新技术、新场景的沉浸式教学环境，让学生体验智能助教、智能学伴的交互性学习的乐趣 |
| 在教学服务方面 | 通过搭建智慧教育公共服务平台，探索覆盖学习环境、教学流程、教学管理、教师研修、教改实践、沟通互动等教与学全过程、个性化的服务。这样的公共服务平台产品和服务多种多样，如腾讯课堂、学堂在线、作业帮、猿题库等，涵盖英语能力提升、学习工具、青少年编程等各类教育内容，可实现“人人皆学、处处能学、时时可学” |

接下来，我们以腾讯在数字化教育领域的探索为例进行说明。

腾讯在数字化教育领域的创新探路

根据多年技术的积累和对教育信息化的探索，腾讯认为，“以人为本”的教育意义在于个性化育人，希望借助数字技术的力量助推教育产业真正实现“因材施教”。

在英语学习领域，腾讯英语君是集教、学、考为一体的教学平台，支持课堂上教师通过PC、平板电脑等实时掌握教学情况，课后学生掌握知识的进度和自主学习情况，提升管理效能和教学的发展水平。

在产教融合方面，迄今为止，腾讯已经为全国1000多所高校提供了数字化建设服务，包括上海复旦、深圳大学、江苏大学等，其设计的教学方案覆盖课程内容、实验实训、竞赛赛事、师资培训、职前培训、认证考试等，其目的是为了培养更多数字化人才，让他们更好地服务于教育行业。

总的来说，互联网已经完全深入到了各种教育的创新探索中，在人工智能技术、大数据技术和虚拟融合技术等日益成熟的未来，其迸发出的能量将是传统教育体系所不曾拥有的。

明者因时而变，知者随事而制。致力于多元化、个性化、大众化的互联网教育，将成为一项值得所有教育工作者期待的事业，它不再只是“点燃智慧的白炽灯”，而更像是“照亮生命的孔明灯”！

## 数字革命点亮中国新型智慧城市

“科技强则国家强，科技兴则国家兴。”改革开放40多年来，我国经济在科技快速发展的助力下取得了前所未有的成就。城市作为经济建设与科技革命、产业革命的重要载体，与乡村振兴相辅相成。如果说乡村为经济发展提供沃土，那么城市则为经济发展带来活力。上一章节我们重点谈了乡村产业，那么这一节我们再来谈谈城市建设的未来。

### ◎ “后城镇化”时代，中国城市发展究竟该何去何从

近年来，随着我国城市建设的加剧扩张，不可避免地面临着规模限制所带来的人口和产业不断溢出的问题。在这种情况下，构建新型的智慧城市将成为新时代经济发展的必然趋势。

我们可以清晰地看到，自1978年以来，我国已经成功地走出了一条城市化发展的道路，在交通设施、公共服务、生活环境等方面都发生了不小的改变。可以说，城市群的发展直接影响着全国的经济命脉，比如，北京、上海、广州等城市的迅猛发展，已经快速跻身进入国际一流大都市圈，与纽约、东京、伦敦等国际型超大城市并驾齐驱，通过深度的国际交流逐渐向国际化、连绵化、生态化、现代化的城市化方向发展。

不仅如此，一些新一线城市的发展势头也不容小觑，以杭州、南京、成都为代表的大都市已发展成为我国双循环新经济格局下的新动能。与此同时，随着城镇化进程的加快，越来越多中小城市发展中的问题也逐渐浮出水面，比如城镇化导致的交通压力、人口压力，城市发展马太效应明显，老城市发展动力不足，等等。

“后城镇化”时代中国城市发展该何去何从？如何找到发展的总动能？各中小城市怎样突围？我认为，发展新型智慧城市，以数字化为城市发展的驱动力，将会成为未来城市建设的新的思考方向。当数字化与城市发展高度融合，不仅城市的基础设施发生了数字化升级，就连城市的商业模式、产业业态也都将发生数字化升级。而在未来，新基建和都市圈将很有可能成为城市数字化转型新的发展契机。

### ◎ 数字化赋能都市圈发展，新型智慧城市潜力无限

说到新基建和都市圈，很多人都知道这二者是相互促进的关系，毫不夸张地说，中国未来城市发展的动力主要来自于它们。我们之所以把新基建和都市圈联系在一起，是因为构筑新型的智慧城市需要数字化的驱动，唯有如此，才能让各大城市释放出智能经济发展的巨大潜力，激发旧产城焕发新的活力。

在数字技术的促动下，未来我们身边的很多产业都将会被重新洗牌，传统产业被赋予新的动能，而新一轮信息技术又会不断催生出一批批新型产业。当新型产业孕育而生，城市群和都市圈的产业地理分工将规划得更加明确。在新基建与都市圈相互协同、相互促进的背景下，中国城市发展也将获得与时俱进、恰如其分的智慧治理“良方”。一方面，新基建为传统产业带来了新契机；另一方面，都市圈实现了产业的合理化规划。

然而，过去几年，业界普遍形成了一个共识，认为智慧城市的建设无非就是在原有的智慧城市建设模式基础上进行迭代升级，注重“产业大脑”的建设，重视已有数据资源的汇集，而未能考虑到全局整体的优化以及自身成长的发展诉求。其实，真正的智慧城市建设应该是能够以人为本，以城市数字镜像平台支撑城市服务重塑，能够扩展到全身各个组织、各个器官的生命体，这就是“城市智能体”。

这样的“城市智能体”可以将物理场景与数字场景相融合，催生全新的商业场景模式，以新视角重塑城市规划、管理、协同及发展。正如在4G时代，我们无法想象5G时代会发生如此天翻地覆的变化——虚拟偶像直播带货、共享单车方便出行、移动支付便捷生活服务……现在的我们，也不能预测未来6G时代还将使城市化发展孕育出怎样的新业态。

但至少我们知道，未来的城市群将在产业数字化转型下变得更智慧、更便捷。我诚挚地希望未来能有更多的产业玩家加入这个智慧城市建设的生态圈，共同为智慧城市的发展出谋划策，让智慧融入城市，让“智惠”辐射到生活中的你、我、他，努力建成一座座有温度、会思考、善感知的“生命之城”。

## 数字赋能金融，推动数字中国建设

站在大变革时代，各行各业都面临着数字化的转型和重塑，金融行业亦概莫能外，况且，金融数字化转型是产业带中不可或缺的一项，无论是医疗、教育的转型升级还是城市的建设，都需要金融体系的支持。伴随最近几年数字经济的持续高涨，金融业逐渐搭建起了数字化转型的“时代舞台”。

2022年11月22日，中国人民银行副行长、国家外汇管理局局长潘功胜在金融街论坛年会成方金融科技论坛暨全球金融科技大会上表示，加快推进金融数字化转型将成为接下来金融科技工作的重点内容。

由此可见，我国数字经济发展已上升到了国家战略，而作为数字经济的先锋，金融业需要遵循以国内大循环为主体、国内国际双循环相互促进的新发展格局，将实体经济与数字经济相互融合，开辟出一条新的发展赛道。

## ◎ 将数字化注入金融行业是治理体系现代化的“国之大事”

始于金融与科技的共生，终于金融与实体的共富，金融数字化不仅仅是金融行业的“家事”，还是关系到现代化体系治理和建设的“国事”。

目前，我国金融数字化在大数据、人工智能、云计算、区块链等底层技术的驱动下已扩张到了历史的新发展阶段，尽管各大金融机构纷纷架构起转型的实践，在精准风控、营销获客等方面得到了有效的提升，但每家的意愿和理念不同，发展速度也就存在很大的差异，可以说，金融业数字化转型依然处在方兴未艾的摸索时期。

而更上一层楼，意味着金融数字化既要在金融服务中的各个环节注入数字元素，还要将数字思维贯穿产业运营的全链条，力争从原来“立柱架梁”的沉重实施方式向“轻”投入、“微”定制和“快”见效的企业架构转型。

与其他行业不同，金融业因其自身业务的特性和经营的风险程度，更加重视数据价值的识别和管理。金融业之所以迫切需要数字化转型，究其根本原因在于，数字经济变革产生了新的金融需求。在数字经济的大背景下，构建以用户、数据、场景为核心的多层次的创新金融服务体系，是这个时代对金融业提出的新的需求。

### 一、新模式、新业态的出现，催生了多样化的金融需求

金融业应用数据信息的体量非常庞大，以至于处理起来存在很大的难度，如若没有数字技术的融入，可以想象，金融机构将几乎难以适应当前的社会经济发展，极其容易出现实体经济融资缺口，不仅自身数据实现不了其应有的价值，而且在对外数据的应用上也会处处碰壁，管理效率和风险防控能力都将非常低。

### 二、网络化效应明显，经济上下游主体关系紧密

数字经济时代，金融业各经济主体之间的关联越来越深，这也无形中导致了供应链风险防范和数据监督难度的加大。此种情况下，“单点式”风险防范模式显然已经不再适用，金融机构更需要大数据、云计算、人工智能等数字技术来提升业务能力，为其保驾护航。毕竟金融业数字化转型的前提是要以保护消费者财产安全、数据安全为前提基础的，这样做很大程度上可以防止出现新的数字鸿沟和金融排斥。

面向未来，希望有更多的金融机构牢牢把握时代发展主线，以高质量发展为导向，以“数字赋能金融”战略为引领，拾级而上，在百年不遇之大变局中勇立潮头，为“数字中国”建设贡献一份自己的力量。当然，金融数字化一花独放不是春，只有在数字化广阔的新天地里与各大产业互联互通，才能真正实现百花齐放春满园！

## 数字化转型是一个系统工程

想要促进一个生态的形成，或是一个“数字中国”的建设，并非三言两语，喊几句口号就能做到。回顾一下我们整个“数字化商业生态圈”的基本逻辑。前面我们谈到，企业和园区最终都是为产业服务的，具体而言，都是为产业招商引资以及构建产业带生态圈服务的。而我们之所以要按照企业数字化、园区数字化、产业数字化的逻辑顺序来讲述这个大生态圈，是为了以点带面：企业是细胞，N个企业构成了园区这个载体，N个园区辐射到当地的产业、带动了产业的发展；作为政府则重点需要做好当地的产业定位，引导产业数字化转型升级，向高质量发展迈进。这个过程中的转型策略与路径，都离不开产业带定位、园区定位，以及企业定位。有了定位就相当于航船找到了前进的方向，才能对症下药去打造适合企业、园区和产业发展的运营团队与招商服务平台，进而通过高效的运营，联合当地政府、企业资源，打通全产业链资源，最后在不断地升级转型、创新迭代中，孵化产业链，从管理到运营，最终实现共同富裕，全产业链协同发展。

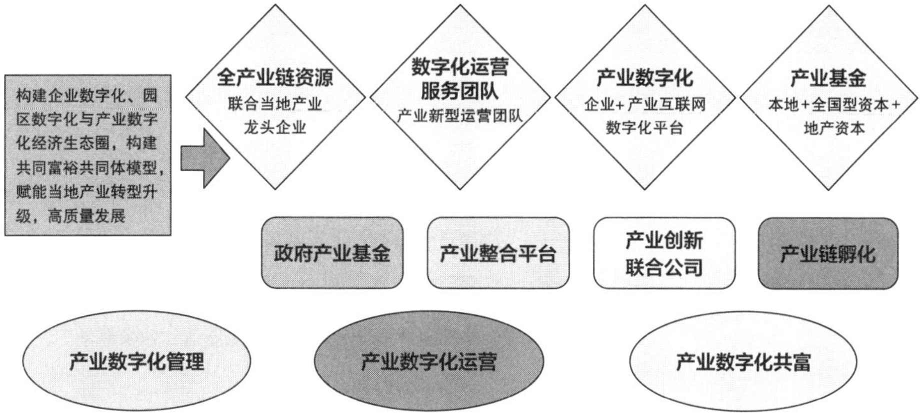


图12-1　产业数字化转型三部曲

当然，若细数我国国民经济中的行业，就有20个门类，分属于三大产业，我们无法将每个产业一一列举。因此，我选取了多年来我服务最多的一个领域，同时也是近几年我国在大力发展的一个重点产业——乡村产业，以此为例，为大家详细阐述了产业数字化运营的七大系统。而在这一章，我选取了几大关乎民生的重点行业，初探未来企业的增长点以及未来产业数字化生态的更多可能性。

基于前文的讲解，总体来说，我运用了“全产业链资源+互联网数字化+产业资本”创新模式与“政府产业+产业整合平台+产业创新综合体+产业链孵化”的独特打法，以“直播+数字生态”“乡村产业振兴”为切口，立足解决现有产业痛点，为当地政府、地产商与产业园、行业协会、上市公司及品牌企业等企事业单位，提供产业招商运营服务系统解决方案，通过搭建产业数字化运营服务平台，和当地政府、地产商、产业园、企业等共同努力做大做强我国数字经济产业，提升我国数字平台的国际竞争力，让中国产业走向世界的舞台。

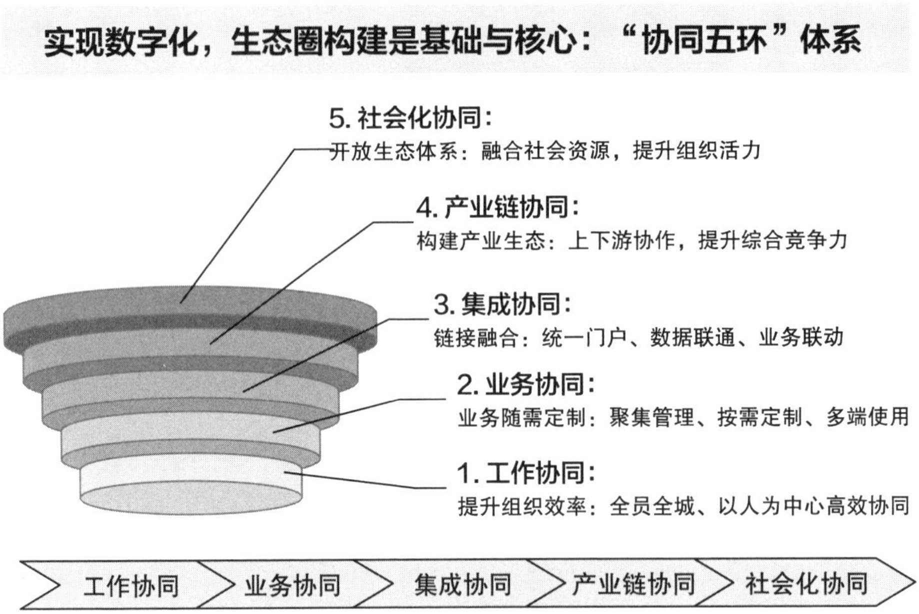


图12-2　搭建产业数字化运营服务平台的“协同五环”体系

为了全面、充分、精准地刻画数字生态，我们利用“协同五环”体系，作为数字生态的评估工具，分别从工作协同、业务协同、集成协同、产业链协同、社会化协同不同维度来实现数字化生态圈的构建。

说到底，无论是园区数字化、企业数字化还是产业数字化转型，其转型都涉及理念思维转变、商业模式创新、机制改革、平台开发和新技术应用，是一个综合运营的系统工程，而要发挥其规模化优势，整个产业链需要形成一个将产业网与经济体相融合的大闭环商业生态圈，也就是我们本书所讲的数字化商业生态圈。

在数字化转型过程中，各大产业、企业、园区都必须做好系统规划和持续的运营落地，而实现这项系统工程的最好方略是搭建一套产业综合型专业服务平台，也就是我们前面三大板块所谈到的内容。

### ◎ 数字化转型是一个系统工程，需要综合专业服务

数字化转型这一项浩瀚庞杂的系统工程关系千行百业，一人不成众，独木难成林。产业数字化转型的一个最重要的特征就是去中心化，它的终局是团结一切可以团结的力量共建一个产业共同体。于是，我和我的团队搭建了

共享型数字化服务机构与平台（如图12-3所示），旨在为企业数字化、园区数字化与产业数字化构建商业生态圈与共同体赋能，推进产业高质量发展。

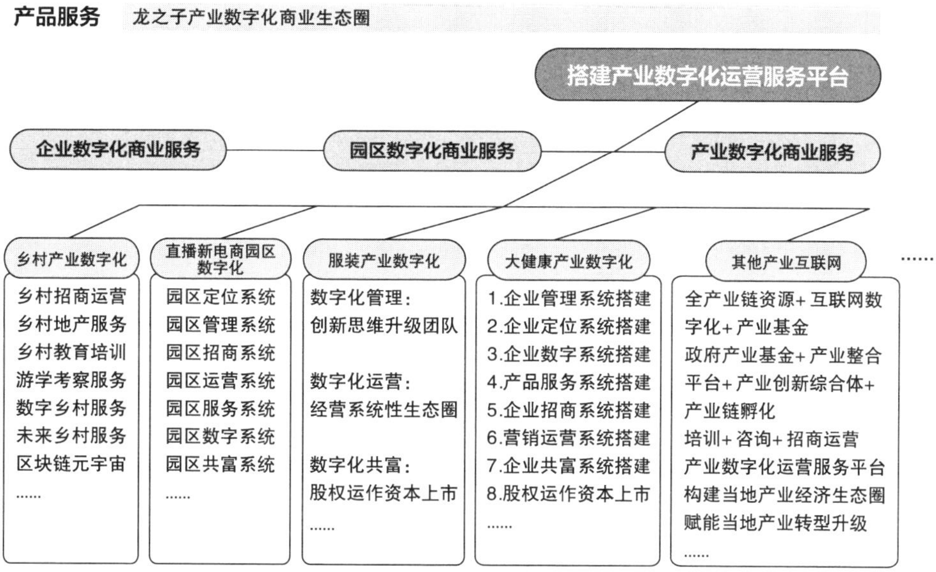


图12-3 搭建共享型数字化运营服务平台的各项细节

然而，互联网在新消费主义时代进入了新的阶段，无论怎么努力，我们都已经进入了一个高度的流量内卷时代。多年以来，我们不断对平台进行持续升级和创新，但似乎始终距离心中的目标差点什么，却又说不出个所以然。直到2021年4月13—14日，我应邀出席“黄山市与杭州市数字经济产业合作对接会”。通过此次会议，我受益良多，这也让我坚定了为产业数字化赋能的决心和梦想，并且开始总结和反思，果断决策开始新征程：

第一，对于服务型企业，究竟该如何通过互联网转型，创新商业模式，实现贸易线上化、产品品牌化、服务平台化发展？

第二，对于区域政府，如何以产业数字化推进区域特色产业集群转型发展，并打破区域限制，形成影响全国、全球的产业辐射力？

第三，对于大量产业投资者，如何持续发掘产业数字化转型的优秀企业，通过资本助力，打造新的“独角兽”？

我认为，数字化转型既然是一项系统的工程，那么它必然需要有综合性运营服务的支撑。所以，我打造了产业数字化运营综合服务平台：

龙之子产业数字化运营综合服务平台

1. 提供精准的招商运营系统解决方案（培训+咨询+全案项目）;
2. 产业数字化运营系统落地；
3. 通过运营，解决当地招商运营需求痛点问题，推动当地产业转型升级；
4. 招商引资、投资当地产业带平台搭建、投资优质项目；
5. 提供量身定制的数字化平台：

（1）第三方产业数字化平台：阿里、京东、腾讯、抖音、快手、拼多多等（第三方平台）；

（2）龙之子综合性数字化服务平台（自主研发）；

（3）十大产业创新型产业数字化运营服务平台（自主研发）。

未来最大的战争不仅是存量战争，不仅是供应链的战争，最大的战争（或者每一个企业家这一辈子的战争）就是与自己的战争。谁的运营模式创新，谁拥有综合系统型运营服务，谁能跟得上时代发展的步伐，谁能不断地满足用户个性化的需求，谁就提前锁定了一张进场门票。所以我们所搭建的数字化运营服务平台还要包括创新生态体系，也只有加速构建“共生、共建、共赢、共享”的创新生态体系，才能抢占未来竞争的制高点，坚持产业报国梦想，再续责任新篇！

说到产业报国，看似简简单单的四个字，却凝聚了我们团队所有成员的理想和信念。很多人问过我：无论是在企事业单位担任高管工作，还是在做培训与咨询赋能于甲方项目，抑或是自己带着团队从概念到项目取得阶段性成功（从0到1），在此过程中，你总是浑身充满正能量与饱满的激情，并总能发现且亲自带领团队去实践然后形成一套具有前瞻性、创新性和系统性的理论体系与实操实践体系，取得成功的方法是什么？无非就是四个字——“放在心上”。把“产业报国”放在心上，把产业数字化转型放在心上，把客户放在心上，同时更要把精细化服务的方方面面放在心上。正是这种从“心”出发的力量不断地鞭策和督促着我勇敢前行。

我一直相信，“心”之所向，未来亦可往。

# PART 3

# 创生态者，享未来

我们是时代浪潮中的竞争者，也是未来数字新生态的创造者。创造不仅让我们得到属于自己的财富，而且在我们追求财富的同时，也让生态中的其他个人、群体获得更多的财富，这样的良性循环才会使整个人类社会进一步发展壮大。

0101010101010101010101010101010101010101010101010101010101010101010101010101010101010101010

0 1 0 1 0 1 0 1 0 1 0 1 0 1 0 1 0 1 0 1 0 1 0 1 0 1 0 1 0 1 0 1 0 1 0

010101010101010101010101010101010101010101010101010

第 13 章

CHAPTER 13

# 探寻未来生态，赢在数字化商业生态圈

《瓦尔登湖》的作者梭罗说过一句话："有些人不怕与众不同，因为他们听见了未来的脚步声。"

自有人类以来，从古早的冰河世纪到现在的元宇宙，我们从没有间断过对未来的畅想和探索。实际上，在中国，很多新兴产业已跨越了 0 到 1 的战略至暗时刻，即使满身伤痕累累，也依旧没有放弃向那些充满无限可能的未来生态去挖掘和探索。

世界百年未有之大变局，其主要意义在于科技创新以及由此带来的产业变革。我们需要与创新结伴而行，把整个产业链的上游、中游、下游每个环节都整合起来，共同探寻下一个十年的新生态、新赛道、新模式，以创新促发展、开新局、谋未来，最终赢在数字化商业生态圈。

# 未来商业画像：元宇宙产业生态圈

带着产业报国梦和我的“心”之所向，在本书的最后，我想同大家一起去探寻未来可能形成的数字生态。比如，这两年大火的元宇宙，在前面乡村振兴的篇章有所提及，但我并未郑重其事地对其进行专门介绍。这一节，我们就来描绘一幅来自未来的元宇宙产业生态画像。

经历近两年的沉淀，元宇宙的概念逐渐明晰，“何为元宇宙？”“元宇宙是现实世界与虚拟世界的融合体吗？”越来越多的人开始追问，开始关注，越来越多的企业纷纷入场，开始投资，而走在前沿的入局者们早已摸索出了元宇宙的核心技术、落地场景，正铆足劲头定点发力。放眼元宇宙的技术发展图腾，无论是虚实融合，还是数字孪生，都为我们打开了一个现实世界与虚拟世界互融、互通的新世界，这波产业膨胀，绝非偶然。

## ◎ 元宇宙将成为下一个产业转型期的关键拐点

元宇宙（Metaverse），意思是利用数字技术，实现与现实世界链接及交互的虚拟世界，是具备新型社会体系的数字生活空间。换句话说，元宇宙本质上是对现实世界的数字化、虚拟化的过程，需要对现实世界的经济系统、商业场景、用户体验等进行重建和改造。

元宇宙的世界已经悄然来临，在区块链、人工智能、5G、VR、孪生拟真等尖端技术的驱动之下，元宇宙正不断改变着我们的生活方式、商业模式。它打破了时间与空间的限制，在不久的将来，必定会与时代频率形成共振，引起各个领域的上下游相关产业发生巨大的变革。

在元宇宙中，品牌营销的核心从精准定位转变成了为用户打造沉浸式的交互体验，注重用户的参与感和体验感，基于数字技术创新前所未有的商业营销模式，比如虚拟演出、数字展厅、虚拟社区、VR影城等。元宇宙中的平台，也不再以孤岛的形态而存在，它将是虚拟与现实交融的统一开放空间。

例如，2022年11月9日晚上，江苏卫视联合阿里妈妈平台共同策划打造了一场《2060元音之境》元宇宙原创音乐歌会。演出中，四位表演嘉宾通过全虚拟数字人舞台秀与现实真人舞台秀展开PK，争奇斗艳，打破虚实次元边界，燃起了年轻观众的热潮，展现出了科技创新与文化的虚实融合。

### 神秘的“元宇宙第一城”

2022年7月，厦门市政府与中国移动咪咕公司共同携手，双方针对将厦门市打造成为“高素质、高颜值、现代化、国际化”的元宇宙样板城市达成了新的战略合作。

这个计划的第一站设在了拥有得天独厚的世界文化遗产资源和IP价值的“鼓浪屿”，拟以数字技术为创新基础，以文化特色为创造内涵，把这个“钢琴之岛”“万国建筑博览馆”，打造成具有差异化、多元性的“元宇宙第一岛”。

于是，他们开展了世界文化遗产鼓浪屿的首个元宇宙AR夜景秀及中国首个山、海、岛、城多维空间联动元宇宙AR秀。从战略层面来看，当大部分城市还只是把“元宇宙”当作一个单纯的科学技术来理解时，厦门已经提前布局元宇宙，将其融入了整个城市建设的战略顶层设计。夜幕下的厦门，用数字科技向世界诠释了一座拥有深厚历史文化的城市是何等的惊艳和契阔，同时也为“元宇宙城市”产业生态落地做了一个最好的示范。

然而，这个“元宇宙第一城”，还只是这个大生态的冰山一角。

我们可以预期，在未来，将会有更多类似于厦门这样的“元宇宙生态样板城市”，通过打造虚实融合创新场景、数字化产业业态、虚拟偶像表演秀等，为我们带来意想不到的谜之惊喜。

毫无疑问，“元宇宙”已经逐渐深入到了城市社会生态体系的各个角落，从旅游、文化，到商业、活动，都为那些拥有“科技之城”的一线城市蒙上了一层神秘的面纱。

## ◎“虚实结合，打破次元壁”：在元宇宙中，开启新的消费时代

当然，作为产业的从业者、观察者，我更关注的是元宇宙产业背后的支撑力量。

虽然元宇宙能够给人们带来前所未有的体验感和沉浸感，但若要实现现实世界与虚拟世界的融合，在高端技术的应用下，怎样以厘米级的精度、毫秒级的时延，确保超大场景中的每一位用户都能切实地感受到沉浸式体验中的灯光幻影和虚实交互，甚至细微到一颗水珠的凝结变化，实属一件不容易的事。

可以说，“商业元宇宙”并不是要彻底取代线下消费模式，而是对传统商业消费的一种新的变革，将线上消费与线下消费相融合，实现虚实共生的消费，不但为企业提供了瞄准消费者新需求的机会，还大幅度地增加了受众的零距离的消费互动体验。作为社交元宇宙的先行者，我们急需构建一个基于“元宇宙”概念的更高效的“人、货、场”商业模式。

表13–1 元宇宙时代的人、货、场

| 元宇宙时代的人、货、场 | |
|---|---|
| 人 | 商业元宇宙满足了消费者不出门就可居家购物的需求，通过融入社交、娱乐、直播等沉浸式体验场景，吸引更多追求新鲜感、新潮、前卫的Z时代消费主力人群。以智能导览导购为基础，汇聚公私域流量，消费场景数字化将结合线上和线下的消费联动，驱动虚拟货币的流通，提升用户的复购和黏性 |
| 货 | 消费者购买产品十分看重品牌的生产、售后等信息，可以说这些信息越详细越能取得消费者的信任，而商业元宇宙恰恰通过数字模拟为消费者构建了一个全新升级后的产品陈列和营销服务场景，由3D渲染引擎和智能感知带来的全真性与交互性，提升了产品信息的丰富度和全面性，让消费者真实地体验到全感官的差异化购物服务 |
| 场 | 商业元宇宙不再局限于枯燥的物理空间，而是打破时间与空间的束缚，融合线上线下虚实场景交互，拓展了商业场景的时空体验，从传统商业场景跨越到了数字化多维运营空间，在同一场景内实现了线下场景的体验、时效与虚拟世界的便捷、效率，使运营更高效 |

前面我们谈到了文旅产业，未来元宇宙将契合数字时代旅游业的新需求，通过虚实结合、高频次即时，为人们提供色、声、味、触等多种感官深度融合的交互体验，打造更多的元宇宙文旅场景。

例如，传统旅游，常常是在特定文化场景下的感官体验；而未来元宇宙中的旅游不再是单一的游览过程，它追求的是能够深入游客的内心，让游客从一个游览者变成一个创造者。在交互与体验中享受非同一般的场景、精彩的故事情节，用虚实结合手法带给游客以深度的自我代入感，从而让受众获得高质量的文旅体验，同时也可衍生出更多有趣的文旅产品。

当很多人还迷茫于元宇宙的谜团中，其实，它已悄悄地以我们并不陌生的“身影”渗透到了产业园和产业集群的新业态、新模式中，并宣告着：我已经无处不在。

数字经济时代，元宇宙的出现弥补了人类对物质与精神的高质量需求，也为更多产业转型带来了新的机遇。未来，将有越来越多企业把“商业元宇宙”当作造梦的指南，我也期待能够帮助更多的企业、更多的产业园、更多的产业解锁商业元宇宙版图的新玩法，实现“企业+元宇宙”“元宇宙产业园”“不同的产业+元宇宙”等多种形态的数字化商业生态圈！

## 可持续发展路径探索：聚焦碳中和与碳达峰

你能否想象这样的场景吗?

洞庭湖的水有一天会枯竭，格陵兰岛的冰川正在加速融化，地球大片土地皲裂，植被凋零，环境变化给人类生产、生活带来不敢想象的灾难……

当“全球变暖”成为了气候危机的元凶，“碳中和”“碳达峰”等一系列话题便逐渐上升为刻不容缓的时代命题。

面对全球气候变化的危机，“碳中和”“碳达峰”成为解决气候核心问题的总抓手，更成为改变产业结构和发展模式的新动能。产业结构向低碳转型，其最终目标不仅是为了实现能源结构的变革，还是要从低碳环保入手推动社会经济可持续发展。

### ◎ “双碳”目标下，中小企业的未来行动之道

碳中和（carbon neutrality）是指国家、企业、产品、活动或个人在一定时

间内直接或间接产生的二氧化碳或温室气体排放总量，通过植树造林、节能减排等形式，抵消自身产生的二氧化碳或温室气体排放量，实现正负抵消，达到相对“零排放”。

而碳达峰（peak carbon dioxide emissions）是指在某一个时点，二氧化碳的排放不再增长，而是达到峰值之后逐步回落。

碳中和与碳达峰，简称“双碳”。2020年9月，中国明确提出了2030年“碳达峰”与2060年“碳中和”的目标——基于《巴黎协定》，承诺在2030年之前，将持续抑制二氧化碳排放量的增长速度，使其到达峰值后慢慢回落，力争在2060年以前实现碳中和。至此，碳中和正式上升到了国家战略层面，成为中国中长期可持续发展的未来目标。

2022年11月23日，2022联合国中国可持续采购研讨会在上海青浦举行。会议指出，目前，中小企业在碳中和问题上面临的比较棘手的问题是缺乏减碳管理体系及整体规划、数据基础薄弱等。具体表现为以下几点。

第一，关于碳排放的相关数据统计和检测，当前仅有少部分企业正在持续关注，它们包括已纳入和即将纳入碳市场的控排企业，比如水泥、钢铁、化工、航空、石油、电解铝、玻璃等行业。大多数企业因缺少专业的技术人才和系统的检测设备，还无法对碳排放量实现数据核算、实时监测。

第二，现在很多企业并没有设立单独的碳管理部门和规章制度，更缺乏专业的管理团队和碳管理工具，以至于企业在减碳战略目标和路径规划方面的整体实力不足，不能有计划、分阶段地实施减碳行动方案。

尽管碳市场的危机四伏，但是对于企业来说，“双碳”目标愿景不仅是挑战，更是转型发展的机遇。那么，“双碳”目标下，中小型企业如何开展碳中和能力建设?

首先，面对碳约束风险，企业需要制订一个可行性强的有效应对方案，以助于企业顺利实现低碳转型和产业升级；其次，在完成“双碳”目标的过程中，企业还需要提升技术的创新性，加大对绿色发展的投资；最后，企业设定“双碳”发展的应对措施不仅表达了企业低碳转型的一种决心和定位，更能够树立企业的绿色品牌形象，提升品牌价值。

至于“双碳”目标具体的行动策略，中小企业可以这么做，如表13-2所示。

表13–2 中小企业的未来“双碳”行动之道

| 中小企业的未来“双碳”行动之道 | |
|---|---|
| “看环境” | 明确政府的碳排放要求，看好来自上游供应链的减排约束，了解国际碳中和的发展趋势，知道消费者的绿色购物需求 |
| “算好账” | 根据自身的低碳转型潜力、产品的排碳信息以及减碳成本，计划好碳中和的实现方案 |
| “探模式” | 企业要先从培训专业管理人员开始，提升团队从业人员的技术水平；然后建立相应的规章制度，寻找合适的服务方，使企业各部门管理提质增效；最后，为了适应能源供应系统的变化，企业要进一步开发新能源项目，前瞻性地挖掘新的商业模式和发展机遇 |

“双碳”目标将是未来数字化的新阵地，它与数字化相辅相成，碳中和为数字化转型引路，数字化为低碳化战略赋能；碳中和是数字化转型的核心动能，数字化是低碳化战略的动力源泉。这条路道阻且长，需要树立新的创新思维来实现高颜值生态、高质量生活的伟大愿景。

“碳中和”不只是某个人或某个国家单独的责任或目标，它的实现需要整个世界抱成一团共同为之努力。口号不是目的，行动才是关键。未来有一天，我也希望能将以往优秀的实践案例和经验传递给更多人，传播到全世界，为子孙后代留下绿水青山、富饶大地！

## 下一个十年的新生态、新赛道、新模式

“不谋万世者，不足谋一时；不谋全局者，不足谋一域。”

在人人都想走向创富之路的今天，筹谋“共富”无疑是最佳路径。而“共富”的另一层意思可以理解为最近几年人们常提到的一个词——“人类命运共同体”。在2022年党的二十大报告中，习近平总书记提出，“促进世界和平与发展，推动构建人类命运共同体。”“和平、发展、合作、共赢的历史潮流不可阻挡，人心所向、大势所趋决定了人类前途终归光明。”

习近平总书记指出，“团结奋斗是中国人民创造历史伟业的必由之路”，“幸福生活都是奋斗出来的，共同富裕要靠勤劳智慧来创造”。习近平

总书记认为，实现共同富裕要靠人民的勤劳智慧，人民是共同富裕、幸福生活的缔造者，唯有全体人民凝聚共识、不懈奋斗，才能实现“共富”的伟大愿景。

当前，新一轮的科技革命和产业革命已经爆发，我们的生活、工作在其深度影响下正以“迅雷不及掩耳之势”不断发生着改变。与此同时，各大产业园区、各大产业、各大企业更是看准了这千载难逢的转型良机，正乘风而上，正如我们在产业数字化板块谈到的，构建产业共同体是未来各行各业的必经之路。

### ◎ 下一个十年，你想要被对手颠覆“打劫”，还是成为产业的重构者

今天，中国市场迅猛增量的势头已经慢慢褪去，正逐渐转变为慢速度增长的存量市场。但是我国拥有的上亿规模产业丝毫没有削减，只不过，整个市场是比较碎片化的，于我们而言却是不可错过的最大机遇。未来，数字技术还将加速每一个产业的迭代。在未来的产业互联网时代，从消费互联网到产业互联网，从个体经济体到产业共同体，从商业互联网到数字互联网，一大批新物种将如雨后春笋般诞生。

对我个人而言，我更感恩这个时代，感恩天时、地利、人和，让我在对的时间遇到一帮对的人，站在了一个对的赛道上，去做对的事情。每当有人问我：“您看未来十年，什么赛道最赚钱？”我都会这样告诉大家：“目前，我看到的所有人、事、物在我眼里只有两个字——产业！”

未来，无论是新媒体、新服务、新餐饮、新零售，还是新物流、新金融、新制造，所有产业都值得我们去重构；而无论是你所在的企事业单位、所在的园区、所在的产业带，还是你单一个体，都只是你所在产业链里面的一分子。认清楚你自己核心差异化的竞争优势与天赋基因到底是什么，你的人生使命是什么，你能为你所在的产业做什么、带来什么价值，赚钱就是自然而然的了。

我从来不会给对方提出带有投资导向性的建议，而是真诚地与之对话，帮助他们发现问题、解决问题。当科技创新与数字技术成为国家发展的动力引擎，下一个十年，至少我和我的团队还将一如既往地坚定前行，在百舸争

流、千帆竞发的时代浪潮中，与大家一起，乘风而行，踏浪而上，共赴中国科技产业腾飞的下一个“黄金十年”。

**一、重构产业新生态，共筑产业共同体**

数字时代，我们将从个体经营转变为跨界融合创新，这个时代提倡开放、共享，政府、金融、企业（特别是在行业中处于龙头地位的企业）、园区与产业带等组织都将向社会提供最有价值的数字化服务，谁所共享和开放的服务最有价值，谁就能在社会中获得更大的影响力。为此，与外部各大产业生态的合作伙伴形成共生、共赢、共享、共利的关系，应是我们一生追求的目标。

**二、数字化最终会创造出公平的竞争环境**

我们知道，数字时代最明显的优势是，它为所有的产业、企业提供了一个巨大的生态系统环境，在这个系统中，竞争是公平的。如果一个企业能够将自己所拥有的行业知识、资产运用得当，那么就能够以轻资产特征的数字化驱动模型在组织内部促进权力平等。所以，想要成为数字时代的赢家，就要先让自己成为数字化变革的领导者，并尽最大努力在数字变革中发挥其领导作用。

## ◎ 实现共同富裕不能一蹴而就，助力产业共同体发展更要久久为功

企业人要“干在实处、走在前列、勇立潮头”，为企业创业创新提供值得借鉴和参考的新观点、新方法，为浙江省奔向“共同富裕”之路指明践行方向。浙江要在省域现代化建设上做个“先行者”，踔厉奋发，勇于创新，砥砺前行，在中国式现代化新征程中做出应有的贡献。

浙江省多年以来始终以企业建设、企业创新的重要思想观点、方法，进行不断的探索和实践，从未松懈半分。未来，我们将不忘初心、牢记使命，在二十大精神的引领下，继续探索、创造，争当共富的排头兵——杭州市国际商会正助力浙江打造共同富裕示范区体系。

共同富裕是社会主义的本质要求，是人民群众的共同期盼。浙江明确了“共同富裕先行”为今后五年两个奋斗目标之一。

为了推动“两个先行”，杭州市贸促会（市国际商会）作为党和政府联

系经贸界的重要纽带、境内外企业开展经贸交流合作的重要桥梁，积极利用杭州市国际商会的“企业朋友圈”优势，发起成立了共同富裕委员会，委员会共包括华策影视、浙江盘石、杭州联通、杭州龙之子科技等46家委员单位。

图13-1 杭州市国际商会共同富裕委员会成立大会并合影留念

2022年9月1日，杭州市再次牵头召集部分重点会员企业，就共同富裕委员会筹建工作广泛征求意见、建议。在下午的会议上，我作为数字化商业生态圈导师、产业定位与创新型运营专家也受邀就以创新型产业数字化招商运营综合服务，通过企业数字化、园区数字化与产业数字化，通过三大步骤与七大系统，构建产业共同富裕商业生态圈与共同体，赋能企业转型升级与当地产业高质量发展等方面提出建议、设想并聆听了与会者不同发言，同时也听取了与会领导们的指导意见，受益匪浅。

2022年9月22日，杭州市国际商会共同富裕委员会正式成立，主要参会成员包括了浙江省贸促会、市发改委、市经信局、市民政局、市农业农村局等相关负责人。委员会成立大会的主题为“争当共富排头兵，助力先行示范区”，我作为杭州市国际商会共同富裕委员会委员也有幸受邀参与了本次大会。在现场，我全程参与学习并聆听了领导宣读《共同富裕建设的倡议书》，同时也见证了委员会成立启动仪式与共同富裕项目签约仪式，大会取得了圆满成功！

杭州市共同富裕委员会的成立标志着杭州人民为实现共同富裕而努力的决心。未来市贸促会将以共同富裕委员会为载体，群策群力，通过积极开展项目创新、产业合作，以主人翁的姿态继续探索共同富裕的可行路径，为建设高质量发展的共同富裕示范区和共同富裕幸福杭州贡献贸促力量。

正如大会领导所言，共同富裕，是我们共同的历史责任。作为杭州高新科技企业的一分子，我们任重道远，未来杭州也将持续在企业数字化、园区数字化与产业数字化方面深耕，通过创新型招商运营，赋能构建当地共同富裕经济生态圈！

对企业而言，“第一股”的名称并不重要，真正重要的是以资本的力量，打开企业上升发展的通道，不要让北交所的门虚掩着，只待其找准时机推门而入，让资本为流通企业注入新机。更重要的是，我们要顺应潮流，积极探索，力争成为资本市场上一座座时代的“灯塔”，实现企业既赚钱又值钱目标的同时，做一生一世的生意，点亮自己的同时，“领航”更多企业在数字化转型的赛道上奔跑，最终实现企业创始人的梦想，携手更多中国品牌一起走向世界之巅！

# 后　记

## 兴一方产业、活一方经济，我们一直在路上

数字经济，未来已来。

尽管不知不觉已到本书的结尾，但中国的数字化商业生态圈的建设之船却刚刚起航。

中国经济发展迎来了百年不遇之大变局——第四次产业革命，对于各大产业、各大产业园、各大企业来说，能否抓住这次数字化变迁的历史机遇，是一项重要的考验。未来，我们的数字化商业生态圈发展趋势如何，产业、产业园、企业的转型能否成功，决定因素自然有很多，但究其根本，还是在于我们能不能在产业互联网的实践探索中总结经验，拥有“高瞻远瞩”的思维，洞见未来商业的新形势、新挑战。

我国“十四五”规划明确地提出：“加快数字化发展，建设数字中国”，这不仅让华为、腾讯、小米等一众巨头企业坚定了持续走科技创新、产业升级之路的使命愿景，也让我们进一步坚定了与全国合作伙伴共同发展中国产业数字化的战略决心。

心之所向，一切皆能如你所愿。正如我在《稻盛和夫：不要为明天烦恼，先全力过好今天这一天》一书中读到的，“要相信自己具备无限的可能性，自己对自己说‘我行，一定成功’”。多年来，我一直通过反复的学习和读书来丰富自己，激励自己。我常常在想，中国移动、中国电信以及中国

联通，三大运营商经过30年的努力都能与整个产业界共同建设了全球最先进的移动网络和宽带网络，我们为什么不能与产业界所有的合作伙伴一起，让中国各个产业的数字化也达到全球领先呢?

尽管这条路是崎岖的，是坎坷的，但我仍然相信“我能行”“我们能行”。为了实现产业互联网生态共同体的建设，我与我的团队历时近一年的时间，经过走访、调研和收集多家企业的数字化运营案例，结合自己多年来在产业数字化招商与运营方面的经验、打法，并进行仔细打磨和用心撰写，终于完成了《数字化商业生态圈》一书的创作。

产业数字化转型不仅要有技术与合作伙伴的支持，还要建设一个庞大的产业生态系统平台。为此，我们要基于数字化技术，对产业的基础设施与服务进行升级，通过数据业务化、业务数据化，对企业烟囱式服务系统进行升级，真正形成千行百业百花齐放的商业愿景。

正所谓集众智、聚众力，在筹备本书的过程中，有一位业内人士曾对我们说，中国的产业数字经济发展历程，在教科书中你学不到，在别人的成功经验里你寻不到，只有去生活中真真切切地实践和探索，你才能感悟到它的颠覆性、创新性。其中，我们看到了巨头企业对数字创新的引领和推广，也看到了新兴企业对数字转型的憧憬和向往，正是这些以“产业报国”为理想的实干企业，撑起了中国产业数字化成长的广阔天空。

幸福感是什么？它不是物质改善后的满足，而是思维和精神上跃迁后的升华与大彻大悟。我们的数字化发展如今依然方兴未艾，为了中华民族的数字化商业生态圈的建设，我们还有很多的事情要做，还有很多任务要去完成，我将与更多企业伙伴投身到数字化转型的进程中，共同绘就未来数字经济的发展蓝图。

人生是一场无尽的修行，商业是我们共修的道场。我经历了20多年的商业风雨，经历了人生的酸甜苦辣，在这个巨变的时代，幸得可以共同携手各位企业家朋友、战略合作伙伴以及所有数字化产业行业的从业者，以修行之心，共赴美好未来。

人到中年再出发。与其说此刻的落笔意味着一本书镌写的结束，不如说其是一切美好和伟大的开始。我会继续以一颗敬畏之心，敬人生，敬智慧，敬宏图大业，敬责任担当。我也希望，在未来，能够看到更多的企业家，尤其是头部企业家，转型成产业家，和我一起在这个巨变的时代告别迷茫、焦虑，推动产业的变革，找到发自内心的幸福和快乐，共创丰盛人生。

这是我写作出版的第一本书，这本书凝聚了我20多年职业生涯过程中积累的经验与教训，可以说，整个体系既具有系统性又有实操性，还有创新性与前瞻性。这本书的出版是集体智慧的结晶，在此再次感谢我曾经服务过的企业与项目给予我赋能服务的机会，感谢我们一起并肩作战的创业伙伴、股东们与家人给予我创业实践的机会。感谢全国各地的忠诚粉丝用户们关注与支持。感谢在出版撰写过程中一起精心策划与用心打磨的编辑团队。感谢我家人的理解与支持。

2023年，我们将不忘初心、牢记使命，继续开拓创新，构建数字化商业生态圈，赋能当地产业高质量发展。

最后，就用我在2007年年初创办龙之子科技时，提出的企业使命为本书的结束语：诚交天下友，共谋天下事，同创天下利！